HINDI STRUCTURES: INTERMEDIATE LEVEL

THE UNIVERSITY OF MICHIGAN

CENTER FOR SOUTH AND SOUTHEAST ASIAN STUDIES

MICHIGAN PAPERS ON SOUTH AND SOUTHEAST ASIA

Ann Arbor, Michigan

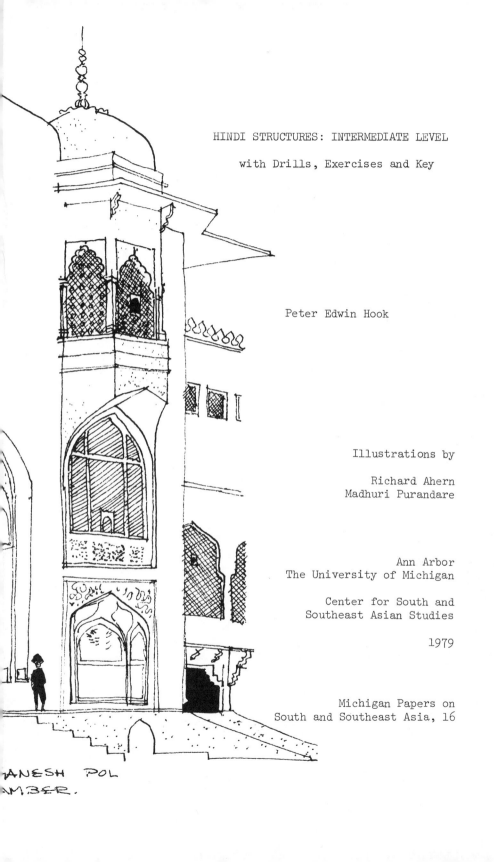

HINDI STRUCTURES: INTERMEDIATE LEVEL

with Drills, Exercises and Key

Peter Edwin Hook

Illustrations by

Richard Ahern
Madhuri Purandare

Ann Arbor
The University of Michigan

Center for South and
Southeast Asian Studies

1979

Michigan Papers on
South and Southeast Asia, 16

ANESH POL
AMBER.

Library of Congress Catalog Card Number: 79-53527

International Standard Book Number: 0-89148-016-1

This work was developed under Grant #G00-77-01122
from the U.S. Office of Education, Bureau of Higher
and Continuing Education, Department of Health,
Education, and Welfare. However, the content does
not necessarily reflect the position or policy of
that Agency, and no official endorsement of these
materials should be inferred.

Printed in the United States of America

...for my parents,
   Helen Monteith and
   Edwin Oscar Hook

GANESH POL
AMBER.

Contents

Acknowledgements

A French poet (Valéry, I think) once said that one never fin-
ishes a poem, one abandons it. I would not have imagined the same
could be true of a grammar, but now after more than two years of
labor on a project that was to take only one, I believe! I be-
lieve!

Every time I open this manuscript I can feel the faults crowd-
ing each other on every page. I start thinking how each phrase
could be made a little bit better. But I am forced at last to
come to a compromise with the conception of this book that I've
cherished in my mind and to accept its reality as constrained by
limits of time, energy, and imagination.

That it is as good as it is is something that requires the
commemoration of the help, material and moral, of many friends,
colleagues, and well-wishers. This project has never suffered
from a lack of money, and that is due to the U.S. Office of Educa-
tion, whose Research Program Chief, Ms. Julia Petrov, encouraged
me to apply again for support (after I'd been turned down on an
earlier round) and who has been most indulgent about deadlines.
The Center for South and Southeast Asian Studies, under its direc-
tors, L. A. Peter Gosling and Thomas Trautmann, has provided the
space and much of the administrative support that preparing the
manuscript required. In addition it has financed its publication
as a number in the <u>Michigan Papers on South and Southeast Asia</u>.

The illustrations by Richard Ahern of Ann Arbor were contribut-
ed to the project <u>gratis</u> by that generous and talented soul. The
others come from the gifted pen of Madhuri Purandare (who sings,
too!).

The layout, design, and format are largely due to Howard
Huyser with the assistance of Mary Pfender and Jan Opdyke of the
Center's Publications. Mr. Huyser typed the entire manuscript,
much of it more than once, with great speed and accuracy. His
sense of dedication and perseverance exceeded my own. When he

had to leave the country to do his own research in Tamilnadu, Cynthia Talbot stepped in to make the final corrections (which she did most ably). Finally, Richard Saran provided me much help with the English-Hindi glossary.

The material in Hindi was elicited initially in Ann Arbor from Pratibha Kela (of Dibai, Bulandshahar) and, in part, from Henna Babar Ali and Susan Akram (both of Lahore). Their careful judgements and imaginative suggestions were rechecked here by Dr. Satendra Khanna (of Berkeley) and Surendra Gambhir (Pennsylvania) and in Delhi by Dr. Prem Singh (Linguistics Department, Delhi University), Kusum Jain (my first Hindi teacher), and, in part, by Surya Prakash Shukla. Of course, I took advantage of every opportunity to inform myself on specific points, and many others, especially the friends and relatives of those named above, were not spared.

There were a number of individuals who took it upon themselves to read greater or lesser portions of the manuscript (in its innumerable avatars) and to comment on it from linguistic, pedagogical, and sometimes simply stylistic points of view. Foremost among them was Prof. Colin P. Masica (University of Chicago), who looked at nearly every line and always accompanied a well-deserved criticism with much encouragement and praise. I am very grateful to him and to other colleagues who sent comments or tried the materials out in class or both: Profs. Herman H. van Olphen (Texas), M. A. R. Barker (Minnesota), Franklin Southworth (Pennsylvania), Bruce Pray (Berkeley), Norman Zide (Chicago). I owe a special debt to Prof. Manindra K. Verma (Wisconsin at Madison), who magnanimously postponed a project of his own in Hindi teaching materials and consulted with me at length on this one.

I owe very special thanks to my old friends Bharat Mohan Kukreti and his wife Asha, who interrupted a vacation trip to spend two days going over the manuscript with me line by line. They caught many errors that were about to go to press and suggested changes that have made the Hindi more supple and idiomatic.

I must also thank the American Institute of Indian Studies for the Senior Fellowship that supported me while I corrected and revised the manuscript in India. And the Department of Linguistics here at Michigan for allowing me to absent myself for a year.

There were many others who helped me to keep on the right track with their encouragement and advice: Dr. D. P. Pattanayak of the Central Institute of Indian Languages at Mysore; Dr. Jagannathan of the Central Hindi Institute at Hyderabad; Dr. Karumuri V. Subbarao and Prof. R. N. Srivastava of the Linguistics Department, University of Delhi; and my students here who submitted with good grace, sometimes with enthusiasm, to my efforts to improve the hours they spend in Hindi class.

Introduction

For many years I have felt increasingly frustrated with the materials on the market for teaching Hindi to speakers of English. While the two or three course books used in this country for teaching the first year could be improved, the materials available for second year do not even permit a Hobson's choice: except for some selections of readings with notes and glossaries, there is nothing to be had. In his second year classes the teacher is forced either to stick to reading and conversation or to try to upgrade his students' grammatical skills by using one of the more demanding first year texts from abroad: Pořízka's trilingual Hindština - Hindi Language Course or McGregor's Outline of Hindi Grammar. A third choice has been to prepare mimeographed handouts dealing with individual topics of Hindi - Urdu grammar on an ad hoc basis. The present work is the result of two years of effort to take a stack of such ad hoc materials and make a book out of them. The scope of the book is limited. It does not provide dialogues or conversational stimuli. There are no readings and no cultural notes. Rather than a fully integrated course covering each of the traditional "four skills" (comprehension and production of both the spoken and written word), this book should be thought of as a single module in an intermediate level course providing instruction and drill in the grammatical structures of Hindi-Urdu.

By limiting the scope in this way I have been able to focus my energies on trying to perfect the work in both its descriptive and pedagogical aspects: I have sought to profit from the last twenty years of work in Hindi linguistics without allowing theoretical preoccupations or terminological innovations to intrude. For those interested in pursuing the discussion of individual Hindi structures in greater detail I have included from time to time suggestions for further reading (full references will be found in Appendix C, page 335). In some cases the statements given here on a

topic are my attempts to solve particular problems in Hindi syntax
by applying the insights of other linguists working on other lan-
guages. I am particularly indebted to Kholodovich's taxonomy of
causatives, transitives, and anticausatives (which I call anti-
transitives) as presented in Masica 1976. This has allowed me to
give an orderly presentation in three different places (11A, 16,
and 22A) of three different matters which are usually lumped to-
gether, misunderstood, and of course mistaught. The linguists
among the users of this book will detect the fine Panjabi hand of
Panini (if not of Postal and Perlmutter) in my discussion of का
of agent, का of patient and का of subject (का of direct object
also exists but is not discussed here: see Klaiman 1979). In other
cases the statements here are the first or the fullest to be given
so far and represent my own research. This is true in particular
of the sections on the compound verb and on complementizers.

I feel that teachers of foreign languages often do not appre-
ciate the severe limitations on their students' time and as a re-
sult they fail to give the most time-effective shape to their ma-
terials. In forging out of raw descriptive material a tool for
efficient classroom instruction I have tried to adhere to four
pedagogical principles: parceling, sequentiality, monitoring and
autonomation. By "parceling" I mean the packaging of the material
to be taught into parcels that can be adequately covered in a
small and constant period of time. For Hindi Structures I have
used the fifty minute hour as the unit of time for each section.
I have found that on the average a second year class can cover
four, sometimes five pages an hour early in the course and somewhat
more later. Accordingly I allow sections to average four to five
pages each in the first half of the book and five to six in the
second. The principle of sequentiality forbids the dependence of
earlier matter on later (although there are some truly interdepen-
dent phenomena such as the definition and the function of the com-
pound verb that can be taught only through a dialectic of succes-
sive approximations). "Monitoring" expresses a complementary

principle: later material should depend as much as possible on (or at least incorporate) the earlier. Thus, structures or vocabulary items, once introduced, are used again at fairly regular intervals (see Hindi - English glossary). A stronger principle than sequentiality and monitoring is that of grading: more difficult things are introduced later than simple ones. But I have found that there are some quite simple things that presuppose a knowledge of more complex things: the formation of the causative depends on ones being able to distinguish basic and derived transitives; the use of the infinitive demands an understanding of का of subject.

"Autonomation" is the most important principle: I regard it as subsuming the rest. It is the attempt to make the successful use of the material depend as little as possible on the intermediation of the teacher and in effect to transform teaching materials into learning materials. It is responsible for my choice of a cognitive rather than audiolingual or habit-based approach: the student should be allowed to apply the full force of his conscious intellect and analytical skills to understanding a structure before he attempts to internalize it. To increase the student's autonomy I have provided representative keys for all the drills and exercises (of course it is impossible to give an exhaustive list of correct responses). Furthermore I have indicated (by number) the relative frequency of vocabulary items so that students may decide for themselves how best to apportion their time and energy in learning them. I have provided a complete concordance in the glossary so that they may see for themselves how a given item is used in various contexts.

This is not to say that I have attempted to write the teacher out of the text either. In fact I have deliberately refrained from explaining many cultural allusions with the idea that a small mystery may prompt a question and lead naturally to discussions in Hindi in the classroom. But I feel that the student should have to depend as little as possible on the teacher for grammatical explanations and that the teacher should be able to devote as much

time as possible to the livelier and less predictable activities
of Hindi class.

One pedagogical principle that held great attraction for me
but which I finally was forced to water down considerably if not
discard altogether is that of communicability: Every utterance the
student makes in Hindi should communicate real information or an-
swer some real communicative need. But I soon found that imple-
menting this principle restricted the subject matter of drills to
the biographies of the participants and that it was impossible to
provide keys. After an arduous attempt to manage questions that
elicited real information (see drill 5A) I decided to retreat to
the simpler requirement that no student response should be possi-
ble without his fully understanding the content of the stimulus.
Thus there are no substitution drills in the book and where trans-
formation drills could not be avoided, the student is forced to
make prior semantic choices (for examples, see drills 11A and 22B)
or simply has to deal with competing transformations that may or
may not apply (see drill 17B).

The language described and exemplified here is the informal
Hindi - Urdu of educated urban speakers, the kind of language that
one finds in Hindi films or in the plays of Mohan Rakesh. I have
presented it as an autonomous means of communication, applicable
to all phases of life in all cultures, rather than as the expres-
sion of an exclusive cultural or national outlook. Thus there are
references to American dating, Chinese diet, and Thai sport as
well as allusions to Indian and Pakistani life and culture. I have
also attempted to give equal time to feminine speech and interests
but without trying to censor out the sexism that pervades daily
speech on the Subcontinent.

The form and numbers in which this book has been published
allow for easy correction and revision. I hope that its users
will oblige me with their comments and criticisms so that a second
printing may find it much improved. The average student of Hindi-
Urdu lasts barely two years before he goes off to India or Pakistan

to do research, graduates or simply gives up. At the same time
the average two year course in Hindi covers less ground than a nor-
mal one year course in French, Spanish or German. Much work re-
mains to be done before we can be sure that Hindi - Urdu students
are getting their time and energy's worth.

Peter Edwin Hook

Ann Arbor, Michigan

22 September 1979

List of Illustrations

Chapter One

1A. Review of nominal and verbal forms. Vocative. Stative होना.

The first year vocabulary which this book assumes is listed in Appendix A on page 325. Constructions which it assumes are listed in Appendix B, page 331. You should be completely familiar with the use of the direct and oblique singular and plural forms of nouns, pronouns and adjectives:

	Singular:	Plural:
Direct:	कमरा, मैं, यह	कमरे, हम, ये
Oblique:	कमरे, मुझ, इस	कमरों, हम, इन

In addition you should know the vocative form of nouns:

	Singular:	Plural:
Direct:	लड़का, लड़की	लड़के, लड़कियां
Vocative:	लड़के, लड़की	लड़को, लड़कियो

(For some speakers the vocative plural ending is nasalized -ओं.) The vocative is used when calling out to someone:

ए बच्चो (बच्चों), इधर आओ !   Hey boys! Come here!

This book presupposes a knowledge of the following tenses and moods of the verb:

Past:	वह कहां गई ?	Where did she go?
Future:	आप क्या करेंगे ?	What will you do?
Subjunctive:	हम कब मिलें ?	When shall we meet?
Imperative:	(आप) सुनिये !	Listen!
	(तुम) यह देखो !	See here!

Present habitual: तुम कहां रहती हो ? Where do you live?

Past habitual: हम हिंदी बोलते थे । We used to speak Hindi.

Present progressive: मैं लिख रहा हूं । I am writing.

Past progressive: बच्चे गा रहे थे । The kids were singing.

Present perfect: वह आज गया है । He has gone today.

Past perfect: बस दो बजे आई थी । The bus had come at two.

Remember that होना can mean either 'to be' or 'to become'; 'to happen'. As 'to be' it has no progressive forms. Instead it has special stative forms:

Present stative: वे मेरे दोस्त हैं । They are my friends.

Past stative: उस का नाम क्या था ? What was his name?

Stative होना has habitual forms:

यहां के लोग अच्छे होते हैं । People here are nice.

दूध सस्ता होता था । Milk used to be cheap.

Subjects of such habitual statives are non-specific:

केले पीले होते हैं । Bananas are yellow.

यह केला लाल होता है । This (type of) banana is red.

यह केला हरा है । This (particular) banana is green.

In the perfect stative, होना is replaced by रहना:

पहले उसका नाम क्या रहा था ?
What had been the name of this before?

उसमें और मुझमें हमेशा बहुत फ़रक़ रहा है ।
There has always been a lot of difference between him and me.

Drill 1A. Review of nominal forms: direct vs. oblique.

Vocab. साफ़ 44 -- clean
साफ़ करना -- to clean

From each pair of forms choose the one that fits the blank.

१ ___ मेरे मित्र राम और श्याम हैं। ये - इन

२ ___ का घर यहां से दूर नहीं है। ये - इन

3 ___ लोग ___ दूसरे मकान में रहते हैं। वे - उन, कोई - किसी

४ तुम ___ तरफ़ क्यों जा रही हो? वह - उस

५ नौकर ___ से बाहर निकल गया। कमरा - कमरे

६ ___ साफ़ करना ___ लोगों का काम है। कमरों - कमरे
यही - इन्हीं

७ आप ___ तरफ़ से आए हैं? क्या - किस

८ आज मुझ से और तुम से ___ लोग मिलेंगे? कौन - किन

९ ___ से पैसे लेने आए हो? मैं - मुझ

10 ___ दिन ___ में से ___ भी आ नहीं पाया। वह - उस, वे - उन
कोई - किसी

Key.

१ ये २ इन 3 वे; किसी ४ उस ५ कमरे ६ कमरे; इन्हीं

७ किस ८ कौन ९ मुझ १० उस; उन; कोई

Exercise 1A. Review of forms.   Translate into Hindi.

1. Who is in this room? My father.

2. Where are these girls going? To Delhi.

3. I think that four seers is enough. (सेर m 8; काफ़ी 39 enough)

4. Which road shall I take? The road to Bombay.

5. Is your car out of order (ख़राब)? Yes, since yesterday.

6. My daughter does not understand Hindi.

7. Listen! I'm not your father. So why should I give you money?

8. Will you fix this for me? For my brother?

9. Have you been able to write that letter? No, I haven't.

10. She was singing and everybody else was listening.

11. Some people had arrived there at eight-thirty.

12. We met them in their office at three-thirty.

Exercise 1A. Key.

१ इस कमरे में कौन है ? मेरे पिताजी।

२ ये लड़कियां कहां जा रही हैं ? दिल्ली।

3 मैं सोचता हूं कि / मेरे ख़्याल में चार सेर काफ़ी है।

४ मैं कौनसा रास्ता लूं ? बंबई का बंबईवाला । / मैं किस रास्ते से जाऊं ? बंबई वाले से।

५ क्या आप की गाड़ी ख़राब है ? हां, कल से।

६ मेरी बेटी हिन्दी नहीं समझती। / समझती है।

७ देखो। / सुनो। मैं तुम्हारा बाप नहीं हूं। फिर तुम्हें पैसे क्यों दूं ?

८ क्या आप मेरे लिये यह ठीक कर देंगे ? मेरे भाई के लिये ?

९ क्या आप वह पत्र लिख पाए / सके हैं ? नहीं, लिख नहीं पाया। / सका।

१० वह गा रही थी और बाक़ी सब लोग सुन रहे थे ।

११ कुछ लोग साढ़े आठ बजे वहां पहुचे थे।

१२ हम उन से साढ़े तीन बजे उनके दफ़्तर में मिले।

1B. Second person singular.

In addition to the formal आप   and the informal तुम,
Hindi possesses a third second person pronoun, namely the inti-
mate तू . Its forms are parallel to those of मैं :

Oblique: वह मुझ से मिलेगा ।   वह तुझ से मिलेगा ।

Special dative: वे मुझे पैसे देंगे ।   वे तुझे पैसे देंगे ।

Possessive: यह मेरा घर है ।   वह तेरा घर है ।

Except in the imperative, verbs agreeing with तू have forms
indistinguishable from those of the third person singular:

लड़का कपड़े कब लाएगा ?   तू कपड़े कब लाएगा ?

क्या लड़की पत्र लिख रही है ?   क्या तू पत्र लिख रही है ?

वह जल्दी पहुंचा ।   तू जल्दी पहुंचा ।

अगर वह चली जाए तो अच्छा है ।   अगर तू चली जाए तो अच्छा
                                                     है ।

In the imperative, तू takes the bare stem:

मेरा हाथ मत देख ।   Don't look at my hand!

यहां से निकल जा ।   Get out of here.

आ, बेटे, यहीं बैठ ।   Come, child. Sit here.

The plural of तू is तुम:

अरे कुत्ते, हट !   Get back, Dog!

अरे कुत्तो (कुत्तों), हटो !   Get back, Dogs!

तू is used when addressing those with whom one is at no social distance: animals, babies, lovers, God, and one's own self in mental soliloquy. As social outsiders, foreigners have little occasion to use तू (except, perhaps, while shooing dogs). But in certain situations तू will be frequently heard. In some families parents address their children with it and the children reciprocate, at least with the mother. Some husbands use it with their wives and at least the non-traditional wife may respond in kind. However, there is a tendency to use it less in front of outsiders as a sign of respect to them. Urban speakers of Hindi tend to replace it with तुम and may deny using तू altogether.

तुम तू-तड़ाक से मत बोलो । बुरा लगता है ।
Don't use तू. It sounds bad.

Discussion drill 1B. तू vs. तुम vs. आप.

Choose the second person pronoun that seems most appropriate to you and inflect the verb accordingly. Caution: second person pronoun choice is a difficult one even for Indians. Expect difference of opinion.

Vocab.
पण्डित m 2 -- pandit, traditional scholar
रामायण mf 1 -- name of famous Sanskrit epic
साला m 2 -- wife's brother; son of a bitch
बाबूजी m 2 -- Sir; Father, Dad
बाप m 38 -- father (impolite, rural or referring to self)
भगवान m 54 -- God
सर्वशक्तिमान 1 -- all-powerful
संकट m 10 -- peril
अबे 1 -- vocative particle expressing contempt
मायका m 1 -- home of the parents of a married woman
लिफ़ाफ़ा m 2 -- envelope, prestamped envelope
टिकट mf 7 -- stamp, ticket

बेटी f 23 -- daughter
सरदार m 12 -- chieftain; term of address for a Sikh
ख़राब 17 -- bad, out of order
ठीक करना -- to fix

१ पण्डितजी । क्या _____ हमारे यहां रामायण पढ़ सक___ ?

तेरे   तू

२ अबे साले । क्या रास्ता तुम्हारे बाप का है ? देखता हूं तुम मुझे
आप के   आप
कैसे रोक___ ।

३ ड्राइवर । _____ मुझे किधर ले जा रह ___ ह ___ ?

४ ए भगवान । ____ सर्वशक्तिमान ह ___ । मुझे इस संकट से
बचा ल ___ ।

५ हां बता ___ , साहब । _____ कहां जाना चाहत___ ह___ ?

६ डिम्पल डार्लिंग ! पत्नी मायके गई है । जल्दी मिलने आ___ ।

७ मुझे पचास पैसेवाले तीन टिकट और चार लिफ़ाफ़े दे द ___ ।

८ बाबूजी । ____ हमारे लिये क्या बना रह ___ ह ___ ?

९ बेटी । इन साहब के लिये चाय ला____ ।

१० सरदारजी । इन्जन ख़राब है । ____ कब तक ठीक कर ___ गे ?

Discussion drill 1B. Key.

१ आप; सकेंगे or सकते हैं   २ तेरे; तू; रोकेगा or रोकता है
३ तुम or आप; रहे हो or रहे हैं   ४ probably तू; है; ले   ५ बताइये;
आप; चाहते हैं   ६ आ or आओ   ७ दो or दीजिये   ८ आप;
रहे हैं   ९ लाओ or ला   १० आप or तुम; करेंगे or करोगे

Chapter Two

2A. Review of relative and co-relative constructions.

The most common variety of relative clause helps specify an entity about which something further is being said:

जो आदमी वहां खड़ा है वह आपसे मिलना चाहता है ।

The man who is standing there (he) wants to meet you.

The relative clause जो आदमी वहां खड़ा है helps identify the man about whom the speaker is speaking. The co-relative clause वह आप से मिलना चाहता है contains the "something further" that is being said about him.

In Hindi most relative clauses come either to the right or to the left of the co-relative clause.

relative clause ⟍   ⟋ co-relative clause ⟍

जो लड़की अभी गा रही है उसपर सारा कालिज फ़िदा हो गया है ।

The whole college is madly in love with the girl who's singing now.

⟋ co-relative clause⟍   ⟋relative clause⟍

सारा कालिज उस लड़की पर फ़िदा हो गया है जो अभी गा रही है ।

The whole college is crazy about the girl singing now.

However, no matter what the order of relative and co-relative vis-a-vis each other, the word लड़की always occurs in the clause on the left.

There is one type of relative construction in which the co-relative clause commonly comes on the left. This is the kind that begins "This (or that) is the X which/who...":

ये वह लड़कियां हैं जो मुझपर फ़िदा हो गई हैं ।

These are the girls who are madly in love with me.

Sometimes the relative clause may come in the middle of the

co-relative clause in Hindi:

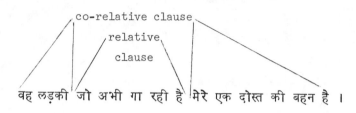

co-relative clause

relative clause

वह लड़की जो अभी गा रही है मेरे एक दोस्त की बहन है ।

The student may feel that putting the relative clause inside the co-relative this way is simpler or more natural than the first two alternatives, possibly because the relative clause is most frequently found there in English. Although relative clause in the middle is a valid option in Hindi, it is best for the learner to consciously avoid it until he is completely accustomed to the other two more common patterns.

Relative clauses identify not only persons and things but times, places, amounts, degrees and manners. Each of these has its own relative word with a corresponding co-relative:

	Relative:	Co-relative:	
Time:	जब (जिस वक़्त)	तब (उस वक़्त)	जब तुम कहोगे तब मैं आऊंगा । I will come when you say.
Place:	जहां (जिस जगह)	वहां (उस जगह)	जहां फूल हैं वहां कांटे हैं । With flowers come thorns.
Direction:	जिधर	उधर	आप जिधर चाहें(उधर)जाएं । You may go the way you want.
Amount:	जितना	उतना	मैं उतना खाता हूं जितना वह । I eat as much as she does.
Degree:	जितना	उतना	बच्ची उतनी बड़ी है जितना बच्चा । The girl's as big as the boy.
Kind:	जैसा	वैसा	जैसा बाप वैसा बेटा । Like father like son.
Manner:	जैसे (जिस तरह)	वैसे (उस तरह)	वैसे करो जैसे मैं कहता हूं । Do as I say.

It is not unusual for the co-relative to be followed by the emphatic particle ही, roughly equivalent in such instances to the English words the same or the very:

मैं उतना ही उठा सकता हूं जितना तुम ।

I can lift just as much as you.

वह जहां नहीं जाना चाहती थी वहीं जाना पड़ा ।

She had to go to the very place she did not want to go.

यह वही आदमी है जो हमारी गाय ले गया था ।

This is the same man who took away our cow.

Drill 2A.   Review of relative and co-relative clauses.

Vocab.   पास में -- nearby
         बूढ़ा 43 -- old (of animate beings)
         ऊपर 47 -- above; upstairs
         X को कुछ अच्छा लगना -- for X to like something
         क़िस्म f 6 -- type, kind
         पकौड़ा m 1 -- pakora, fritter: a bit of potato, onion or
                    cheese (पनीर) dipped in gram flour and
                    fried.

If the relative clause comes on the left, put it on the right;
if on the right, put it on the left. Examples:

Left: जो औरत वहां खड़ी है वह आपसे मिलना चाहती है ।

Right: वह औरत आपसे मिलना चाहती है जो वहां खड़ी है ।

Right: मैं वही काम करूंगा जो आप कहेंगी ।

Left: आप जो काम कहेंगी मैं वही करूंगा ।

१ जिस लड़के ने मुझे यह बताया वह यहां पास में रहता है ।

२ मुझे उन औरतों के बारे में बताओ जो कल यहां आईं थीं ।

३ अभी रास्ते में जो बूढ़ा आदमी मिला था उसका नाम क्या है ?

४ उन लड़कियों में सब से अच्छी कौन है, जो ऊपर रहती हैं ?

५ जिस लड़के को ज़ुकाम है उसके लिये कुछ लाना पड़ेगा ।

६ वह कपड़े लो जो तुम्हें अच्छे लगें ।

७ हम उन्हीं लोगों को साथ लाएंगे जो अच्छी हिन्दी जानते हैं ।

८ जिस क़िस्म के पकौड़े अभी लाए हो वैसे मुझे पसंद नहीं हैं ।

Drill 2A. Key.

१ वह लड़का यहां पास में रहता है जिसने मुझे यह बताया ।

२ जो औरतें कल यहां आईं थीं मुझे उनके बारे में बताओ ।

३ उस बूढ़े आदमी का नाम क्या है जो अभी रास्ते में मिला था ?

४ जो लड़कियां ऊपर रहती हैं उनमें सब से अच्छी कौन है ?

५ उस लड़के के लिये कुछ लाना पड़ेगा जिसे ज़ुकाम है ।

६ जो कपड़े तुम्हें अच्छे लगें वह लो ।

७ जो लोग अच्छी हिन्दी जानते हैं हम उन्हीं को साथ लाएंगे ।

८ उस क़िस्म के पकौड़े मुझे पसंद नहीं हैं, जैसे अभी लाए हो । or
वैसे पकौड़े मुझे पसंद नहीं हैं जिस क़िस्म के अभी लाए हो ।

Exercise 2A. Review of relative and co-relative clauses.

Translate into Hindi.

1. This is the hotel that my friends are living in.

2. The woman who cleans our room used to work at Gaylord's.

3. When a Pandit raises his hand, even a Sardar stops.

4. When my boy was just four and a half he knew how to sing जनगणमन.

5. Your dog's name is the same as my brother-in-law's.

6. You shouldn't meet people who use तू (तू - तड़ाक से बोलना).

7. God is not so omnipotent as he seems from the Ramayana.

8. Hey, you son of a bitch! Where you're standing isn't your father's road. Move back!

9. At the time the daughter was at her parents', her husband was in great peril.

10. Fix the engine like it was before.

11. The way you put stamps on they won't stay on the envelope.

12. Hey, Driver. Stop the car. We won't get (any) tea in the direction you're taking us.

Exercise 2A. Key.

१ यही वह होटल है {जहां / जिस में} मेरे {दोस्त / मित्र} रह रहे हैं ।

२ जो औरत हमारा कमरा साफ़ करती है वह गेलार्ड में काम करती थी।

3 जब पंडित अपना हाथ उठाता है तो सरदार भी रुक जाता है।

४ जब मेरा बेटा केवल साढ़े चार साल का था वह जनगणमन गाना जानता था ।

५ तुम्हारे कुत्ते का नाम वही है जो मेरे साले का (है) ।

६ तुम्हें उन लोगों से नहीं मिलना चाहिये जो तू-तड़ाक से बोलते हैं ।

७ भगवान उतना सर्वशक्तिमान नहीं है जितना रामायण से लगता है ।

८ अबे साले! जिस जगह तू खड़ा है वह तेरे बाप की नहीं है। हट जा।

९ {जब / जिस समय} बेटी अपने मायके थी {तब / उस समय} उसका पति {बहुत / बड़े} संकट में था ।

१० इंजन को {उसी तरह / वैसा ही} ठीक करो {जिस तरह / जैसा} वह पहले था ।

११ {जिस तरह / जैसे} तुम टिकट लगाते हो {उस तरह / वैसे} वे लिफ़ाफ़े पर नहीं रहेंगे ।

१२ ए ड्राइवर, गाड़ी रोक दो । हमें {जिस तरफ़ / जिधर / जिस ओर / जहां} ले जा रहे हो {उस तरफ़ / उधर / उस ओर / वहां} चाय नहीं मिलेगी ।

2B. Uses of वाला : review.

Last year you learned some uses of वाला: 1. as a kind of
all-purpose linker:

उसे जेबोंवाली कमीज़ चाहिये ।   'She wants a shirt with pockets.'

आजवाला खाना पसन्द आया ?   'Did you like today's food?'

Notice that as a linker - वाला is both a postposition, requiring
the oblique form of the noun it follows, and an adjective, agree-
ing with the noun it precedes:

चलो, हम कपड़ेवाली दुकान में चलें । 'Let's go to the cloth store.'

2. as a way of characterizing human beings, usually by their oc-
cupation, but also by other distinguishing features:

दूधवाला रोज़ आता है ।   'The milkman comes every day.'

फलवाले के पास नारियल हैं ? सन्तरे हैं ?   आम हैं ?
'Does the fruitseller have coconuts? Tangerines? Mangos?'

घड़ीवाली कहां गई ?   'Where's the lady with the watch?'

3. as a kind of future comparable to the English "to be going to V":

नई दुकान खुलनेवाली है ।   'A new store is going to open.'

बच्ची गिरने ही वाली थी जब वह बचाने पहुंचा ।
'The girl was about to fall when he got there to save her.'

4. Another use of वाला is as an alternant to the relative
clause, especially when it expresses permanent characteristics:

जो आदमी सितार सिखाता है वह आज घर पर आराम कर रहा है ।
'The man who teaches sitar is relaxing at home today.'
सितार सिखानेवाला आदमी आज घर पर आराम कर रहा है ।

जो मोटर सामने से आ रही थी वह मेरी मोटर से टकरा गई ।
सामने से आनेवाली मोटर मेरी मोटर से टकरा गई ।
'The oncoming car collided with mine.'

5. वाला is used with the non-oblique forms of adjectives when the speaker is pointing to something:

वहवाली कमीज़ दीजिये । 'Give me that shirt (over there).'

येवाले आम नहीं चाहियें । वे पीलेवाले दो ।
'I don't want these mangos (here). Give me those yellow ones.'

Drill 2B. Uses of वाला : review.

Vocab.
रोना 56 -- to cry; complain
बेचना 24 -- to sell
छूटना 31 --(trains) to leave
माचिस f 2 -- matches
साहब m 2 -- boss
बिस्कुट m 2 -- cookie
तसवीर f 32 -- picture
सचमुच 28 -- really
मांगना 45 -- to ask for
भिखारी m 3 -- beggar
घोड़ा m 2 -- horse
तेज़ 2 -- fast
भागना 65 -- to run
तांगा m 13 -- tonga
खींचना 2 -- to pull

Convert the relative clauses into वाला phrases. Examples:

वह ऐसी कमीज़ चाहती है जिसमें जेबें हों ।
वह जेबोंवाली कमीज़ चाहती है ।

जो (आदमी) रो रहे हैं वे क्यों रो रहे हैं ?
रोनेवाले क्यों रो रहे हैं ?

१ हम उस मकान में रहते हैं जो सामने है ।

२ क्या नारियल उस (आदमी) के पास मिलते हैं जो फल (बेचता है) ?

3 आप उस गाड़ी से जाइये जो सात बजे (छूटती है) ।

४ माचिस उस दुकान में नहीं मिलेगी जहां किताबें (बेचते हैं) ।

५ हमारा साहब एक ऐसा आदमी है जिसके पास (बहुत) पैसा है ।

६ इस तरह के बिस्कुट उन (आदमियों) के पास नहीं मिलेंगे जो चाय (बेचते हैं) ।

७ जो तसवीर बाएं हाथ पर है वह मुझे सचमुच पसन्द आई ।

८ जो (आदमी) पैसे मांगता है उसे भिखारी कहते हैं ।

९ उस (आदमी) से क्या मिलेगा जिसकी जेबें (हमेशा) ख़ाली (रहती हैं) ?

१० जो घोड़े तांगे (खींचते हैं) वह बहुत तेज़ नहीं भाग सकते ।

Drill 2B. Key.

१ हम सामनेवाले मकान में रहते हैं ।

२ क्या फलवाले के पास नारियल / नारियल फलवाले के पास मिलते हैं ?

३ आप सात बजेवाली गाड़ी से जाइये ।

४ माचिस किताबोंवाली / किताबवाली दुकान में नहीं मिलेगी ।

५ हमारा साहब एक पैसेवाला आदमी है ।

६ इस तरह के बिस्कुट चायवालों के पास नहीं मिलेंगे ।

७ बाएं हाथवाली तसवीर मुझे सचमुच पसन्द आई ।

८ पैसे मांगनेवाले को भिखारी कहते हैं ।

९ ख़ाली जेबवाले / जेबोंवाले से क्या मिलेगा ?

१० तांगेवाले घोड़े बहुत तेज़ नहीं भाग सकते ।

FIRST BRIDGE - SRINAGAR

Chapter Three

3A. Review of ने-construction.

You have learned that in Hindi a transitive verb in certain past and/or perfect tenses does not agree with its agent in number or gender. Instead it either agrees with its object or, if that is impossible, assumes the masculine singular form:

Future: मेरे बेटे यह फ़िल्म देखेंगे ।
My sons will see this film.

Past: मेरे बेटों ने यह फ़िल्म देखी ।
मेरे बेटों ने इस फ़िल्म को देखा ।
My sons saw this film.

Present perfect: क्या आपने वह गाय बेच दी है ?
क्या आपने उस गाय को बेच दिया है ?
Have you sold that cow?

Past perfect: लड़कियों ने कपड़े यहीं रखे थे ।
लड़कियों ने कपड़ों को यहीं रखा था ।
The girls had put the clothes right here.

The past tenses which do not take the ने -construction are the past habitual and the past progressive:

Past habitual: वे हर रोज़ दूध पीती थीं ।
They used to drink milk every day.

Past progressive: मैं तुमसे कुछ कह रही थी ।
I was saying something to you.

ने is a postposition which like any other governs the oblique case, except after certain pronouns:

Direct form:	मैं	तू	ये	वे	कौन(pl)	जो(pl)
Oblique:	मुझ	तुझ	इन	उन	किन	जिन
With ने :	मैंने	तूने	इन्होंने	उन्होंने	किन्होंने	जिन्होंने

There are certain exceptions to the ने-construction. A few transitive verbs do not govern ने:

लाना to bring: तुम्हारी बहन तुम्हारे लिये क्या लाई ?

भूलना to forget: विकास आप की किताब भूला तो नहीं है, न ?

Other, apparently intransitive, verbs do require ने. These all express bodily excretions:

थूकना5 to spit: लड़के ने फ़र्श पर थूका ।
The boy spat on the floor.

छींकना to sneeze: बूढ़ी औरत ने छींका ।
The old woman sneezed.

मूतना1 to pee: गाय ने रास्ते में मूता ।
The cow pissed in the road.

Still others such as बोलना , समझना and पढ़ना (in the meaning 'to study') occur sometimes with ने, sometimes without:

हमारे बारे में लड़कियां क्या क्या बोलीं ?
लड़कियों ने क्या क्या बोला ?
What all did the girls say about us?

(तुम) समझे ? (तुमने) समझा ? वह कहां पढ़ी ? उसने कहां पढ़ा ?
(You) got that?   Where did she study?

Transitive verbs when followed by the auxiliaries सकना, पाना or चुकना never take ने:

मेरी मां इस पर एक बड़ा लम्बा पत्र लिख चुकी है ।
My mother has written a big long letter about that.

In Delhi especially you will sometimes hear ने used in certain non-past constructions:

मैंने उन्हें पांच रुपये देने हैं ।   I'm to give them five rupees.

Although this construction is clearer than its standard Hindi counterpart, it should be avoided in favor of either मुझे उन्हें पांच रुपये देने हैं। or मुझे उन्हें पांच रुपये देना है। (You will note that there is a potential ambiguity here between 'They're supposed to give me five rupees' and 'I'm supposed to give them five rupees'.)

Drill 3A. Review of ने-construction.

Vocab. ख़रीदना 31 -- to buy
गुंडा m 1 -- hoodlum
कुआं m 1 -- well
परीक्षा f 9 -- exam
परीक्षा देना -- to take an exam
किसी की परीक्षा लेना -- to give someone an exam

Answer the questions according to the following models:

क्या तुम पत्र लिख चुके हो ? नहीं, मैंने नहीं लिखा है।

क्या धोबी आज कपड़े धोएगा ? नहीं, उसने कल ही धोए हैं।

१ क्या आप आज उन्हें फ़ोन करेंगी ?

२ क्या नौकर गांव से लौट चुका है ?

3 क्या तू आज मेरे साथ फ़िल्म देखेगी ?

४ क्या आप मेरे दोस्त से मिल चुके हैं ?

५ क्या तुम आज नए कपड़े ख़रीदोगी ?

६ क्या राम को बुख़ार हो चुका है ?

७ क्या आप सब कुछ भूल चुके हैं ?

८ क्या ये गुण्डे आज गांव के कुएं में थूकेंगे ?

९ क्या तू परीक्षा दे चुका है ?

१० क्या आप आज हमारी परीक्षा लेंगे ?

११ क्या तुम्हारा भाई आज दवा लाएगा ?

१२ क्या तुम्हारे यहां पानी बरस चुका है ?

Drill 3A. Key.

१ नहीं, मैंने कल ही (फ़ोन) किया है ।

२ नहीं, वह नहीं लौटा है ।

३ नहीं, मैंने कल ही देखी है ।

४ नहीं, मैं नहीं मिला हूं ।

५ नहीं, मैंने कल ही ख़रीदे हैं ।

६ नहीं, उसे नहीं हुआ है ।

७ नहीं, मैं नहीं भूला हूं ।

८ नहीं, इन्होंने कल ही थूका है । (or थूका था।)

९ नहीं, मैंने नहीं दी है ।

१० नहीं, मैंने कल ही ली है ।

११ नहीं, वह कल ही लाया है ।

१२ नहीं, (पानी) नहीं बरसा है ।

Exercise 3A. Review of ने-construction.

Translate into Hindi.

1. He forgot all the Chinese he had learned in Peking.

2. Someone had spit on the floor (फ़र्श m 9).

3. Did you bring the milk? The price has come down.

4. The girl sneezed and after a while began to cry.

5. The kitchen-maid (महरी f 2) ate up a seer of pakauras.

6. When Mother was a girl, she sold flowers.

Key.

१ जो चीनी उसने पेकींग में सीखी थी वह सब वह भूल गया ।

२ किसी ने फ़र्श पर थूका था ।

३ क्या आप दूध लाए (हैं) ? दाम उतर आया / कम हो गया है ।

४ बच्ची ने छींका और थोड़ी देर के बाद रोने लगी ।

५ महरी ने एक सेर पकौड़े खा लिये ।

६ जब मां बच्ची थी, वह फूल बेचती थी ।
   जब माताजी बच्ची थीं, वे फूल बेचती थीं ।

3B. Attaching verb to verb: four complementizers.

"Complementizers" refer to the ways in which one verb is attached to another verb. In English, this is mostly done in one way, by using to. But in Hindi the verb सकना 'to be able' takes another verb in its stem form, while the verb चाहना 'to want' demands the full infinitive of another verb:

मैं आप के लिये क्या कर सकता हूं ? (कर = V)

आप मेरे लिये क्या करना चाहते हैं ? (करना = V- ना)

The verb देना 'to allow' governs the oblique infinitive:

मुझे उनके लिये यह काम करने दीजिये । (करने = V- ने)

while the verb कहना 'to tell' when used with another verb takes को:

मुझ से इस तरह के काम करने को क्यों कहते हो ? (करने को = V- ने को)
Why are you telling me to do things like this?

In Hindi there are in all 7 or 8 "complementizers" or ways of joining verb to verb, and careful attention must be given to learning which way is proper for which verb. There is no rule for this, nor can this sort of information be looked up in dictionaries. It has to be learnt by heart, a few verbs at a time. Some of the first-year verbs are listed here, grouped by complementizer:

V- ना : verbs governing the infinitive in a dependent verb.

चाहना	तुम किसे लाना चाहते हो ? Who do you want to bring?
जानना	वह पढ़ना जानती है । She knows how to read.
पड़ना	तुम्हें गाय लानी पड़ेगी । You'll have to bring the cow.

चाहिये	उन को सोचना चाहिये । They should think (about it).
शुरू करना	लिखना शुरू करो । Start writing!
बन्द करना	सिगरेट पीना बन्द करो । Stop smoking!
होना	मुझे अब चलना है । I have to go now.
सीखना	तुम खेलना सीखोगे ? Will you learn to play?

V: verbs governing the bare stem of a dependent verb.

सकना	आप यहवाला ले सकती हैं । You may take this one.
चुकना	वह सब कुछ बता चुका है । He's already told all.
पाना	पुलिस उसे पकड़ नहीं पाई । The police couldn't catch him.

V-ने : verbs governing the oblique form of the infinitive.

देना	उन्हें घर लौटने दो । Let them go back home.
लगना	पानी बरसने लगा । It began to rain.

V- ने को : verbs governing the oblique plus को .

कहना	भाई से आने को कहो । Tell your brother to come.
तैयार होना	हम चलने को तैयार हैं । We're ready to leave.

Drill 3B. Complementizers.

Insert the appropriate complementizer.

१ ड्राइवर। तुम कौनसा रास्ता ले______ चाहते हो ?

२ क्या आप मेरे साथ चल______ तैयार हैं ?

3 मातापिताजी मुझे खेलने बाहर जा ______ नहीं देते थे।

४ रात नौ बजे तक सब लोग लौट ______ चुके थे।

५ तुम्हें पुलिस को सब कुछ बता ______ पड़ेगा।

६ गायें हमारी तरफ़ आ ______ लगीं।

७ मैं चाहता हूं कि तुम अब से अंगरेज़ी बोल ______ बन्द करो।

८ तुम्हें केवल हिन्दी में बात कर______ चाहिये।

९ क्या तुम चीनी लिख______ सीख______ सकोगी ?

१० मुझे इस के बारे में सोच ______ है।

११ क्या आप की बेटी हिन्दी लिख ______ जानती है ?

१२ यहां आ______ किसी से मत कहो।

Key.

१ लेना २ चलने को 3 जाने ४ लौट ५ बताना ६ आने

७ बोलना ८ करना ९ लिखना सीख १० सोचना ११ लिखना

१२ आने को

Exercise 3B. Complementizers.

Translate into Hindi.

1. Somebody wants to meet you here.

2. It began to rain and we were far from home.

3. The police were unable to catch that man.

4. Somebody will have to bring some water for the cows.

5. Let it go, brother. Let them eat. Let them drink. Let them play.

6. She has already returned home.

7. You will have to bring her from there.

8. Who should we invite?

9. We have a lot of work to do.

10. We should do this today but I don't want to.

11. We must know what you are thinking. Now start talking.

12. Tell them to begin the show (शो m 1) before eight o'clock.

Exercise 3B. Key.

१ कोई तुम से यहां मिलना चाहता है।

२ पानी बरसने लगा और हम घर से दूर थे।

३ पुलिस उस आदमी को पकड़ नहीं पाई।

४ किसी को गायों के लिये पानी लाना पड़ेगा।

५ जाने दो भाई। उन्हें खाने दो। पीने दो। खेलने दो।
वे खाएं। पियें। खेलें।

६ वह घर लौट चुकी है।
लौट गई है।

७ आप को उसे वहां से लाना पड़ेगा।

८ हमें किसको बुलाना चाहिये ?
हम किसको बुलाएं ?

९ हम को बहुत काम करना है।

१० हमें यह आज करना चाहिये लेकिन मैं नहीं करना चाहता।
करना नहीं चाहता।

११ हम को यह जानना है कि तुम क्या सोच रहे हो। अब बोलना शुरू करो।

१२ उन से शो आठ बजे से पहले ही शुरू कर देने को कहिये।
उनसे कहिये कि शो आठ बजे से पहले ही शुरू कर दें।

Chapter Four

4A. ने and complementizers.

In chapter three we have reviewed the ने-construction and some ways of attaching verb to verb. In cases where verbs are attached and the ने-construction also applies, the gender of the object sometimes travels through its own verb and determines the ending of the verb to the right:

मैंने आराम-कुर्सियां ख़रीदनी चाहीं...
'I wanted to buy easy chairs...'

Sometimes it does not:

मगर घरवाली ने लोहे की कुर्सियां ख़रीदने को कहा ।
'but the wife said to buy iron ones.'

In general it seems that any complementizer that contains a post-position blocks the kind of agreement at a distance that we see in the first sentence. (This rule is a special case of a more general principle that says a postposition blocks agreements of any kind.) Since the verbs that take the bare stem (सकना , पाना and चुकना) never occur with ने anyway, the two complemen-tizers that are transparent to ने are V-ने and V-ना :

आख़िर उसने मुझे लकड़ीवाली ख़रीदने दीं ।
'Finally she let me buy the wooden ones.'

Of course, V-ना itself usually agrees with the object:

उनके लड़के ने सरोद सीखनी शुरू की है ।
'Their son has begun to learn the sarod.'

और साथ ही उसने सिगरेट भी पीनी छोड़ दी है ।
'And along with that he has given up smoking, too.'

Such agreement is maintained even when the object and its verb have been elided to avoid repetition:

उसने मुझे उतनी हिन्दी नहीं सिखाई जितनी मैंने (सीखनी) चाही थी ।

'He didn't teach me as much Hindi as I wanted to learn.'

In fact, such elision is sometimes necessary for agreement at a distance to occur at all:

वह वैसे केले नहीं लाई जैसे मैंने कहे थे । लाने को कहा था ।

'She didn't bring the sort of bananas I'd said to.'

After having said all this about agreement at a distance, it must be recognized that not all speakers observe it to the same degree. For some

उसने मेरी वेस्पा चलानी चाही ।

'He wanted to drive my Vespa.'

is more likely to have agreement at a distance than is

तुम्हें हिन्दी बोलना किसने सिखाया ?

'Who taught you to speak Hindi?'

For some speakers there is a difference in meaning: Observing agreement at a distance puts emphasis on the object. Non-observance suggests a more general activity. Thus

उसने कुर्सियां तोड़ना शुरू किया ।

'He began breaking chairs.'

is a less specific action than

उसने मेरी आराम-कुर्सी तोड़नी शुरू की ।

'He began to break my easy-chair.'

Drill 4A. ने and complementizers.

Vocab. निकलना 12 -- to turn out   घड़ी f 18 -- moment; watch

Change to the tense indicated in parentheses.

१ वह नई घड़ी ख़रीदना चाहता है । (simple past)

२ मेरा भाई इस साल से टैक्सी चलाना छोड़ देगा । (present perfect)

३ मैं सरदारजी से इन्जन ठीक करने को कहूंगी । (past perfect)

४ बाबूजी हमें उस तरह की फ़िल्म नहीं देखने देते थे । (simple past)

५ बच्चा जल्दी ही हिन्दी में बातें करने लगेगा । (simple past)

६ छुट्टियां उतनी लम्बी नहीं थीं जितनी तुम सोचते थे । (past perfect)

७ मैं उसे ये गाने गाना सिखा दूंगा । (simple past)

८ साथ ही वह सरोद बजाना सीखना शुरू कर देगा । (simple past)

९ जामा मस्जिद वैसी नहीं निकली जैसी आप कह रहे थे । (past perfect)

१० सर्वशक्तिमान हमपर संकट की घड़ी आने न दे! (simple past)

Key.

१ उसने नई घड़ी ख़रीदनी चाही ।
२ मेरे भाई ने इस साल से टैक्सी चलानी छोड़ दी है ।
३ मैंने सरदारजी से इन्जन ठीक करने को कहा था ।
४ बाबूजी ने हमें उस तरह की फ़िल्म नहीं देखने दी ।
५ बच्चा जल्दी ही हिन्दी में बातें करने लगा ।
६ छुट्टियां उतनी लम्बी नहीं थीं जितनी तुमने सोची थीं ।
७ मैंने उसे ये गाने गाने सिखा दिये ।
८ साथ ही उसने सरोद बजानी सीखनी शुरू कर दी ।
९ जामा मस्जिद वैसी नहीं निकली जैसी आपने कही थी ।
१० सर्वशक्तिमान ने हमपर संकट की घड़ी आने न दी ।

4B. Discrimination of near synonyms.

Some of the verbs listed in section 3B are nearly synony-
mous and may present difficulties for the learner.

a. शुरू करना and लगना both mean 'to begin'. But शुरू
करना emphasizes the conscious intent to begin doing some-
thing while लगना merely records the beginning of something
without comment on intention. Thus शुरू करना is inappropriate
with inanimate agents (wind, rain, clocks, etc.) or in cases
where the speaker does not wish to emphasize the conscious in-
tent of an animate agent to begin doing something or in which
something begins to happen to an animate agent over which he
has no control:

बारह बजने लगे ।   It began to strike twelve.

वह मेरी तरफ़ देखने लगी ।   She began to look my way.

वह बूढ़ा होने लगा ।   He began to grow old.

Conversely लगना is rarely appropriate as an imperative:

अब चलना शुरू करो ।   Now start walking!

b. होना, चाहिये, and पड़ना all express varying degrees of ob-
ligation. Of them होना is the least specific, sometimes oc-
curring where पड़ना could be used with equal appropriateness,
sometimes in the sense of 'supposed to' and sometimes where the
sense of obligation is extremely dilute:

	We have to go to bed now.
अब हमें सोने जाना है ।	We've got to go to bed now.
	We're supposed to go to bed now.
	It's time to go to bed now.

चाहिये stays closer to the sense of English should or ought
to; पड़ना, to English have to or got to. The action governed

by चाहिये can be denied while that governed by पड़ना cannot. That is, we can say:

मुझे हिन्दुस्तान जाना तो चाहिये लेकिन नहीं जा पाऊँगा ।
I ought to go to India but I won't be able to.

but not:

मुझे हिन्दुस्तान जाना तो पड़ेगा लेकिन नहीं जा पाऊँगा ।
I have to go to India out I won't be able to.

V-ना होना, like V-ना चाहिये, can also be denied:

मुझे हिन्दुस्तान जाना तो है लेकिन नहीं जा पाऊँगा ।
I'm supposed to go to India but I won't be able to manage it.

The obligation expressed by होना is more external than that of चाहिये, less dependent on moral or ethical choices:

हरेक को किसी न किसी दिन मरना होता ही है ।
Everyone has to die sooner or later.

4C. को expressions.

Hindi has a number of expressions in which the postposi-
tion को occurs where the speaker of English would not expect
it:

मुझ को सन्तरे पसन्द हैं ।   I like oranges.

Here the English equivalent of मुझ को is not <u>to me</u> but <u>I</u>. The
verb in English agrees with <u>I</u> while the verb in Hindi agrees
with सन्तरे . In effect, the Hindi expression and the English
expression are diametrically opposed to each other with Hindi
recalling a pattern once common in English, too:

Me liketh it not, Milord.

A glance at a list of को -expressions will show that nearly
all of them express psychological states rather than physical
action. However, this observation is not sufficient to pre-
dict what will turn out to be a को -expression in Hindi:

मुझको यह मालूम है ।   I'm aware of this.

मैं यह जानता हूं ।   I know this.

Presented here are the more important को -expressions from
last year:

चाहिये:   मुझे जाना चाहिये ।
                  I should go. I ought to go.

                  तुम्हें सन्तरे चाहिये ।
                  Do you want oranges?

पसंद होना:   उसे यह कमरा पसंद है ।
                  He likes this room.

                  हमें घूमना पसंद है ।
                  We like taking walks.

देर^F होना:	मुझे देर हो रही है ।
	I'm getting late.
मालूम होना:	उसे यह बात मालूम न थी ।
	He was unaware of this.
V - ना होना:	हमें एक पार्टी में जाना है ।
	We have to go to a party.
V - ना पड़ना:	तुम्हें यह काम करना पड़ेगा ।
	You'll have to do this job.
पता^M होना:	क्या आप को पता है, साहब ?
	Do you know this, Sir?
ज़ुकाम^M होना:	मुझे ज़ुकाम है ।
	I have a cold.
बुख़ार^M होना:	उसे कुछ बुख़ार होगा ।
	She must have a bit of fever.
अफ़सोस^M होना:	मुझे बहुत अफ़सोस है ।
	I'm very sorry.
जल्दी^F होना:	क्या आप को जल्दी है ?
	Are you in a hurry?
लगना:	यह हमें अच्छा लगता है ।
	We like this.
V - ना आना :	क्या उसे सरोद बजानी आती है ?
	Does he know how to play the sarod?
चोट^F आना:	उसे कुछ चोट आई
	He was somewhat hurt.

Since को -expressions are usually psychological in con-
tent it is not surprising that their agents are usually human

beings. However two of the को - expressions listed here (namely V - ना चाहिये and V - ना होना) sometimes occur with inanimate agents:

आज आंधी आनी चाहिये । The storm should come today.

दाम उतरने हैं अब । Prices are about to fall now.

In such cases को may be absent; the verb then agrees with the agent in number and gender; and the meaning of obligation disappears. Rather one is talking probabilities. Animate agents may sometimes occur in these constructions without को provided a specific individual is not being referred to:

बेटा, अब तो इस घर में बहू आनी ही चाहिये । (सारा आकाश १:३)
'Son, it's time for a daughter-in-law to join our family.'

Adding को here has the effect of summoning an actual living, breathing daughter-in-law into existence. For more on को - less को-expressions see Hook 1976.

Drill 4C. को - expressions.

Vocab. ऐस्प्रो f 1 -- a brand of aspirin sold in India
सिर m 92 -- head   शब्द m 36 -- word
दर्द m 22 -- pain   चिल्लाना 47 -- to shout, scream

Answer the questions according to the following models:

Q. तुम मुझसे उसका नाम क्यों पूछ रही हो ? (मालूम)

A. वह मुझे मालूम नहीं है ।

Q. रतन की मां ऐस्प्रो क्यों ले रही है ? (पार्टी में जाना)

A. उसे पार्टी में जाना है ।

१ आप इस क़िस्म के कपड़े क्यों ख़रीदते हैं ? (अच्छा लगना)

२ तुम्हारे पिताजी इतनी जल्दी क्यों चल रहे हैं ? (जल्दी)

3 तुम यह कमरा क्यों नहीं लेना चाहतीं ? (पसन्द)

४ निर्मला इतना क्यों रो रही है ? (बहुत अफ़सोस)

५ मुझे सिर में क्यों इतना दर्द है ? (बुख़ार)

६ तू आज पार्क में क्यों घूम रहा है ? (जल्दी)

७ वह आज दफ़्तर क्यों नहीं आया ? (ज़ुकाम)

८ विभूति डिक्शनरी में क्यों देख रही है ? (यह शब्द पता)

९ आप अभी कहां थे ? (बाहर जाना पड़ना)

१० बच्ची ने ऐस्प्रो क्यों मांगी ? (सिर में दर्द)

११ तुम्हारे दोस्तों ने गाड़ी क्यों ली ? (बस पसन्द)

१२ मुन्नी इस तरह चिल्ला क्यों रही है ? (खाना अच्छा लगना)

Drill 4C. Key.

१ मुझे अच्छे लगते हैं । २ उन्हें जल्दी है । 3 मुझे (वह) पसंद नहीं (है) । ४ उसे बहुत अफ़सोस है । ५ तुम्हें / आपको बुख़ार है । ६ मुझे आज जल्दी नहीं है । ७ उसे ज़ुकाम है । ८ उसको यह शब्द पता नहीं (है) । ९ मुझे बाहर जाना पड़ा । १० उसे सिर में दर्द है । ११ उन्हें बस पसन्द नहीं (है) । १२ उसे खाना अच्छा नहीं लगता ।

Exercise 4C. को - expressions.

Use them wherever possible.

1. Yes, Pandit, you're very sorry, but you're not ready to do anything.

2. Only your friend was upstairs and only he was hurt.

3. The storm should reach Delhi by tomorrow or the day after.

4. Everyone wants the flower; but no one wants the thorn.

5. Her father doesn't know that she's crazy over such an old man.

6. I don't like your smoking near me. Go away.

Key.

१ हां, पंडित जी, आप को बड़ा अफ़सोस तो है ।   लेकिन आप कुछ करने को तैयार नहीं हैं ।

२ केवल तुम्हारा दोस्त ऊपर था और केवल उसी को चोट आई ।
  सिर्फ़   मित्र   सिर्फ़   लगी

३ आंधी कल या परसों तक दिल्ली पहुंच जानी चाहिये ।
  आंधी को कल या परसों तक दिल्ली पहुंच जाना चाहिये ।

४ हरेक को फूल चाहिये; कांटा तो किसी को नहीं चाहिये ।
  सब लोगों

५ उसके पिता को यह मालूम नहीं है कि वह इतने बूढ़े आदमी पर
       बाप   पता
  फ़िदा हो गई है ।

६ तुम्हारा मेरे पास में सिगरेट पीना मुझे पसन्द नहीं है ।
                                      अच्छा नहीं लगता ।
  चले जाओ ।

Chapter Five

5A. The subjunctive and presumptive: review of forms.

Another set of verb forms which you may have seen last year
combines the subjunctive with habitual, progressive or perfect:

Subjunctive habitual: रोहिणी शायद हर रोज़ जाती हो ।
                                    Maybe Rohini goes every day.

Subjunctive progressive: महेश शायद अभी आ रहा हो ।
                                    Maybe Mahesh is coming now.

Subjunctive perfect: स्वाती शायद घर लौट गई हो ।
                                    Swati may have returned home.

With शायद the subjunctive is not used in the past:

शायद उसके गले में दर्द था ।   Maybe she had a sore throat.

वे शायद हर रोज़ जाते थे ।   Maybe they used to go every day.

You will remember that when the speaker wishes to signal that he
is not absolutely sure of his knowledge he may use the future:

अब हिन्दुस्तान में रात होगी ।   It must be nighttime now in India.

This use of the future is termed the presumptive. Like the sub-
junctive, the presumptive has a habitual, progressive and perfect.
But unlike the subjunctive with शायद , the presumptive may be
used in either the present or the past. Context decides.

Presumptive habitual:

रोहिणी हर रोज़ जाती होगी ।   Rohini must go every day.
                                    Rohini must have gone every day.
Presumptive progressive:

महेश अभी आ रहा होगा ।   Mahesh must be on his way now.

महेश उस वक़्त आ रहा होगा । Mahesh must have been on his way
                                                 at the time.

Presumptive perfect:

उसने नई गाड़ी ली होगी । He has probably bought a new car.
He had probably bought a new car.

In these cases (and others) Hindi sometimes uses a habitual form where a speaker of English would expect a progressive:

वह अभी चाय लाता होगा । He must be bringing the tea now.

मैं अब चलती हूं । I'm leaving now.

तू इस वक़्त कहां जाती है ? Where are you going now?

Drill 5A. Review of the presumptive and subjunctive.

Listen to the questions. If you know the facts answer with the same tense as that in the question:

Q: क्या आपका जनम चांद पर हुआ ? (जनम m 32 birth)

A: नहीं, (मेरा जनम) चांद पर नहीं हुआ । (चांद m 9 moon)

If you don't know the facts use the presumptive or शायद :

Q: क्या मैंने कभी केला खाया है ?

A: हां, आपने (केला) खाया होगा ।

Q: क्या मेरी जेब में पैसे हैं ? A: हां, शायद हों ।

१ क्या आपके पास गाड़ी है ?

२ क्या नेहरू जी के पास गाड़ी थी ?

3 क्या मेरी गाड़ी में पेट्रोल है ?

४ क्या आपका नाम बुसाले है ?

५ क्या मैं अमेरीकन प्रेज़िडेंट से मिला हूं ?

६ क्या नपोलियन ने हिन्दुस्तान के बारे में सुना था ?

७ क्या हमारा शहर चीन में है ?

८ क्या लोग हर रोज़ खाना खाते हैं ?

९ क्या मैंने ताज महल देखा है ?

१० क्या आपको इस क्लास में किसी से प्यार है ?

११ क्या आप कल रात घर पर सोए थे ?

१२ क्या मेरे पिताजी मेरी माता को शादी से पहले जानते थे ?

Drill 5A. Review of the presumptive and subjunctive. Key.

१ हां, मेरे पास (गाड़ी) है । or नहीं, मेरे पास (गाड़ी) नहीं (है)।

२ हां, उनके पास (गाड़ी) रही होगी । (हां), शायद उनके पास (गाड़ी) थी।

3 हां, उसमें (पेट्रोल) होगा ।

४ नहीं, मेरा नाम बुसाले नहीं (है)।

५ नहीं, आप उनसे नहीं मिले होंगे ।

६ हां, उसने सुना होगा । or (हां), (उसने) शायद सुना था ।

७ नहीं, (हमारा शहर) चीन में नहीं (है) ।

८ हां, (लोग) हर रोज़ (खाना) खाते हैं ।

९ हां, आपने देखा होगा । or (हां), शायद आपने देखा हो ।

१० हां, किसी से है । or नहीं, किसी से नहीं है ।

११ हां, कल (मैं) घर पर सोया था ।

१२ हां, वे उन्हें जानते होंगे ।

Exercise 5A. Subjunctive and presumptive.

Translate into Hindi.

1. At just that moment the police car must have crashed into the cliff (चट्टान f 2).

2. Maybe she doesn't like to phone. (पसन्द होना)

3. Her husband was asking for Aspro. He must certainly have had a headache.

4. He was saying he had a fever. Maybe he has to take an exam today.

5. When the people saw the tiger how they must have screamed.

6. The baby is not taking his milk now. Maybe he is about to burp (X को डकार आना -- for X to feel like burping).

Key.

१ ठीक उसी घड़ी पुलिस की गाड़ी चट्टान से टकरा गई / टकराई होगी।

२ शायद उसे फ़ोन करना पसन्द न हो।

3 उसका पति ऐस्प्रो मांग रहा था। ज़रूर उसको सिरदर्द (हुआ) होगा।

४ वह कह रहा है कि उसे बुख़ार है। आज शायद उसे परीक्षा देनी हो।

५ जब लोगों ने शेर को देखा वे कैसे / कितना चिल्लाए होंगे।

६ मुन्ना अब दूध नहीं ले रहा। शायद उसे डकार आनेवाला हो। / आ रहा हो।

5B. अपना and को -expressions

अपना is used in place of the possessives मेरा, तेरा, उसका, etc., when the possessor is the same as the agent of the action. Thus, when the agent is मैं, अपना has the meaning of मेरा:

तुम्हें तुम्हारी किताब दे दूं ?   'Shall I give you your book?'

तुम्हें अपनी किताब दे दूं ?   'Shall I give you my book?'

But if the agent is तुम , अपना stands in for तुम्हारा:

मुझे मेरी किताब दे दो ।   'Give me my book!'

मुझे अपनी किताब दे दो ।   'Give me your book!'

This rule applies to को -expressions, too (remember, the agent is now signalled by को):

मुझको तुम्हारी किताब चाहिये ।   'I need your book.'

मुझको अपनी किताब चाहिये ।   'I need my book.'

उसे हमारे बारे में बात करना पसंद है ।

'He likes to talk about us.'

उसे अपने बारे में बात करना पसंद है ।

'He likes to talk about himself.'

However, with को -expressions the rule does not seem to be as strict:

याद है मुझको मेरी उमर की पहली वह घड़ी ।

'I remember that first moment of my (adult) life.'

(from the title song of the film मेरे महबूब)

You will occasionally find अपना used in other senses:

मुझको तो बस पैसा चाहिये ।   'All I want is money.'

अपने को तो बस पैसा चाहिये। 'Let the others do their thing. Me, I want money.'

यह हमारा देश है। 'This is our country.'

यह अपना देश है। 'This is your country and my country.'

Using अपना in these cases creates a tone of greater intimacy.

To what degree the interpretation of अपना helps elucidate the notion of agent is a hotly debated issue in Hindi grammar. See Kachru 1970 and Kachru and Bhatia 1975.

Drill 5B. को-expressions and अपना.

Vocab. X से नाराज़ 9 -- angry with X
X से मिलना-जुलना -- to look like X
X से चिढ़ f 2 -- annoyance at X

Change the agent in each of the following to a form of मैं.

Examples:

क्या हरबंस मेरे भाई को ले आए ? क्या मैं अपने भाई को ले आऊं ?

रतन को अपने घर जाना पड़ेगा। मुझे रतन के घर जाना पड़ेगा।

१ दिवाकर मेरी एक किताब पढ़ रहा है।

२ विकास अपने लिये क्या कर सकता है ?

3 क्या मां मेरे कपड़े धोबी को दे दे ?

४ अनुराधा को अपना फ़ोन नंबर पता नहीं है।

५ तुम मेरी बहन से पूछ सकती हो।

६ तुम अपने घर की ओर जा रही होगी ।

७ रीता अपने से बड़ी नाराज़ थी ।

८ किसी को मुझसे प्यार था ।

९ वह मेरे भाई से मिलता-जुलता है ।

१० अम्बर को अपना मकान सब से अच्छा लगता है ।

११ हरबंस को मुझ से चिढ़ है ।

१२ किसको अपने बारे में बोलना पसन्द है ?

Drill 5B. Key.

१ मैं अपनी एक किताब पढ़ रहा हूं ।

२ मैं विकास के लिये क्या कर सकता हूं ?

3 क्या मैं अपने कपड़े धोबी को दे दूं ?

४ मुझे अनुराधा का फ़ोन नम्बर पता नहीं है ।

५ मैं अपनी बहन से पूछ सकता हूं ।

६ मैं तुम्हारे घर की ओर जा रहा हूंगा ।

७ मैं रीता से बड़ा नाराज़ था ।

८ मुझे अपने से प्यार था ।

९ मैं अपने भाई से मिलता-जुलता हूं ।

१० मुझ को अम्बर का मकान सब से अच्छा लगता है ।

११ मुझे अपने से चिढ़ है ।

१२ मुझको किसके बारे में बोलना पसन्द है ?

Exercise 5B. को-expressions and अपना.

Translate into Hindi, using को-expressions where possible.

1. Did she like her new watch?

2. I didn't want to sell my sitar, but finally (आख़िर) I had to.

3. I was supposed to meet you in my office, not yours.

4. They must be very annoyed (चिढ़ होना) with themselves.

5. I got hurt while I was fixing my boat.

6. Who is unable (नहीं आता) to talk about himself?

7. Somebody must have been in a big hurry to get his car out of here.

Key.

१ क्या उसे अपनी नई घड़ी अच्छी लगी ? / पसन्द आई ?

२ मैं अपने सितार को बेचना नहीं चाहता था मगर आख़िर बेचना ही पड़ा ।

3 मुझे आपसे अपने दफ़्तर में मिलना था, न कि आपके दफ़्तर में ।

४ उन्हें अपने से बहुत चिढ़ होगी ।

५ (अपनी) नाव ठीक करते वक़्त / समय मुझे चोट लगी । (or चोट आई)

जब मैं अपनी नाव ठीक कर रहा था मुझे चोट लगी ।

६ अपने बारे में बात करना किसे नहीं आता ?

७ यहां से (अपनी) मोटर निकालने / हटाने की किसी को बहुत जल्दी (रही) होगी ।

Chapter Six

6A. Some uses of the subjunctive.

In general the subjunctive is used when the speaker does not
wish to make any claim about the reality of an event. Since the
subjunctive in English has fallen out of use, its proper role in
Hindi may not be obvious to you. (However, it may be helpful to
realize that the Hindi subjunctive is largely parallel to that of
French or Spanish.) There are two main reflections of the basic
"meaning" of the subjunctive: 1. to express possible action,
2. to express desired action.

1. Possibility of action is often marked by introductory
phrases like शायद, हो सकता है कि ..., मुमकिन है कि... 'It's
possible that...', नामुमकिन है कि...'It's impossible that...', etc.

शायद वह अम्मां को सचमुच पसन्द आए ।
'Maybe Mother will really like her.'

और नामुमकिन है कि बाबूजी को अच्छी न लगे ।
'And it's impossible that Father wouldn't like her.'

मगर यह भी हो सकता है कि लड़कीवालों के पास काफ़ी पैसे न हों ।
'But it's also possible the girl's family may not have enough
money.'

When expressing possibility of action the subjunctive has the
full range of forms given in 5A:

शायद वह गाड़ी के नीचे आ गया हो । (subjunctive perfect)
'Maybe he was hit by a train.'

हो सकता है कि वह सांस छोड़ रहा हो । (subjunctive progressive)
'He may be breathing his last.'

The subjunctive of possibility is often found in if-clauses:

अगर किताबोंवाली दुकानें सुबह खुल जाती हों तो हम आज ही ले सकेंगे।
'If the bookstores open in the morning we could get it today.'

2. The subjunctive of desire is restricted to one set of forms: those formed by subtracting गा, गे or गी from the simple future:

तांगा तेज़ चलेगा ।	बच्चा चाहता है कि तांगा तेज़ चले ।
'The tonga will go fast.'	'The boy wants the tonga to go fast.'

तुम भाग जाओगे ? सरकार नहीं चाहती कि तुम भाग जाओ ।
'You'll run away? The government doesn't want you to.'

It is used when introduced by phrases expressing desire or obligation: यह चाहिये कि..., ज़रूरी है कि ... 'It's necessary that...', अच्छा यही है कि... 'It's best that...', etc.

पहले यह चाहिये कि मसाले मिल जाएं, तभी खाना बना सकेंगे ।
'First we have to get the spices. Then we can make dinner.'

यह ज़रूरी नहीं है कि भिखारी को पूरा एक रुपया दो ।
'It is not necessary for you to give the beggar a whole rupee.'

अच्छा यही होगा कि आप सरोद बजाते रहें ।
'The best thing would be for you to keep playing the sarod.'

With चाहना the subjunctive of desire must be used if the subject of the verb expressing the desired action is different from the चाहनेवाला:

वह चाहती है कि तुम उसकी फ़ोटो जल्दी खींचो ।
'She wants you to take her photo quickly.'

Using the subjunctive after expressions of opinion such as सोचना and मेरे ख़्याल में engages the desire as well as the opinion of the सोचनेवाला. Compare:

मैं सोचता हूं कि आज तुम जल्दी सो जाओगे ।
'I think you'll fall asleep early tonight.'

मैं सोचता हूं कि आज तुम जल्दी सो जाओ ।
'I think you should go to bed early tonight.'

In the second sentence the speaker is expressing what he wants in
addition to what he thinks. A similar contrast can be expressed
by choosing the subjunctive over the indicative with कहना :

मैं तुमसे कहता रहता हूं कि जल्दी उठो ।
'I keep telling you to get up earlier.'

और तुम मुझसे कहते रहते हो कि जल्दी उठूंगा ।
'And you keep telling me you will.'

Again, using the subjunctive of desire rather than the infinitive
plus चाहिये means that the personal preferences of the speaker
are being addressed rather than simply his knowledge. Compare:

उन्हें चुप रहना चाहिये (नहीं तो उनका बुरा हाल होगा) ।
'They should keep quiet (or else they'll get into trouble).'

वे चुप रहें (नहीं तो मेरा बुरा हाल हो जाएगा) ।
'They better keep quiet (or else I'll get into trouble).'

The subjunctive of desire is found in independent clauses
when the speaker is either expressing permission or asking for it:

कहो भई । कौनसे केले लूं ? वे पीलेवाले ?
'Well, tell me. Which bananas should I get? Those yellow ones?'

आप हरेवाले लें ।   'You should get the green ones.'

मेरी पत्नी बाहर नौकरी करे ? या घर पर रहे ?
'Should my wife get a job? Or stay at home?'

आप उन्हीं से पूछें ।   'You should ask her.'

Since there is little call to tell someone that you give yourself permission to do something or ask him if he gives himself permission, independent first person subjunctives usually come as questions, while second person subjunctives never do.

Drill 6A. Some uses of the subjunctive.

Vocab.   X को पता चला कि -- X found out that...
         X को शक है कि -- X doubts that...
         पक्का 22 -- certain   इच्छा f 47 -- desire, wish

Choose the correct alternative.

१ बाबूजी जानते हैं कि तू कल परीक्षा देनेवाला ___ । (है - हो)
  वे चाहते हैं कि तू पूरी तरह से तैयार ___ । (है - हो)

२ इस आदमी का काम यह है कि वह कुओं को साफ़ ___ ।
  (रखता है - रखे)

३ भई, हमें अफ़सोस है कि तुम्हें अच्छी नौकरी नहीं मिल रही ___ ।
  (है - हो)
  हम साहब से कहेंगे कि वे तुम्हें कोई जगह ___ । (दे देंगे - दे दें)

४ कल पता चला कि दोस्त मेरे लिये कुछ भी कर देने को तैयार ___ ।
  (हैं - हों)

५ हमें तो शक है कि तुम्हारी यह दवा खाने से दर्द कम हो ___ ।
  (जाएगा - जाए)
  नहीं, पक्का है कि कम हो ___ । (जाएगा - जाए)

६ अम्मां महरी से रोज़ कहती है कि वह अगले दिन जल्दी ___ ।
  (आएगी - आए)
  महरी अम्मां से रोज़ कहती है कि वह अगले दिन जल्दी ___ ।
  (आएगी - आए)

७ मुमकिन है कि उसकी घरवाली को पकौड़े बनाने न आते ___ । (हैं - हों)

८ पति को बुरा लगता है कि वह इतनी बार मायके जाती ___ । (है - हो)
  उसकी इच्छा है कि वह उसे किसी तरह रोक ___ । (लेगा - ले)

९ हो ही नहीं सकता कि उसे वह कमीज़ केवल ग्यारह ही रुपये में
  मिली ___ । (है - हो)

Drill 6A. Key.

१ है; हो २ रखे ३ है; दे दें ४ हैं ५ जाएगा; जाएगा
६ आए; आएगी ७ हों ८ है; ले ९ हो

Exercise 6A. Some uses of the subjunctive.

Translate into Hindi. If there is a choice between using a कि -clause and using an infinitive, use the कि -clause.

1. It's her job to keep the floors clean.
2. It's her habit (आदत f 25) to use तू with everybody.
3. It is impossible (नामुमकिन) that the prices of houses in India are going down.
4. It's too bad (अफ़सोस की बात) you have a cold.
5. She wants me to buy this watch for her.
6. Shall I buy it? Or not?

Key.

१ उसका यह काम है कि फ़र्श साफ़ रखे।

२ उसकी यह आदत है कि वह सब के साथ तू(-तड़ाक) से {बात करती है। / बोलती है।}

3 नामुमकिन है कि हिन्दुस्तान में मकानों के दाम {कम हो / गिर} रहे हों।

४ अफ़सोस की बात है कि तुम्हें ज़ुकाम (हो गया) है।

५ वह चाहती है कि मैं उसके लिये यह घड़ी ख़रीदूं।

६ क्या मैं ख़रीदूं? या {न / नहीं} ख़रीदूं? (or simply ख़रीदूं या नहीं?)

6B.   से -expressions.

Hindi has a number of verbs and other expressions that govern the postposition से:

चंद्रकान्त से जाने को कहो ।	Tell Chandrakant to go.
वह मुझ से मिलने आएगी ही ।	She'll surely come meet me.
आपको किस से काम है ?	Who do you want to see?
हमें इससे क्या मतलब है ?	What has this to do with us?

In some of these where a kind of reciprocity of action is involved Hindi has से while the English equivalent has <u>with</u>:

इससे मैंने बात की ।	I spoke with her.
उनसे मत लड़ो ।	Don't fight with them!

Here speaking or fighting with X usually means that X speaks or fights back. Other examples:

लहर चट्टान से टकरा गई ।	The wave collided with a rock.
उसने मेरी बहन से शादी की ।	He married my sister.
वह तुझ से मिलती-जुलती है ।	She resembles you.

But others are not amenable to such an explanation and must simply be learnt by heart:

वह आप से बड़ी नाराज़ थी ।	She was angry with you.

You will notice that some of these (such as काम होना) are simultaneously से -expressions and को -expressions:

मुझे अपने से चिढ़ है ।	I'm annoyed with myself.
क्या तुम्हें किसी से प्यार था ?	Were you in love with someone?
मुझे तुमसे शिकायत है ।	I have a bone to pick with you.
उसे लहरों से डर लगता है ।	She's afraid of waves.

Drill 6B.

Vocab. शकल f 4 -- face, appearance बिल्ली f 11 -- cat
चोर m 26 -- thief

Fill the blanks with the appropriate postposition or complementizer.

१ मैं कल तुझ ____ बात करूंगी ।

२ गाय ____ रास्ते पर मूता ।

3 किसी ____ नाराज़ है तू ?

४ तो रामचन्द्र को किस ____ शादी कर ____ चाहिये ?

५ ड्राइवर ____ पूछो कि इस गांव ____ नाम क्या है ?

६ मैं ____ उनके साथ खेल ____ चाहा ।

७ लड़के अपने बाप ____ लड़ ____ लगे ।

८ आप लोगों ____ धोबी की शकल मेरे भाई ____ मिलती-जुलती है ।

९ हमारी बहू ____ बिल्लियों ____ ऐलर्जी है ।

१० वह अपनी पत्नी ____ व्हिस्की पी ____ दे ____ तैयार नहीं है ।

११ तुम ____ मुझ ____ कुछ कहना है । अभी कहूं ?

१२ सरदार ____ मेरी गाड़ी के इन्जन ____ ठीक नहीं कर सका ।

13 मां ____ चोरों ____ बड़ा डर लगता है ।

१४ अपने पति ____ उस ____ बहुत शिकायतें थीं ।

Key.

१ से २ ने 3 से ४ से, करना ५ से, का ६ ने, खेलना ७ से, लड़ने ८ के, से ९ को, से १० को, -ने, -ने को ११ से, को १२ ∅, को 13 को, से १४ से, को

Exercise 6B. से - expressions.

Translate into Hindi.

1. At that age children are very afraid of waves.

2. Don't you remember I have to see you about something?

3. What father would let his daughter marry a goonda of this sort?

4. When our cat has to fight a dog she cries and spits.

5. Don't ask him for money. He'll tell your mother.

6. What has China to do with such a small country?

7. Yesterday I found out that I am allergic to sugar (चीनी f 12).

8. No one should have (cause for) complaint about you.

Key.

१ उस उम्र में बच्चों को लहरों से बहुत डर लगता है ।

२ आप को याद नहीं है कि मुझे आपसे काम है ?

3 कौन / कौनसा बाप अपनी बेटी को इस क़िस्म के गुंडे से शादी करने देगा ?

४ जब हमारी बिल्ली को कुत्ते से लड़ना पड़ता है तब रोती है और थूकती है।

५ उस से पैसे मत मांगो । वह तुम्हारी मां से कह देगा ।

६ चीन को इतने छोटे देश से क्या मतलब ?

७ कल (मुझे) पता चला कि (मुझे) चीनी से ऐलर्जी है ।

८ किसी को आपसे शिकायत नहीं होनी चाहिये ।

Chapter Seven

Review

Review drill 7A. Focus: 1A.

Form questions for which the sentences below are answers.

Example: कमरे में धोबी है ।　　　　कमरे में कौन है ?

१ उनकी लड़की को ज़ुकाम हुआ ।

२ उसे इस क़िस्म की दवा देनी चाहिये ।

3 सब से मीठे फल इस दुकान पर मिलते हैं ।

४ लडके उस ओर चले गए ।

५ आंधी दिल्ली परसों पहुंचेगी ।

६ इस मज़दूर को काम से ऐलरजी है ।

७ लकड़ी का दाम पांच रुपए किलो था ।

८ भाई ने ख़बर देने के लिए फ़ोन किया था ।

९ ये पत्थर कुएं में गुण्डों ने डाले होंगे ।　(पत्थर = stone)

१० गांव के बच्चे तू-तड़ाक से बोलते हैं ।

Key.

१ क्या　२ किस　3 कहां　४ किस ओर, किस तरफ़, किधर

५ कब, कब तक　६ किस　७ क्या, कितना　८ क्यों, किसलिये

९ किसने, किन्होंने　१० कैसे, किस तरह

Review drill 7B. Focus: 1A, 2A, 3B, 5B, 6A, 6B.

Match the introductory phrases or hedges on the left with the sentences on the right. Example:

सच है कि ____	साले की जेबें ख़ाली हों ।
हो सकता है कि ____	मुन्ने ने बस में तो नहीं मूता ।

Key: सच है कि मुन्ने ने बस में तो नहीं मूता ।
हो सकता है कि साले की जेबें ख़ाली हों ।

It may be necessary to use a process of elimination to arrive at a complete set of correct matches.

१	यह अच्छी बात है कि ____	उसे घर जाते वक़्त चोट आई होगी ।
	मुमकिन है कि ____	नौकर कुछ पकौड़े ले आया हो ।
	मुझे लगता है कि ____	तेरे बच्चे तुझसे मिलते-जुलते हैं ।
२	लड़की को ____	सरदार फ़िदा है ।
	लड़की से ____	मेरा गाना बुरा लगा ।
	लड़की पर ____	पण्डित नाराज़ हुए ।
3	कोई-न-कोई लिखना ____	जानता होगा ।
	किसने आने को ____	जाना चाहिये ।
	तुझे अब सो ____	कहा था ।
४	मुझे मालूम नहीं है कि ____	उन्हें अपने बच्चों का रोना अच्छा लगे ।
	यह हो ही नहीं सकता कि ____	प्रोफ़ेसर साहब आज ही हमारी परीक्षा लेंगे ।
	मेरे ख़्याल में ____	माताजी को उन लोगों से चिढ़ क्यों है ।

५	जैसे भगवान चाहता है _____	वैसी तो तुम्हें न होगी ।
	जैसे मित्र चाहते हो _____	उसी तरह करना पड़ेगा ।
	जैसी मुझे इस चीज़ की ज़रूरत है _____	वैसे ही ख़ुद हो जाओ ।
६	कुमुद चाहती है कि _____	हम बच्ची को चिल्लाने दे रहे हैं ।
	कुसुम सोचती है कि _____	ऐस्प्रो लेने से दर्द कुछ कम हो गया हो ।
	हो सकता है कि _____	मैं उससे प्यार का मतलब पूछूं ।
७	मुझसे मेरी बहन _____	घर पर बुलाती है ।
	मुझे मेरी बहन _____	दूर हो गई ।
	मुझे अपनी बहन से _____	लड़ना नहीं है ।

Review drill 7B. Key.

The matches given here are the ones that permit a correct solution for each group as a whole. Taking each item individually you may find some other possible matches.

१ यह अच्छी बात है कि तेरे बच्चे तुझसे मिलते-जुलते हैं ।
मुमकिन है कि नौकर कुछ पकौड़े ले आया हो ।
मुझे लगता है कि उसे घर जाते वक़्त चोट आई होगी ।

२ लड़की को मेरा गाना बुरा लगा ।
लड़की से पण्डित नाराज़ हुए ।
लड़की पर सरदार फ़िदा है ।

३ कोई-न-कोई लिखना जानता होगा ।
किसने आने को कहा था ?
तुझे अब सो जाना चाहिये ।

४ मुझे मालूम नहीं है कि माताजी को उन लोगों से चिढ़ क्यों है ।
यह हो ही नहीं सकता कि उन्हें अपने बच्चों का रोना अच्छा लगे ।
मेरे ख़्याल में प्रोफ़ेसर साहब आज ही हमारी परीक्षा लेंगे ।

५ जैसे भगवान चाहता है उसी तरह करना पड़ेगा ।
जैसे मित्र चाहते हो वैसे ही ख़ुद हो जाओ ।
जैसी मुझे इस चीज़ की ज़रूरत है वैसी तो तुम्हें न होगी ।

६ कुमुद चाहती है कि मैं उससे प्यार का मतलब पूछूं ।
कुसुम सोचती है कि हम बच्ची को चिल्लाने दे रहे हैं ।
हो सकता है कि ऐस्प्रो लेने से दर्द कुछ कम हो गया हो ।

७ मुझसे मेरी बहन दूर हो गई ।
मुझे मेरी बहन घर पर बुलाती है ।
मुझे अपनी बहन से लड़ना नहीं है ।

Review drill 7C. Focus: 3A, 4C.

Choose the correct alternative(s).

१ { मेरी बहन / मेरी बहन को } जल्दी में है।

२ { विकास ने / विकास } मेरे लिए क्या लाया ?

3 { तुम / तुम ने } इतनी देर क्यों की ?

४ औरतें इसे पसन्द { हैं / करती हैं } ।

५ आज { पानी / पानी को } बरसना चाहिये।

६ { उन्हें / उन्होंने } चोट आई।

७ { मैं / मुझे } काम करना है।

८ { दिनेश / दिनेश ने } कल किससे मिला ?

९ { क्या / किसे } पता है ?

१० { तुम्हें / तुम } सब को पसंद हो।

११ कल { उसने / उसको } पैसे देने पड़े ।

१२ { किसको / किसने } जाना है ?

Key.

1. a 2. b 3. b 4. a (He likes women.) or b (Women like him.) 5. a 6. a 7. b 8. a 9. a (What do (I) know?) or b (Who knows?) 10. b 11. b 12. a (Who is supposed to go?) or b (Who has found out?)

Review drill 7D. Focus: 2A.

Form single sentences from the pairs below by using the relative/co-relative construction. Items with a "C" should wind up in the main or co-relative clause; items marked "R", in the relative clause. (NB: In some cases R precedes C and in some it follows.)

Example: R लिफ़ाफ़े पर मेरा नाम था + C लिफ़ाफ़े में किसी और का पत्र था ।

becomes: जिस लिफ़ाफ़े पर मेरा नाम था उसमें किसी और का पत्र था ।

१ R किसी का जनम होता है + C के मां-बाप होते ही हैं।

२ C दिन ज़रा जल्दी आना पड़ेगा + R दिन आपको परीक्षा देनी है ।

3 R लोग लहरों में खेलना बहुत पसन्द करते हैं + C लोगों को प्यार से डर कम लगता है ।

४ क्या सावित्री को C ही तरह का पति मिल गया + सावित्री R तरह का पति चाहती थी ।

५ हमारा कुत्ता C ज़्यादा लड़ने को तैयार होने लगा + R ज़्यादा बिल्ली पीछे हटने लगी ।

Key.

१ जिस किसी का जनम होता है उसके मां-बाप होते ही हैं ।

२ उस दिन ज़रा जल्दी आना पड़ेगा जिस दिन आपको परीक्षा देनी होगी ।

3 जो लोग लहरों में खेलना बहुत पसन्द करते हैं उनको प्यार से डर कम लगता है ।

४ क्या सावित्री को उसी तरह का पति मिल गया जिस तरह का वह चाहती थी?

५ हमारा कुत्ता उतना ज़्यादा लड़ने को तैयार होने लगा जितनी ज़्यादा बिल्ली पीछे हटने लगी ।

Review drill 7E. Focus: 2A, 2B.

Vocab. हाथी m 9 -- elephant
सुन्दर 66 -- beautiful
नाक f 16 -- nose
चूहा m 6 -- mouse
राजा m 88 -- king
चेहरा m 54 -- face
तवा m 2 -- frying pan
आधा 2 -- half
मालिक m 28 -- owner
ऊंचा 59 -- high
X से मिलना-जुलना 2 -- to meet, mix with X

Answer the questions with a relative/co-relative construction. Use the most appropriate from among the suggestions in parentheses.

Examples: फलवाला कौन है ? (फल खाना, फल बेचना, फल ख़रीदना)
फलवाला वह है जो फल बेचता है ।

घोड़ा कितना खाता है ? (चूहा, गाय, हाथी)
घोड़ा उतना खाता है जितना (कि) गाय खाती है ।

More than one alternative may be appropriate in some cases.

१ घरवाला कौन है ? (घर बनाना, उसके पास घर है, उसे घर चाहिये)

२ शकुन्तला कितनी सुन्दर थी ? (बिल्ली, आम, उसकी तसवीर)

3 दिल्ली का रहनेवाला कौन है ? (दिल्ली के पास, दिल्ली से दूर, दिल्ली में ही)

४ लाल नाकवाला कौन है ? (नाक लाल होना, लाल नाकें बेचना, बहुत ज़्यादा छींकना)

५ सीता कहां रहना चाहती थी ? (राजा जनक, राम, रावण)

६ घरवाली कौन है ? (घर चलाना, घर चाहना, घरवाले को चलाना)

७ दमयन्ती का चेहरा कैसा था ? (काला तवा, आधा चांद, पूरा चांद)

८ नाववाले कौन हैं ? (नाव चलाना, नावों के मालिक, नावें बनाना)

९ वह तुझसे कब मिलेगा ? (मैं कहूंगी, मैं उससे नहीं मिलूंगी, वह चाहेगा)

१० ऊंची नाकवाली कौन है ? (और लोगों से मिलना-जुलना, अपने को औरों से अच्छा समझना, नाक लम्बी होना)

Review drill 7E.   Key.

१ घरवाला वह (आदमी) है जिसके पास घर है ।

२ शकुन्तला उतनी सुन्दर थी जितनी उसकी तसवीर ।

३ दिल्ली का रहनेवाला वह है जो दिल्ली में ही रहता है ।

४ लाल नाकवाला वह (आदमी) है जिसकी नाक लाल है ।

   (लाल नाकवाला वह भी हो सकता है जो बहुत ज़्यादा छींकता है ।)

५ सीता वहीं रहना चाहती थी जहां राम रहते थे ।

६ घरवाली वह (औरत) है जो घर चलाती है ।

   (घरवाली वह भी हो सकती है जो घरवाले को चलाती है ।)

७ दमयन्ती का चेहरा वैसा था जैसा पूरा चांद ।

८ नाववाले वे (आदमी) हैं जो नाव चलाते हैं ।   या

   वे (आदमी) जो नावों के मालिक हैं ।   या

   वे (आदमी) जो नावें बनाते हैं ।

९ वह मुझसे तब मिलेगा जब मैं कहूंगी ।   या

   तब मिलेगा जब वह चाहेगा ।

१० ऊंची नाकवाली वह है जो अपने को औरों से अच्छा समझती है ।

   (वह है जो औरों से नहीं मिलती-जुलती ।)

Chapter Eight

8. Compound verbs: least marked.

As you may already know in Hindi nearly every verb may, on occasion, appear in compound form. At times one may say सूदन बीमार हुआ 'Sudan got sick', and at others सूदन बीमार हो गया. Deciding when it is proper to use the compound form and when it is not is a question we shall return to later in the course of this book. Here, however, we shall be concerned simply with determining what is the most common compound form for any given verb.

जाना , लेना , and देना are the three auxiliaries most frequently used in compound verbs:

हम स्टेशन पहुंच गए ।	We got to the station.
मैं कबाब खा लूंगा ।	I'll eat up the kabobs.
इसने सब कुछ बता दिया ।	She told all.

Other verbs like डालना 'to throw' and बैठना 'to sit' are also used as auxiliaries:

| मैं कबाब खा डालूंगा । | I'll gobble up the kabobs. |
| यह सब कुछ बता बैठी । | She told all (dammit)! |

but they appear less frequently than जाना , लेना , or देना . Furthermore, they add their characteristic shade of meaning, whereas जाना , लेना , and देना are often nearly colorless. For this reason compound verbs formed with one of these three are termed "least marked."

Intransitive verbs form their compound forms with जाना:

दिल्ली की बस आई ।	दिल्ली की बस आ गई ।
बैठो ।	बैठ जाओ ।
तुम्हें पैसे मिलेंगे ।	तुम्हें पैसे मिल जाएंगे ।

An important exception is the verb जाना itself. जाना is made compound by preposing the past participle of चलना :

तू यहां से जा ।	तू यहां से चला जा ।
लड़कियां अभी जाएंगी ।	लड़कियां अभी चली जाएंगी ।
वे दिल्ली गये ।	वे दिल्ली चले गये ।

The modal verbs सकना and चुकना have no compound forms.

Transitive verbs have least marked compounds formed either with लेना or देना . The general rule is that if the direction of the action is toward the agent or that if he performs the action for his own benefit, use लेना. Otherwise, use देना . In effect, this rule divides transitive verbs into two groups: 1) those that rarely take देना because they express action always directed toward the agent, and 2) those that may take देना or लेना depending on whether the action is performed for the benefit of the agent or not. Typical members of the first group are verbs of ingestion: खाना , पीना, निगलना 'to swallow', हज़म करना 'to digest'; verbs of perception: देखना, सुनना, समझना , जानना , याद करना ; and verbs with a normal trajectory of action that is directed inward toward the agent: लेना , चूसना 'to suck', पाना 'to find, get', प्राप्त करना 'to obtain, acquire', पकड़ना 'to catch', etc. Because the action in one way or another mostly affects the agent, transitives of the first group are termed "reflexives". The second group includes essentially all the remaining transitive verbs:

यह कर लीजिये ।	Do this (for yourself).
यह कर दीजिये ।	Do this (for someone else).

तू जितनी गालियां देना चाहे उतनी दे ले ।
Give me as many curses as you like. (from गोदान , p. 120)

उसके मुंह पर गाली दे दे तब मैं तुझे मानूं ।
If you abuse him to his face I'll respect you.

However, among the reflexive verbs there is a group which seems to equivocate between जाना and लेना. These are mostly verbs of mental perception: समझना, सीखना, भांपना 'to guess', मानना 'to accept, admit, respect', जानना 'to find out', पहचानना 'to recognize', etc. With लेना these imply some measure of conscious effort. With जाना the mental event occurs as if of itself:

मैंने पहचान लिया कि वह कौन है ।   I figured out who he was.

मैं पहचान गई कि वह कौन है ।   I realized who he was.

There are a number of individual exceptions among transitive verbs: ले जाना 'to take away', चाहना 'to want', देना in the sense of 'to let' and पाना in the meaning of 'to be able' have no compound forms. The compound form of भूलना 'to forget' is always भूल जाना. That of लाना is ले आना.

Among intransitive main verbs, रोना 'cry', हंसना 'laugh', लड़ना, चिल्लाना 'to scream, shout' take पड़ना rather than जाना.

चांद की शकल देखकर मुन्ना हंस पड़ा ।
Seeing the face of the moon, the baby laughed.

शेर को खेत में देखकर किसान चिल्ला पड़ा ।
The farmer screamed when he saw the tiger in the field.

मुसकराना 'smile' (and sometimes रोना and हंसना) takes देना as does चलना in the sense of 'set out':

कैमरा तैयार है ।   मुसकरा दो सब !
The camera's ready. Everybody smile!

हम परसों सुबह ठीक सवा पांच बजे चल देंगे ।
We'll set out the day after tomorrow at quarter after five in the morning sharp.

Discussion drill 8. Compound verbs: लेना or लेना / देना ?

Decide which of the expressions listed here are reflexive (i.e., cannot occur, when compound, with देना). There may be disagreement about some of the answers.

1	लेना 685	- to take
2	Y का नाम लेना	- to implicate Y (in a crime)
3	डालना 53	- to throw; put; pour
4	नज़र डालना	- to cast a glance
5	पूछना 131	- to ask (a question)
6	रखना 180	- to put, place, set; keep
7	भरना 120	- to fill
8	सांस भरना	- to sigh
9	छोड़ना 71	- to leave, let go of, abandon
10	बोलना 465	- to speak
11	सोचना 61	- to think
12	खींचना 37	- to draw, drag, pull
13	पढ़ना 54	- to read, study
14	खोलना 45	- to open
15	मारना 111	- to kill; beat, strike
16	सिर मारना	- to make great efforts
17	पहनना 40	- to wear, put on (clothing)
18	प्राप्त करना 26	- to get, obtain
19	बुलाना 36	- to invite
20	भेजना 69	- to send
21	मांगना 45	- to ask for
22	ख़रीदना 31	- to buy
23	रोकना 41	- to stop
24	अपना हाथ रोकना	- not to strike, stay one's hand
25	X का ख़्याल करना	- to keep X in mind

Discussion drill 8. Key.

1 लेना

2 उसने चोरी में तेरा नाम ले दिया ।

3 मसाले इस बरतन में डाल दो ।

4 only लेना unless casting the evil eye is being referred to:
   उसने हमारे बच्चे पर ऐसी (बुरी) नज़र डाल दी कि बच्चा तीन ही
   दिनों में मर गया ।

5 पिताजी से पूछ दो कि वे आज क्या खाएंगे ।

6 सामान वहीं रख दो ।

7 बाल्टी में पानी भर दो ।

8 लेना

9 उसने पति को छोड़ दिया ।   (rarely used with लेना)

10 मां से बोल दो कि भाई साहब आ गये हैं ।

11 लेना

12 कुरसी मेरी तरफ़ खींच दो ।

13 only लेना unless reading aloud is referred to: मेरे लिये यह
   पत्र पढ़ दो ।

14 दरवाज़ा खोल दो ।

15 वह बिल्ली को मार देगा ।

16 लेना (इन किताबों में मैंने काफ़ी सिर मार लिया ।   अब देखना भी
   नहीं चाहती ।)

17 लेना

18 लेना

19 ज़रा नौकर को बुला दो ।

20 नौकर को यहां भेज दो ।   (rarely used with लेना)

21 मैं आपके लिये उससे यह किताब मांग दूंगा ।

22 मेरे लिये यह शर्ट ख़रीद दो ।

23 ज़रा उस साइकलवाले को रोक दो ।

24 किसी वजह से उसने मारते मारते अपना हाथ रोक दिया ।

25 लेना

Drill 8.   Compound verbs: least marked.

Vocab.   इच्छा f 47 -- desire, wish
         दीदी f 2 -- common term of address for elder sisters
         व्हिस्की f 1 -- liquor
         सुल्ताना -- name of girl (Muslim)
         X से डरना -- to be afraid of X
         साली f 2 -- wife's sister; bitch

    Rewrite each of the following using a compound verb formed
with the auxiliary that seems most appropriate, given the mean-
ing of the whole sentence.

१ कल मैंने अपनी गाय बेची ।

२ क्या बाज़ार से लिफ़ाफ़े भी लाओगी ?

३ पुलिस ने साले को उस के घर में ही पकड़ा ।

४ आंधी ही की वजह से हमारी बस मकान से टकराई ।

५ आप कोई गाना गाइएगा ।

६ उसकी इच्छा है कि वह चांद पर उतरे ।

७ मुन्ने ने फ़र्श पर मूता है ।

८ दीदी, फ़र्श साफ़ करो ।

९ माता ने अपनी बेटी को स्टेशन पर पहचाना ।

१० अपने कुत्ते को रोको! नहीं तो वह मेरी बिल्ली से लड़ेगा ।

११ आज प्रोफ़ेसर हमारी हिन्दी की परीक्षा लेंगे ।

१२ बूढ़े ने बस की खिड़की से थूका ।

१३ मैंने जेबवाली कमीज़ पसन्द की ।

१४ संकट में सर्वशक्तिमान का नाम याद आता है ।

१५ उनका डाक्टर अस्पताल में भी व्हिस्की पीता है ।

१६ सुल्ताना ने कम उमर में शादी की होगी ।

१७ उसके बाप ने उसकी किसी बूढ़े आदमी से शादी की थी ।

१८ जब मेरी पत्नी को ज़ुकाम होता है तो वह हमेशा लासेंजेज़ चूसती है ।

१९ बच्चे ने पांच ऐस्प्रोज़ निगली हैं; वह ज़रूर बीमार पड़ेगा ।

२० अगर कोई चिल्लाता है तो हमारा बच्चा डरता है ।

२१ साली ने मेरी उमर कैसे भांपी ?

Drill 8. Key.

१ बेच दी २ ले आओगी 3 पकड़ लिया ४ टकरा गई ५ गा दीजियेगा ६ उतर जाए (with a noticeable difference in meaning) ७ मूत दिया है ८ कर दो, कर लो ९ पहचान लिया (or माता अपने बेटे को स्टेशन पर पहचान गई।) १० रोक दो, लड़ पड़ेगा ११ ले लेंगे १२ थूक दिया 13 कर ली १४ आ जाता है १५ पी लेता है १६ कर ली होगी १७ कर दी थी १८ हो जाता है; चूस लेती है १९ निगल ली हैं (or बच्चा पांच ऐस्प्रोज़ निगल गया है।); पड़ जाएगा २० चिल्ला पड़ता है; डर जाता है २१ भांप ली (or साली मेरी उमर कैसे भांप गई?)

Exercise 8. Compound verbs: least marked forms.

Translate into Hindi. Use compound verbs wherever possible.

1. Get back, Pandit! A train is coming this way.
2. My son has fallen madly in love (फ़िदा होना) with the daughter of a friend of mine.
3. When Father heard that the price of sugar had fallen, he bought three and a half seers.
4. Hey! First remove (निकालना) the thorns from these flowers and then give them to me!
5. In the Ramayana just by seeing Ram's face Sita falls in love (प्यार होना) with him.
6. Don't hurry. Let him get dressed first (पहले).

Key.

१ पीछे हट जाइये, पण्डितजी। इस ओर/तरफ़ ट्रेन आ रही है।

२ मेरा बेटा मेरे एक मित्र की बेटी पर फ़िदा हो गया है।

3 जब पिता ने सुन लिया कि चीनी का दाम कम हो/गिर गया है (तब) उन्होंने साढ़े तीन सेर ख़रीद ली।

४ अरे! पहले इन फूलों में से/से कांटे निकाल लो और तब मुझे दे दो।

५ रामायण में राम की शकल/का चेहरा देख लेने से ही सीता को राम से/उस से प्यार हो जाता है।

६ जल्दी मत करो। उसको पहले कपड़े पहन लेने दो।

Chapter Nine

9A. Future imperative.

In addition to the present imperative forms Hindi has a series of future imperative forms:

	Present	Future
Honorific:	आप आ जाइये	आप आ जाइयेगा
Non-honorific:	तुम आ जाओ	तुम आ जाना
Intimate:	तू आ जा	तू आ जाना (तू आ जाइयो)

The present imperative is used to command actions that are to be carried out immediately; the future imperative, for those actions that are to be done after some lapse of time:

उसे अभी मत छोड़ो । बाद में छोड़ देना ।
Don't let him go now! Release him later.

वे इस वक्त घर पर नहीं हैं, साहब । कल आइयेगा ।
He's not at home now, Sir. Come tomorrow.

However, since a command to do something in the future is less peremptory than a command to do something right away, there is a tendency to use the future imperative as a polite form even where the action is to be carried out immediately. This is especially true of the आप-form:

बैठियेगा, साहब । कुछ खाइयेगा ।
Please sit down, Sir. Won't you have something to eat?

For some speakers there exist special future imperative forms in -इयो to be used with तू:

तू कल तीन बजे चली आइयो ।   Come tomorrow at three.

यह तू किसी को बता न दियो (वरना हमारा राज़ खुल जाएगा) ।
Be careful not to tell this to anyone (or else our secret will get out).

Other speakers consider forms in -इयो to be dialectal and use forms in -ना instead:

उसे तू घर पर अकेली कभी न छोड़ना ।
Be sure you never leave her at home alone.

While a present negative imperative does not come compound (see section 12A) you will sometimes find compound future negative imperatives:

यह तुम भूल न जाना कि मुझे तुमसे प्यार है ।
Don't you forget that I'm in love with you.

For more on the future imperative, see Jain 1975.

Drill 9A. Future imperatives.

Vocab. उस्ताद m 10 -- teacher (usually of art or music)
अंगूठा m 4 -- thumb
कुशल mf 8 -- (good) health
फ़ुरसत f 12 -- leisure
दो शब्द -- line or two, note
छी! -- ech! yuck!
मिठाई f 17 -- candy, sweets
गुस्सा 33 -- angry
दामाद m 2 -- son-in-law
जनाब m 3 -- respectful yet friendly term of address; Sir
फ़ौरन 28 -- right away
बस करना -- to call it a day

Choose the most appropriate forms.

१ मुन्ना फिर से अंगूठा चूसने लगा है । अभी जाकर उसको कुछ खिलाओ । / खिलाना ।

२ अबे साले! तू अपने को क्या समझता है ? मेरे साथ तू-तड़ाक से बात मत कर । / करना ।

3 परसों जब नौकर गाड़ी ले आएगा तब उसे ठीक कर दो । / कर देना ।

४ उस्तादजी । आपको जब फ़ुरसत होगी तब मेरी परीक्षा ले लीजिये । / ले लीजियेगा ।

५ छी! यह कहानी किसी को कभी सुना न दो । / सुना न देना ।

६ गुस्सा मत होइये, / होइयेगा, साहब, मगर मुझे ऐसे विचारों से चिढ़ होती है ।

७ अच्छा, बेटी । जाओ / जाना अब । और अपने कुशल के दो शब्द मायके भेजती रहो । / रहना । भूल न जाओ । / भूल न जाना । और यह लो, / लेना, मिठाई । पहुंचकर दामादजी को दे दो । / दे देना ।

८ जनाब, आप इसी तरह नोट देते रहिये / रहियेगा तो मैं नाचती रहूंगी ।

९ क्या तुम भूल गईं आज कौनसा दिन है ? फ़ौरन उठो । / उठना ।

१० बस कर / करियो अब । घर जा / जाइयो अपने । वे कपड़े कल धो लो । / धो लियो । / धो लेना ।

Drill 9A. Key.

१ खिलाओ २ कर, करना 3 कर देना ४ ले लीजिये, ले लीजियेगा ५ सुना न देना ६ होइये, होइयेगा ७ जाओ; रहना; भूल न जाना; लो; दे देना ८ रहिये, रहियेगा ९ उठो १० कर; जा; धो लियो, धो लेना

Exercise 9A. Future imperative.

Translate into Hindi. Use the future imperative wherever appropriate.

1. Cut (बन्द करना) the nonsense (बकवास f 2). And don't you (तू) ever say that to me again.
2. The gods (देवता m 22) said, "Go now, Vishnu, and take birth on earth."
3. When you see her tomorrow, give her this letter.
4. Keep happy (ख़ुश), Brother (भैया).
5. Your tickets are in this envelope, Sir. Please take it now.
6. Think of me, too, sometimes.

Key.

१ बकवास बन्द कर। और यह मुझसे फिर कभी मत कहियो। / कहना।

२ देवताओं ने कहा, "अब जा, विष्णु, और पृथ्वी पर जनम ले।"

देवताओं ने कहा, "अब जाओ, विष्णु, और पृथ्वी पर जनम लो।"

३ कल जब तुम उससे मिलोगी / मिलो तो उसको यह पत्र दे देना।

४ भैया, ख़ुश रहना।

५ आपके टिकट इस लिफ़ाफ़े में हैं, साहब। अब ले लीजियेगा। / ले लीजिये। / लेते जाइये। / लेते जाइयेगा।

६ कभी कभी मेरा भी ख़याल करना।

9B. Attaching verb to verb with —ने का and —ने की.

In section 3B you reviewed some of the ways one verb can be linked to another in Hindi. Another way this can be done is with the postposition का (or की):

देखो! मुन्नी मूंगफली निगलने की कोशिश कर रही है ।
'Look out! The baby is trying to swallow a peanut.'

महाराजा शिवाजी ने सेना को पीछे हटने का हुक्म दिया ।
'Emperor Shivaji ordered the army to retreat.'

This particular way of linking is governed by verbal expressions that contain nouns: कोशिश करना 'to try' (literally: 'to make attempt'); हुक्म देना 'to order' (literally: 'to give order'). The choice of का or की is determined by the noun contained:

किसान पानी बरसने का इन्तज़ार कर रहे हैं ।
'The farmers are waiting for it to rain.'

टूरिस्ट धूप निकलने की प्रतीक्षा कर रहे हैं ।
'The tourists are waiting for the sun to come out.'

An exception is the verb सोचना which in the meaning of 'to think of (doing something)' or 'to plan on (doing something)' governs की even though no noun is contained:

मैं कबाड़ा उतारने की सोच रहा हूं ।
'I'm thinking of taking down the trash.'

Some of the expressions governing का or की also govern को of agent (see section 4C):

मुझे उस तरह गुस्सा दिखाने का अफ़सोस है ।
'I'm sorry I showed my anger in that way.'

हमारे गांव को बिजली प्राप्त करने की जल्दी थी ।
'Our village was in a hurry to obtain electricity.'

Drill 9B. Attaching verb to verb.

Vocab. बकवास f 2 -- nonsense   जान-बूझकर -- on purpose
        प्राध्यापक m 1 -- professor   पेट m 29 -- stomach; womb
        ज़िन्दगी f 22 -- life   कर्तव्य m 19 -- duty
        X का नाम लेना -- to take X's name, call upon X
        इच्छाएं मारना -- to repress one's desires, deny oneself
        मामला m 13 -- matter   डकार मारना -- to burp

        Fill in the blank with the appropriate complementizer. De-
cide whether or not you agree with each statement: हां, यह ठीक है ।
or नहीं, यह बकवास है ।

१ छोटे बच्चों को ज़्यादा चीनी नहीं खिला___ चाहिये ।

२ यूनिवर्सिटी में सब प्राध्यापक पढ़ा ___ कोशिश करते हैं ।

३ उम्र के चालीसवें साल से ज़िन्दगी की नाव डूब ___ लगती है ।

४ भाई-बहन शकल में एक दूसरे से मिल-जुल ___ सकते हैं ।

५ संकट में पंडित लोग किसी भी देवता का नाम ले ___ तैयार हो जाते हैं ।

६ लड़के जान-बूझकर डकार मार ___ जानते हैं ।

७ आजकल की लड़कियों को शादी कर ___ जल्दी है ।

८ हमारे मां-बाप हमारी बेटियों के पेट में से जनम ले ___ इन्तज़ार कर
   रहे हैं ।

९ जब चांद निकलता है तब कुत्तियों को रो ___ अच्छा लगता है ।

१० जितने हमारे कर्तव्य ज़्यादा होते हैं उतनी ही हमको अपनी इच्छाएं
    मार ___ पड़ती हैं ।

११ प्लेटफ़ार्म पर थूक ___ मना है ।

१२ इस देश को चीन के मामले को जा ___ दे ___ चाहिये । कहां तक
    उसपर सिर मारते रह ___ है ?

१३ बेटे, तुझे अब से अंगूठा चूस ___ छोड़ दे ___ पड़ेगा ।

Drill 9B. Key.

१ खिलानी चाहिये २ पढ़ाने की कोशिश करते हैं 3 डूबने लगती है ४ मिल-जुल सकते हैं ५ लेने को तैयार ६ डकार मारना जानते हैं ७ शादी करने की जल्दी है ८ लेने का इंतज़ार कर रहे हैं ९ रोना अच्छा लगता है १० मारनी पड़ती हैं ११ थूकना मना है १२ जाने देना चाहिये; मारते रहना है ? 13 चूसना छोड़ देना पड़ेगा

Exercise 9B. Attaching verb to verb with -ने का or -ने की .

Translate into Hindi. Use -ने का or -ने की wherever possible.

1. The farmers tried to clear (साफ़ करना) the wells before the rainy season (बरसात f).
2. The army has gotten the order to stop all tourists.
3. They must be in a hurry to fill the boat.
4. Wait for the right moment (घड़ी f) to come. Then we'll show our strength.
5. Maybe someone is thinking of opening a new shop here.
6. The emperor came to be sorry he'd stayed his hand.

Key.

१ किसानों ने बरसात के पहले कुएं साफ़ करने की कोशिश की ।

२ सेना को सब टूरिस्ट / टूरिस्टों को रोकने का हुक्म मिला है ।

3 उन्हें नाव भरने की जल्दी होगी ।

४ ठीक / सही घड़ी आने का इंतज़ार / की प्रतीक्षा करो । तब हम अपनी ताक़त दिखाएंगे ।

५ शायद कोई यहां नई दुकान खोलने की सोच रहा हो ।

६ महाराजा को अपना हाथ रोक लेने का अफ़सोस हुआ ।

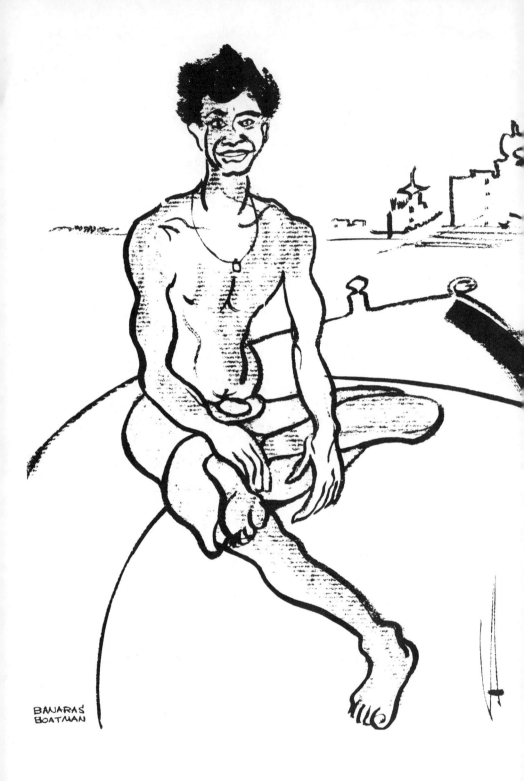

BANARAS
BOATMAN

Chapter Ten

10A. Possession (translating 'to have').

You already know that in Hindi possession of tangible moveable objects is expressed with the postposition के पास:

क्या किसी के पास माचिस है ? Anyone got matches?

उनके पास पुरानी वेस्पा थी । They had an old Vespa.

If such objects are rather permanent fixtures of the establishments of their owners, के यहां may be also used:

श्री शर्मा के पास (or के यहां) महरी, आया और माली थे ।
Mr. Sharma had a woman for the dishes, an ayah and a gardener.

हमारे यहां / पास बिजली है । We have electricity.

Extra-large or unmoveable objects vary between के पास or का depending on whether possession or characteristic activity is in focus:

ठाकुर के पास यही कोई पांच सौ एकड़ ज़मीन होगी ।
Thakur must have something like 500 acres of land.

ठाकुर के गन्ने के खेत हैं । Thakur has (or grows) cane.

Many speakers of Hindi make a distinction between possessing things that can be sold or given away and things that remain forever one's own, such as parts of the body or relatives.

उनके पास शेर की आंख है । He has a tiger eye. (in a bottle)

क्या तेरे आंखें नहीं हैं ? Haven't you eyes? (in your head)

This kind of possession is called inalienable possession. Even if I donate my eye to the eye bank it is in some sense still "my" eye. In Hindi inalienable possession is expressed by using a special invariant form of the possessive postposition का, namely के. Notice that it does not agree in number or gender with the thing possessed:

मेरे दो लड़कियां हैं ।   I have two daughters.

हरेक के नाक होती है ।   Everybody has a nose.

उसके तो चार आंखें हैं ।   He wears glasses.

(But notice:

He has a long nose.   उसकी नाक लम्बी है ।)

Even husbands, wives, teachers and friends are considered inalienable in Hindi:

शिवाजी के आठ पत्नियां थीं ।   Shivaji had eight wives.

However, some speakers of Hindi do not use special के. They simply choose the form of का that agrees in gender and number with that which is possessed:

आठवें हेनरी की बस छह पत्नियां थीं ।   Henry VIII had only six.

Special के is sometimes used in the sense of "on the body of":

क्या मैं तेरे एक लगा दूं ?   Shall I give you one (slap)?

तुम्हारे कहां दर्द होता है ?   Where do you hurt?

The possession of intangibles that are experienced is, as you know, usually expressed with को:

पम्मी को ज़ुकाम है ।   Pammi has a cold.

तुझको कोई तकलीफ़ हुई ?   Did you have any trouble?

However, if such intangibles are mental objects like ideas or thoughts, their possession is expressed with का:

मोहन का एक सुझाव है ।   Mohan has a suggestion.

तुम्हारी ऐलर्जियों के बारे में मेरी एक थ्योरी है ।
I have a theory about your allergies.

This same construction is used to express the possession
by a whole of its parts:

इस कुर्सी के तीन ही पैर हैं ।   This chair has only three legs.

Some speakers, however, use special के for this, too:

मेरी साइकिल के सीट नहीं है । My cycle has no seat.

The possession of inherent qualities is usually managed with
the postposition में:

हाथियों में बड़ी ताक़त होती है ।
Elephants have great strength.

जो मां-बाप बनना चाहते हैं उनमें बहुत हिम्मत होनी चाहिये ।
Those who want to become parents need to have a lot of courage.

But occasionally such possession is expressed with रखना:

क्या तुम उनके सामने जाने की हिम्मत रखते हो ?
Do you have the courage to face them?

Possession in the sense of containment is expressed with
में or पर:

शालिमार होटल में ढाई सौ कमरे हैं ।
The Shalimar Hotel has 250 rooms.

तुम्हारी मेज़ पर बहुत कबाड़ा था ।
Your desk had a lot of junk on it.

It is important not to conclude from the preceding that for
any particular entity there is a unique way to express possession.
In some cases there is a range of choices each one of which ex-
presses a distinct kind of possessive relation. For example,
with काम, not only को but के पास and का are possible

(examples from Bendix 1966:143):

उसके पास कोई काम नहीं है ।   He is unemployed.
                                     He has no jobs (to give others).

उसका कोई काम नहीं है ।   He has no function. (idiomatic)
                                     He has nothing for me to do.

                                     He is not busy.
उसको कोई काम नहीं है ।   He is a loafer.
                                     He has nothing to do.

Finally there are certain possessive expressions in Hindi
which must be learned by heart.

हमें एतराज़ है ।   We have an objection.

क्या आपके पास ख़ाली वक़्त है ?   क्या आपको फ़ुर्सत है ?
Do you have some free time?

मेरे पास एक सवाल है ।   मेरा एक सवाल है ।
I have a question.

मुझे तुमसे एक सवाल है ।   I have a question for you.

तुम्हारा यह हक़ नहीं है ।   You don't have this right.

तुम्हें क्या हक़ है जो उससे इस तरह बोलो ?
What right do you have to speak to her like that?

For more on the expression of possession in Hindi see Bendix
1966.

Drill 10A. Possession.

Vocab. मूंगफली f 2 -- peanut(s) सिपाही m 33 -- soldier
परेशानी f 18 -- trouble हेड m 1 -- headmaster
sentence + तो -- provided that + sentence

Assuming that the following assert possession, supply the appropriate postpositions.

१ कुरेशी _____ इम्पाला है ।

२ मेरे बेटे _____ स्कूल से ऐलर्जी है ।

3 कार्टर _____ मूंगफली के खेत थे ।

४ इस गांव _____ तीन अस्पताल हैं ।

५ हर सिपाही _____ हिम्मत होनी चाहिये ।

६ तुम्हारे माली _____ कैसी शकल है !

७ मफ़त लाल _____ कितने नौकर होंगे ?

८ क्या तुम _____ कोई उस्ताद है ?

९ हर एक _____ ज़िन्दगी में अपना कर्तव्य होता ही है ।

१० उन _____ ख़ाली वक़्त नहीं होगा ।

११ उसके भाई _____ उस वक़्त कई परेशानियां थीं ।

१२ हेड _____ तुम्हारे लिये एक सुझाव है ।

१३ हां, मैं यही ले रहा हूं । आप _____ कोई एतराज़ न हो तो ।

१४ प्रभा _____ नीली आंखें नहीं हैं ।

१५ पुलिस _____ तेरे भाई पर शक हो रहा है ।

१६ इस शब्द _____ कोई मतलब नहीं ।

Drill 10A. Key.

१ के पास २ को 3 के (पास) ४ में or के ५ में

६ के or की ७ के पास or के यहां ८ तुम्हारे or तुम्हारा

९ का १० के पास ११ को or के पास १२ का or के पास

13 को १४ के or की १५ को १६ का

Exercise 10A. Possession.

Translate into Hindi.

1. I'm sorry. Today I have no free time. I have to take an exam.
2. Your friend's eyes and nose are red. Maybe he has a fever.
3. My father had a lot of land, cane fields, many wells, but no electricity.
4. That tea has milk and sugar; this has only milk.
5. Our ayah must have some complaint about the gardener.
6. What kind of thoughts do thieves and hooligans have?
7. Emperor Shavajii knew that the Maraṭhas would have to have courage and strength.
8. What right does the sardar have to swear (गालियां देना) at us like this?
9. Adults (बड़े) should have love for (से) children.
10. She must have guessed that we had doubts about (पर) her.

Exercise 10A. Key.

१ मुझे अफ़सोस है । आज मुझे फ़ुर्सत नहीं है । परीक्षा
माफ़ी चाहता हूं । मेरे पास ख़ाली वक़्त
देनी है ।

२ तुम्हारे दोस्त की आंखें और नाक लाल हैं । शायद उसे बुखार है ।
आंख हो ।

३ मेरे पिता के पास बहुत ज़मीन थी, गन्ने के खेत, कई कुएं लेकिन बिजली नहीं थी ।

४ उस चाय में दूध और चीनी है, इस में केवल दूध है ।
ख़ाली

५ हमारी आया को माली से शिकायत होगी ।

६ चोर और गुंडों के विचार किस क़िस्म के (होते) होंगे ?
तरह

७ महाराजा शिवाजी (यह) जानते थे कि मराठाओं को हिम्मत और ताक़त रखनी होगी ।

८ सरदार को क्या हक़ है जो हमें इस तरह (से) गालियां दे ?
कि

सरदार को हमें इस तरह (से) गालियां देने का क्या हक़ है ?

९ बड़ों को बच्चों से प्यार होना चाहिये ।
रखना

१० वह भांप गई होगी कि हमें उसपर शक है ।
उसने भांप लिया होगा

10B. Restrictions on the plural.

In Hindi plural forms are used when a word refers to more than one thing:

प्यालियां टूटती हैं ।   'Cups break.'

These we may call semantic plurals. There are other plural forms which do not refer to more than one thing. These are used to show respect, to express measure or simply to agree with another arbitrarily plural word:

ये साहब अभी आए हैं ।   'This gentleman has just come.'

दो घण्टे काफ़ी हैं ।   'Two hours is enough.'

तुम अब भी बच्चे हो ।   'You're still just a kid.'

These we shall refer to as being only grammatically plural.

There are two important differences between semantic plurals and grammatical plurals: 1. Items that are only grammatically plural show all the usual agreements except those that add a syllable:

ये मेमसाहब अभी आई हैं ।   'This lady has just come.'

(cf. ये मेमसाहबें अभी आई हैं ।   'These ladies have just come.')

यहां दो घड़ी लगेंगी ।   'It will take two moments here.'

(cf. यहां दो घड़ियां लगेंगी ।   'Two clocks will go here.')

तुम अब भी बच्ची हो ।   'You're still just a kid.'

(cf. तुम सब अब भी बच्चियां हो ।   'You're all still just kids.')

2. Items that are only grammatically plural never end in-ओं:

इन साहब के लिये चाय लाओ ।   'Bring this gentleman tea.'

even when this would not increase the number of syllables:

पांच पैसे में क्या मिलेगा ? 'What can you get for 5 paise?'

तुम गधे को संस्कृत नहीं आती ? ताज्जुब है ।
'Don't you know any Sanskrit, you dolt? Amazing!'

Nouns of measure show a further peculiarity. If the word expressing the substance measured is also present, the verb will agree with that rather than with the noun of measure:

मैंने एक सेर आम लिये । 'I bought one seer of mangos.'

कल हमें सिर्फ़ दो बोतल दूध मिलेगा ।
'Tomorrow we get only two bottles of milk.'

कभी दो घड़ी फ़ुर्सत मिली तो तुम्हारे साथ ज़रूर चलूंगा ।
'If I ever get a couple moments of free time I'll certainly come along with you.'

Nouns which have English, Persian or Arabic plural endings rarely take -ओं even when they are semantically plural:

जनाब, आपके इन ख़यालों / ख़यालात से मुझे चिढ़ होती है ।
'Sir, I am angered by your views.'

यहां के भिखारी टूरिस्टों / टूरिस्ट्स को सचमुच परेशान कर देते हैं ।
'The beggars here really harass the tourists.'

मगर अपने फ़ोटुओं / फ़ोटोज़ से बहुत ख़ुश होते हैं ।
'But they're very happy with their pictures.'

For many educated speakers it is a point of pride to use the correct Persian, Arabic and English plural forms.

Drill 10B. Restrictions on the plural.

Vocab. छात्र m 23 -- student
मरना 51 -- to die
दादा m 39 -- father's father
याद आना -- to remember
ठण्डा 24 -- cold; cool
ख़ूब 46 -- well; a lot

Given the following contexts determine the correct form for the words in parentheses.

१ छात्रों की _____ स्कूल के सामने जमा होंगी। (माता)

२ कहते हैं कि मरते वक़्त मेरे दादाजी को अपनी ____ याद आईं। (माता)

3 इन _____ के लिये एक फूल लाओ। (मेमसाहब)

४ इन _____ के लिये एक एक फूल लाओ। (मेमसाहब)

५ मुझे ये दो _____ दिल्ली के चोर-बाज़ार में मिलीं। (बोतल)

६ मुझे दो _____ ठण्डा पानी चाहिये। (बोतल)

७ मसाले ख़ूब मिलाकर तीन _____ के लिये किसी ठण्डी जगह रखने चाहिये। (दिन)

८ उन _____ उन्हें तसवीर खींचने में बहुत दिलचस्पी थी। (दिन)

९ आपकी _____ कहती हैं कि आपने दूसरी शादी की तो आपका बुरा हाल होगा। (पत्नी)

१० उनकी _____ एक ही उमर की हैं। (पत्नी)

११ जब वे _____ थीं तब उन दोनों की शादी किसी पैसेवाले आदमी से हो गई थी। (बच्ची)

१२ जब वे _____ थीं तब उनकी दोनों शादियां सरकारी नौकरों से हुईं। (बच्ची)

Key.

१ माताएं २ माता 3 मेमसाहब ४ मेमसाहबों ५ बोतलें
६ बोतल ७ दिन ८ दिनों ९ पत्नी १० पत्नियां
११ बच्चियां १२ बच्ची

Chapter Eleven

11A. Derived transitive verbs.

In Hindi it is possible to form transitive verbs from intransitives by adding the suffix आ to their stems. The forms which result are called "derived transitives" and are not to be confused with causatives (which are discussed in 22A):

Intransitive:	उठना	हुसेन अपनी कुर्सी से उठ गया । Husain got up from his chair.
Derived transitive:	उठाना	हुसेन ने अपनी कुर्सी उठा ली । Husain picked up his chair.
Intransitive:	पहुंचना	तुम्हारी गाड़ी कब पहुंचेगी ? When will your train arrive?
Derived transitive:	पहुंचाना	यह सामान कौन स्टेशन पहुंचाएगा ? Who will deliver this to the station?
Intransitive:	चलना	हमारी गाड़ी बड़ी तेज़ चलती है । Our car goes very fast.
Derived transitive:	चलाना	भाई, इतनी तेज़ मत चलाओ । Don't drive so fast, man!

It will be observed from these examples that the suffix आ adds a meaning roughly equivalent to that of make in English:

उठना -- to rise   उठाना -- to make rise, to raise

चलना -- to go   चलाना -- to make go, to drive

It is possible to derive transitive verbs from some verbs that are already transitive:

Transitive:	सुनना	हम राम की कहानी सुन रहे थे । We were listening to the story of Ram.

Derived
transitive: सुनाना   दीदी हमें कहानी सुना रही थी ।
                              Big Sister was telling us a story.

Transitive: पकड़ना   पुलिस ने उसे घर में ही पकड़ लिया ।
                              The police nabbed him at home.
Derived
transitive: पकड़ाना   उसके हाथ में दस रुपये पकड़ाइये ।
                              Slip him ten rupees.

The transitive verbs from which one may derive new transitives all
have one thing in common. They belong to the same set as those
that usually come with लेना when compound: खाना, पीना, देखना,
समझना, सीखना, etc. (see section 8).

   If the stem contains a long ई , ऊ or आ it is replaced in
the derived transitive by the corresponding short vowel:

   सीखना -- to learn   सिखाना-- to teach

   मानना -- to accept   मनाना -- to persuade

   डूबना -- to sink   डुबाना -- to sink (something)

An ओ in the stem is replaced by उ; an ए by इ . If the stem
ends in a vowel, a ल is often added in the derived form:

   देखना -- to see   दिखाना -- to show

   सोना -- to sleep   सुलाना -- to put to bed

   पीना -- to drink   पिलाना -- to give a drink

Other formations are irregular to a greater or lesser degree:

   उतरना -- to get down   उतारना -- to take down

   बैठना -- to sit   बिठाना -- to seat

   खाना -- to eat   खिलाना -- to feed

   मरना -- to die   मारना -- to kill

निकलना-- to emerge निकालना -- to take out

From some very common verbs transitives cannot be derived: आना, जाना, होना, पड़ना, रहना, सकना, etc. A few of the reflexive verbs also do not give derived transitives: लेना, पाना, भांपना, पहचानना, निगलना, etc. जनाना (from जानना) is very rare.

The derivation of transitives from को-expressions in those rare instances where it is possible is peculiar:

मुझको याद नहीं है। ज़रा याद दिलाओ।
I can't remember. Would you remind me?

In general, को-expressions in होना (or आना) give derived transitives in दिलाना or कराना.

उसे सब पर गुस्सा आता है। और फिर वह सब को गुस्सा दिला देता है।
He gets angry at everyone. And then he gets everyone angry (at him).

अगर तुम मेरे भाई को कोई लड़की पसंद करा दो तो उस की शादी इसी साल हो सकेगी।
If you'd get my brother to like someone then he could be married right this year.

उस तरह बच्चे को बाहर ले जा कर तुमने उसे ज़ुकाम करा दिया।
By taking the child outdoors like that you made him catch cold.

मुन्नी को डकार नहीं आया। उसको डकार दिलाओ।
Baby hasn't burped. Burp her.

Note the contrast in:

हम बेटी को शादी के लिये तैयार कर रहे हैं।
We're getting our daughter ready for the wedding.

हम बेटी को शादी के लिये तैयार करा रहे हैं।
We're getting our daughter (mentally) ready for the wedding.

Drill 11A. Derived transitive verbs.

Vocab.   कुर्सी f 28 -- chair
         गिरना 50 -- to fall
         छात्र m 23 -- student
         मास्टर m 2 -- (school)teacher
         नाचना 19 -- to dance
         घूमना 37 -- to spin; go here and there
         रोना 56 -- to cry

Make a new sentence by replacing the given verb with a derived
transitive form. Choose the most appropriate of the two alterna-
tives in parentheses and make it the agent of the new sentence.
Example:

गाड़ी इस रास्ते पर चल सकती है ।   (नौकर , कुत्ता)

नौकर गाड़ी इस रास्ते पर चला सकता है ।

You should keep the tense the same. Notice that sometimes you
will have to change the auxiliary used in a compound verb:

मुन्नी सो गई । (मुन्ना, मां)   मां ने मुन्नी को सुला दिया ।

1. बूढ़ी औरत गिर गई ।   (हवा, मकान)

2. छात्र पढ़ रहे हैं ।   (मास्टर, ड्राइवर)

3. सुरिन्दर वहां बैठ जाए ।   (तुम, गाड़ी)

4. सामान अब पहुंचना चाहिये ।   (लहर , महेश)

5. बच्चे सारे कबाब खा जाएंगे ।   (भगवान, मैं)

6. नाचनेवाली घूमती है ।   (नाचनेवाला , पैसेवाले)

7. बच्चियां रोएंगी ।   (यह कहानी , प्यार)

8. हमने कहानी सुन ली ।   (बड़ी बहन, मेरी जेब)

9. मुझे तुम्हारी याद होती है ।   (यह पकौड़ा, वह गाना)

10. कुत्ती यहां से निकल गई ।   (किताब, दुकानवाला)

11. हुसेन को उठना पड़ेगा ।   (कोई, रास्ता)

12. हमको गुस्सा आने लगा ।   (हाथ, शीला)

13. हमें बहुत देर हुई ।   (साला रिक्शावाला, घड़ी)

14. दफ़्तर में ही शाम के सात बज जाते हैं ।   (साहब, घड़ी)

15. तुम्हारी बेटी न डरे ।   (मैं, तुम)

Drill 11A. Key.

१ हवा ने बूढ़ी औरत को गिरा दिया ।

२ मास्टर छात्रों को पढ़ा रहा है ।

३ तुम सुरिन्दर को वहां बिठा दो ।

४ महेश को सामान अब पहुंचाना चाहिये ।

५ मैं बच्चों को सारे कबाब खिला दूंगा ।

६ नाचनेवाला नाचनेवाली को घुमाता है ।
   पैसेवाले नाचनेवाली को घुमाते हैं ।

७ यह कहानी बच्चियों को रुलाएगी ।

८ बड़ी बहन ने हमें कहानी सुना दी ।

९ वह गाना मुझे तुम्हारी याद दिलाता है ।

१० दुकानवाले ने कुत्ती यहां से निकाल दी ।

११ किसी को हुसेन को उठाना पड़ेगा ।

१२ शीला हमको गुस्सा दिलाने लगी ।

१३ साले रिक्शावाले ने हमें बहुत देर कराई ।

१४ साहब दफ़्तर में ही शाम के सात बजा देते हैं ।

१५ अपनी बेटी को न डराओ ।

Exercise 11A. Derived transitive verbs.

Translate into Hindi.

1. First the ayah put the children to sleep and then she herself went to sleep.

2. If the customs agent (कस्टमवाला m 2) should catch you, then slip a five-dollar note into his hand and he will let you go (छोड़ देना).

3. Jamal (जमाल) did not drink as much milk as the ayah wanted to feed him.

4. I got down from the taxi and told the driver to get the luggage down from the roof.

5. I made them very angry (गुस्सा) at (पर) me.

Key.

१ पहले आया ने बच्चों को सुला दिया और फिर खुद सो गई ।

२ अगर कस्टमवाला तुम्हें पकड़ ले तो उसके हाथ में ५ डालर का नोट पकड़ा देना फिर वह तुम्हें छोड़ देगा ।

3 आया जमाल को जितना दूध पिलाना चाहती थी उतना उसने नहीं पिया ।

जमाल ने उतना दूध नहीं पिया जितना (कि) आया उसे पिलाना चाहती थी ।

४ मैं टैक्सी से उतरा और ड्राइवर को/से छत से सामान उतारने को कहा ।

मैं टैक्सी से उतरा और ड्राइवर को/से कहा कि वह छत से सामान उतारे ।

५ मैंने उनको अपने पर बहुत गुस्सा दिलाया ।

11B. का expressions: का of agent.

Last year you learnt a few expressions like V- ने का विचार होना 'to plan to V' and V-ने की इच्छा होना 'to want to V'. In certain ways these expressions resemble को-expressions: They describe states, actions and events that occur in the mind rather than in the outside world. And agents of these expressions do not control the ending of the verb. However, there is one important difference: Rather than को these expressions require का (or की) with the agent.

मेरा इस साल चीन जाने का विचार है ।
'I plan to go to China this year.'

छात्रों की हेड से मिलने की इच्छा थी ।
'The students wanted to meet the headmaster.'

An alternant word order is possible for many का-expressions:

मेरी पत्नी का विचार हिन्दुस्तान जाने का है ।
'My wife plans to go to India.'

हेड की इच्छा छात्रों से न मिलने की थी ।
'The headmaster wanted not to meet the students.'

का - expressions interact with अपना in a manner similar to that of को- expressions (see 5B):

अपनी बहनों के लिये कब तक सिर मारते रहने का इरादा है तुम्हारा ?
'How long do you intend to go on knocking yourself out for your sisters?'

बाप का कर्तव्य अपनी बेटियों की शादी करना है ।
'It's a father's duty to arrange the marriages of his daughters.'

का -expressions in होना often have nearly synonymous equivalents in करना that do not govern का of agent:

किसी का लौटने का विचार होगा ।
कोई लौटने का विचार कर रहा होगा ।
'Someone must be planning on coming back.'

बहू का घर से भाग जाने का इरादा है ।
बहू घर से भाग जाने का इरादा कर रही है ।
'Daughter-in-law intends to run away from home.'

One very common and useful का -expression is formed with either
होना or करना together with मन or जी:

मेरा मूंगफली खाने को मन है ।   'I feel like some peanuts.'

अपने भाई से मिलने को मेरा बहुत जी करता है ।
'I very much want to see my brother.'

The V-ने को in these expressions sometimes alternates with V-ने का:

तुम्हारा काफ़ी पीने का मन है ?   'Do you feel like coffee?'

V-ने को also alternates with a clause in कि plus the subjunc-
tive:

मन करने लगा कि भाई का सब कबाड़ा कमरे से निकाल दूं ।
'I began to feel like throwing all my brother's junk out
of the room.'

मन करना and जी करना usually do not take ने (see 3A):

मेरा जी किया कि महरी को नौकरी से फ़ौरन निकाल दूं ।
'I had the urge to fire the kitchen-maid immediately.'

However, more commonly used in the simple past and perfect
tenses are मन होना and जी होना :

जब मैंने चांद को दूरबीन से देखा तो मेरा वहां जाने को मन हुआ ।
'When I saw the moon through a telescope I felt like going
there.'

You will notice that since these expressions in मन and जी usually

have first person agents (or, in questions, second person agents)
the word मेरा (or, in questions, तेरा , तुम्हारा, आपका) can be
safely omitted.

Drill 11B.   का-expressions: का of agent.

Vocab. संगीत m 8 -- music   X भर -- (an) X-full
       ख़ुश 24 -- happy
       ख़ाली करना -- to empty
       X का   V-ने का काम होना -- to be X's job to V
       बरतन m 11 -- pot, pan
       X का   V-ने को जी चाहना -- for X to feel like V-ing
       ज्ञान m 17 -- knowledge

    Repeat the following using the का-expression suggested by
the item in parentheses to replace governing verbs like चाहना,
सोचना, etc. Leave the tense the same. Meanings may change.

Example:
     प्राध्यापक की यह थ्योरी सुन कर मैंने हंसना चाहा ।   (जी होना)
     प्राध्यापक की यह थ्योरी सुनकर मेरा हंसने को जी हुआ ।

१ फ़ज़ीला इसी उस्ताद से संगीत सीखना चाहती है ।   (इरादा)

२ उसका चेहरा देखो।   वह गाली देना चाहता होगा ।   (मन करना)

३ बच्चों को अपने मां-बाप को ख़ुश रखना चाहिये ।   (कर्तव्य)

४ शेर देखकर मैंने भागना चाहा ।   (मन होना)

५ क्या तुम इस बोतल को ख़ाली करने की सोच रहे हो ? (विचार)

६ सिपाहियों को अपने देश के लिये लड़ना पड़ता है ।   (काम)

७ क्या तुम फोरन जाने को तैयार हो ?   (जी चाहना)

८ महरी को बरतन साफ़ करने पड़ते हैं । (काम)

९ आप कब तक शादी करने का विचार कर रही हैं ?   (ख़्याल)

१० पेट भर खाना कौन नहीं चाहता ? (इच्छा)

११ बस, हम पण्डित से और कुछ नहीं मांगना चाहते । (जी करना)

१२ छात्र ज्ञान प्राप्त करने की इच्छा करते हैं । (इच्छा होना)

Drill 11B. Key

१ फ़ज़ीला का इसी उस्ताद से संगीत सीखने का इरादा है ।

२ उसका गाली देने को मन करता होगा ।

३ बच्चों का कर्तव्य अपने मां-बाप को ख़ुश रखना है ।

बच्चों का कर्तव्य अपने मां-बाप को ख़ुश रखने का है ।

४ शेर देखकर मेरा भागने को मन हुआ ।

५ क्या तुम्हारा इस बोतल को ख़ाली करने का विचार है ?

६ सिपाहियों का काम अपने देश के लिये लड़ना है ।

७ क्या तुम्हारा जी फोरेन जाने को चाहता है ?

८ महरी का काम बरतन साफ़ करना (or करने का) है ।

९ आपका कब तक शादी करने का ख़्याल है ?

१० पेट भर खाने की किसकी इच्छा नहीं होती ?

११ बस, पण्डित से और कुछ मांगने को हमारा जी नहीं करता ।

१२ छात्रों की ज्ञान प्राप्त करने की इच्छा है ।

Exercise 11B. का -expressions: का of agent.

Translate into Hindi. Use का of agent wherever you can.

1. I don't know why. He just (यूं ही) felt like (जी करना) screaming, that's all (बस).

2. Who is planning to ask them questions?

3. I don't intend to knock myself out over this matter any more (और).

4. It's my job to sing and yours to listen.

5. Say what you want (कुछ भी), no one wants to listen to the boss's suggestions.

Key.

१ पता नहीं क्यों । उसका यूं ही चिल्लाने को जी किया, बस ।

२ उनसे सवाल पूछने का किसका इरादा (or विचार) है ?

3 (मेरा) इस मामले पर और सिर मारने का (मेरा) इरादा / विचार नहीं है ।

(मेरी) इस मामले पर और सिर मारने की (मेरी) इच्छा नहीं है ।

४ गाना मेरा काम है और सुनना तुम्हारा काम है ।

५ कुछ भी कहो, साहब के सुझाव सुनने की किसी की इच्छा नहीं है ।

Chapter Twelve

12A. Compound verbs: some restrictions.

There are certain contexts in Hindi in which the verb is rarely if ever compound. Some of these are understandable given the compound verb's meaning (see 24A). Others seem more arbitrary. For the moment we shall treat all such restrictions as arbitrary.

As you probably already know, the compound verb usually does not occur in negative contexts. Thus a negative reply to a question always has a non-compound verb even when the question has a compound verb:

X: क्या मैं साहब का पत्र भेज दूं ?　　Y: नहीं, मत भेजो ।
X: 'Shall I send the boss's letter?'　　Y: 'No, don't.'

X: तुम मेरा पता भूल गईं ?　　Y: नहीं, मैं नहीं भूली ।
X: 'Did you forget my address?'　　Y: 'No, I didn't.'

When the subject of the sentence is limited by words meaning 'only' the verb tends to be non-compound:

दुर्घटना में सिर्फ़ दो जने मरे ।　　'Only 2 died in the accident.'

आज जमाल ही आया, बाक़ी लोग कल आ जाएंगे ।
'Today just Jamal came, the others will come tomorrow.'

By specifically limiting his statement with a word meaning 'only' the speaker is expressing a negative notion at the same time that he expresses a positive one: 'Only two died' means that two died <u>and</u> that others did not die.

If a verb form expresses or describes an unchanging state rather than an action, then the compound verb almost never occurs:

मां अपने बच्चों को प्यार करती है ।
'The mother loves her children.'

Here, to say प्यार कर लेती है would imply that the mother's love is constrained, that she steals moments of affection, that she somehow manages to love her child, in short, that she is involved in an action rather than a state (see also 24A).

A number of restrictions on the compound verb are not easily explained. They must simply be learned. 1) Compound verbs do not come with सकना, पाना or चुकना:

X: यह नोट तोड़ सकते हो ? Y: लो, तोड़ दिया।
X: 'Can you change this note?' Y: 'Done!'

X: क्या दही जम जाएगा ? Y: जम चुका है, जी।
X: 'Will the yoghurt set?' Y: 'It already has, Sir.'

2) Compound verbs do not come in the progressive:

X: बोतल खोल दी तुमने ? Y: नहीं, अभी खोल रहा हूं।
X: 'Did you open the bottle?' Y: 'No, I'm opening it now.'

3) Compound verbs do not come in infinitives dependent on verbs of stopping, starting or continuing (बन्द करना, शुरू करना, etc.):

मेरा भाई हंस दिया और मैं भी हंसने लगा।
'My brother burst into laughter and I began to laugh, too.'

उसने अचानक छींक दिया। but पांच मिनट तक छींकती रही।
'Suddenly she sneezed.' 'She kept sneezing for 5 minutes.'

In contrast, infinitives dependent on चाहिये, चाहना, पड़ना, होना, देना and others freely occur in compound form:

3 बजे तक आ जाना चाहिये। 'You should come by 3.'

हमको इस लारी से आगे निकल जाना पड़ेगा।
'We'll have to pass this truck.'

4) देना itself, (in the sense of 'let'), never occurs compound:

पुलिस ने चोर को एक और सिगरेट पी लेने दी।
'The police let the thief smoke one more cigarette.'

Drill 12A. Compound verbs: some restrictions.

Vocab. ध्यान m 65 -- attention   सही 27 -- correct, right
       ध्यान देना -- to pay attention
       पेड़ m 39 -- tree
       बन्द होना -- to stop (functioning), quit, go off
       X का ख़्याल रखना -- to take care of X, look out for X
       माल m 10 -- goods, merchandise
       बढ़ना 2 -- to increase, advance
       दादा m 39 (plural is दादा) -- father's father

   Select all the correct alternatives.

१ आया को तुम्हारी बच्ची बहुत अच्छी लगती है ।
                                    लग जाती है ।

२ बीस साल के बाद केवल हमारे माली ने ही मुझे पहचाना ।
                                            पहचान लिया ।

३ क्या सिपाहियों को क़िले का दरवाज़ा खोलने में तकलीफ़ होगी ?
                                    खोल देने में

४ कहते हैं शेर बड़ी हिम्मत रखता है ।
   कह देते हैं   रख लेता है ।

५ परसों जब हम स्टेशन से आ रहे थे ड्राइवर ने ध्यान नहीं दिया ।
                        आ जा रहे थे   दे दिया ।

   गाड़ी पेड़ से टकराई और बन्द हो गई ।
                टकरा गई

६ इससे मुझे बहुत चोट लगी और मैं गालियां देने लगा ।
                    लग गई   दे देने

७ मैं सोचती हूं कि हेड को संगीत के प्राध्यापक पर शक है ।
      सोच लेती हूं

८ छात्रों को परीक्षाओं से हमेशा बहुत डर लगता है ।
                                       लग जाता है ।

९ उसके बाप ने आज ही उसको मुझे पैसे
दे देने दिये ।
देने दे दिये ।

१० ठीक है। अस्पताल जाने की परेशानी थी। लेकिन हमें ख़बर
दे
दे दे
सकते थे, न ?

११ पत्नी को अपने पति का ख़्याल
रखना
रख लेना
चाहिये ।

१२ बाज़ार में माल का सही दाम
भांपना
भांप लेना
पड़ता है। आपको दुकानदार नहीं
बताएंगे ।
बता देंगे ।

१३ हमारे दादा की उमर काफ़ी
बढ़ चुकी है।
बढ़ जा चुकी है।
सब कुछ
भूलते
भूल जाते
रहते हैं।

१४ चट्टान से नीचे
उतरने
उतर जाने
का रास्ता किधर है ?

Drill 12A. Key.

१ लगती है २ पहचाना ३ खोलने में or खोल देने में ४ कहते हैं; रखता है ५ आ रहे थे; दिया; टकराई or टकरा गई ६ लगी or लग गई; देने ७ सोचती हूं ८ लगता है ९ दे देने दिये १० दे ११ रखना १२ भांपना or भांप लेना; बताएंगे १३ बढ़ चुकी है; भूलते १४ उतरने or उतर जाने

Exercise 12A.   Compound verbs: some restrictions.

Translate into Hindi.   Use the compound verb wherever possible.

1.   I think you should drive the memory of that accident out of
     your mind (दिमाग़ m 26).

2.   Actually (वैसे तो) I've already driven it out.

3.   The sun (सूरज m 13) attracts the earth (पृथ्वी f 13) toward
     itself.

4.   Sita's face (चेहरा m 54) was so beautiful that it drew every-
     one's glance in its direction.

5.   Only one peasant saw the tiger in the cane field; the others
     did not.

6.   The tiger was standing under the trees.   Did you see it?

Key.

१   मैं सोचता हूं कि   तुमको उस दुर्घटना की याद तो (अपने) दिमाग़ से
    मेरे ख़्याल में

निकाल देनी चाहिये ।

२   वैसे तो मैं निकाल चुका हूं ।   or   वैसे तो मैंने निकाल दी है ।

३   सूरज पृथ्वी को अपनी ओर (or तरफ़) खींचता है ।

४   सीता का चेहरा इतना सुन्दर था कि हरेक की नज़र अपनी ओर खींच
    लेता था ।

    सिर्फ़
५   केवल   एक ही किसान ने गन्ने के खेत में शेर को देखा;   बाक़ियों ने
                                                          बाक़ी किसानों ने

नहीं देखा ।

६   शेर पेड़ों के नीचे खड़ा था ।   क्या तुमने देख लिया ?

12B.　का -expressions: का of patient.

In language a patient is that thing or person most affected by the action performed by the agent.　In

मैंने कुत्ता घर के सामने से भगा दिया ।
I shooed the dog from in front of the house.

कुत्ता is the patient and मैंने , of course, is the agent.
In Hindi the patient is often followed by का or की in places where the speaker of English would not expect it.　Some of these that you learned last year are:

इन्तज़ार करना　　　क्या तुम अगली बस का इन्तज़ार करोगी ?
　　　　　　　　　Will you wait for the next bus?

इन्तज़ाम करना　　　क्या मैं आपके दोस्त का इन्तज़ाम अपने यहां करूं ?
　　　　　　　　　Shall I arrange for your friend at my place?
　　　　　　　　　(i.e., Shall I put him up at my house?)

का of patient is sometimes found in को- expressions:

पता होना　　　　　किसी को इस बात का पता न था ।
　　　　　　　　　No one knew of this thing.

इन्तज़ार होना　　　क्या आपको किसी का इन्तज़ार है ?
　　　　　　　　　Are you waiting for someone?

का of patient may even occur together with का of agent:

इरादा होना　　　　मेरा इस साड़ी का इरादा है ।
　　　　　　　　　This is the sari I want.

मन होना　　　　　काफ़ी का मन है आपका ?
　　　　　　　　　Do you feel like some coffee?

का of patient is governed by expressions consisting of a noun followed directly by करना or होना or, less frequently, आना, देना, दिलाना and a few others:

याद आना	मुझे अपने छाते की तभी याद आई जब मैं दफ़्तर पहुंच गया ।
	I remembered my umbrella only when I got to the office.
साथ देना	क़िस्मत ने मेरा साथ नहीं दिया, यार ।
	Luck wasn't with me, friend.

It is a peculiarity of such expressions that the nouns they contain may not be marked with को ; that is, one cannot say:

क्या तुम अगली बस के इन्तज़ार को करोगी ?

In principle, का of patient is not different from _of_ of patient:

ख़्याल रखना	उनका ख़्याल रखना, भई ।
	Be sure you take care _of_ them, Man.
मज़ाक़ उड़ाना	मेरा मज़ाक़ उड़ाना चाहती हो ?
	Do you want to make fun _of_ me?

The difference is that such expressions are much more numerous in Hindi than in English. Other useful का of patient expressions are:

मदद करना	दोस्तों ने मेरी इसमें बड़ी मदद की ।
	(My) friends helped me a lot in this.
विश्वास होना	उन्हें इस बात का पक्का विश्वास था ।
	They believed this implicitly.
	They were convinced of it.
प्रतीक्षा करना	हम तुम्हारी प्रतीक्षा नहीं कर पाएंगे ।
	We won't be able to wait for you.
प्रतीक्षा होना	उसे अपने छोटे भाई की प्रतीक्षा थी ।
	He was waiting for his younger brother.

Drill 12B. का -expressions: का of patient.

Vocab.   आराम m 28 -- relief   दिक़्क़त f 2 -- difficulty
क्यों -- well, say, tell me   मौत f 10 -- death
बे (from अबे) -- particle of address expressing anger
and disrespect

For each blank decide which is the best postposition.

१ इतने छोटे गांव में सारी सेना ___ इन्तज़ाम करोगे क्या ?

२ क्यों सरदार ? इस उमर में अपने दोस्त की बेटी___ फ़िदा हो गए हो ?

३ दुकानदार को आप की किताब ___ पता नहीं था ।

४ हम लोगों___ इन्तज़ार करना पसन्द नहीं है, किसी का भी ।

५ आंख की तकलीफ़ के लिये ऐस्प्रो आप ___ आराम नहीं देगी ।

६ क्या पैसों की दिक़्क़त में भगवान हम ___ मदद करेगा ?

७ फूलों___ अपने कांटों___ शिकायत नहीं होती ।

८ यह संगीत मुझे तुम ___ बहुत याद दिलाता है ।

९ आप ___ किस रंग की साड़ी___ इच्छा है ?

१० क्यों बे ? अपनी मौत___ तुम ___ जल्दी है क्या ?

११ उस्तादजी___ बाक़ी छात्रों___ पक्का विश्वास था; बस, हम___ नहीं था ।

Key.

१ का   २ पर   ३ का   ४ को   ५ को   ६ हमारी

७ को; से   ८ तुम्हारी   ९ की; की   १० की; को

११ उस्तादजी को बाक़ी छात्रों का/पर पक्का विश्वास था; बस हमारा/हम पर नहीं था ।

उस्तादजी का/पर बाक़ी छात्रों को पक्का विश्वास था; बस हमको नहीं था ।

Exercise 12B. का-expressions: का of patient.

Vocab. सहेली f 2 -- (a female's) female friend
बेवकूफ़ 4 -- fool; foolish

Translate into Hindi. Use का-expressions where possible.

1. Wait for me.

2. Don't make fun of this idea (बात).

3. Can't you arrange for your friends at your mother's place?

4. The fool must believe everything her husband says.

5. I think my brother-in-law will help me in this affair.

6. Did you remind him of the exam?

Key.

१ मेरा इन्तज़ार करो । or मेरी प्रतीक्षा करो ।

२ इस बात का मज़ाक़ मत उड़ाओ ।

3 क्या तुम अपनी सहेलियों का इन्तज़ाम (अपने) मायके नहीं कर सकतीं ? / सकोगी ?

४ बेवक़ूफ़ अपने पति / ख़ाविन्द की हर बात का विश्वास / यक़ीन करती होगी ।

बेवक़ूफ़ को अपने पति / ख़ाविन्द की हर बात का विश्वास / यक़ीन होता होगा ।

५ मेरा ख़्याल है कि मेरा साला मेरी इस मामले में मदद करेगा ।

६ क्या तुमने उसे परीक्षा की याद दिलाई ?

Chapter Thirteen

Review drill 13A. Focus: 10A

Vocab. सिरदर्द m 2 -- headache
बचपन m 17 -- childhood
आग f 31 -- fire
जलाना 2 -- to burn; ignite
अंत m 30 -- end
ग़म m 2 -- sorrow
ऊपर से -- in addition

Find the best postposition.

१ हमारे दादा _____ ज़िन्दगी में बहुत परेशानियां आईं ।

२ पहले उन _____ चार पत्नियां थीं ।

3 चारों _____ एक दूसरे से शिकायतें थीं ।

४ दादाजी _____ उनकी शिकायतों की वजह से हर समय सिरदर्द रहता था।

५ यह बात तो छोड़ो, ऊपर से दादा _____ बचपन में दुर्घटना हो गई थी ।

६ उन _____ बस एक ही हाथ था ।

७ इसके अलावा उन _____ नौकरी नहीं थी ।

८ उन _____ जो थोड़ी सी ज़मीन थी उसमें उन _____ छोटा सा खेत था ।

९ उन _____ इतने थोड़े पैसे थे कि आग जलाने के लिये लकड़ी नहीं थी ।

१० लकड़ी क्या, उन _____ माचिस भी नहीं थी ।

११ घर _____ सिर्फ़ दो कमरे थे ।

१२ और हर कमरे _____ दो दो पत्नियां ।

13 सच दादाजी की ग़म की कहानियों _____ अंत नहीं है।

Key.

१ को or की   २ के or की   3 को   ४ को   ५ के or को
६ के or का   ७ के पास   ८ के पास; का   ९ के पास
१० के पास   ११ में   १२ में   १३ का

Review drill 13B. Focus: 6A, 8, 11A.

Vocab. सही 27 -- true, correct कप्तान m 2 -- captain
चमकना 32 -- to shine, sparkle तलवार f 15 -- sword

Answering with either the subjunctive or the imperative and using the item in parentheses as agent, suggest remedies for the following complaints. Examples:

a. हैदर नहीं उठ रहा है। (हम) क्या हम (उसे) उठा दें ?

b. बेटे को लड़की पसंद नहीं है। (पिताजी) पिताजी पसंद करा दें।

१ हमसे होथी कुछ भी नहीं खा रहा। (मालिक)

२ तांगे का घोड़ा पीछे हटना नहीं चाहता। (तांगेवाला)

३ मुझे पण्डितजी का सही नाम याद नहीं है। (आप)

४ घरवाली मायके जाने को तैयार नहीं है। (तुम)

५ शबनम रो ही रही है। ज़रा भी नहीं हंसती। (हम)

६ दामादजी चाहते हैं कि वह उनके पास रहे पर वह नहीं मानती। (उसकी मां)

७ तेरे छोटे भाई को ख़ुद कोट पहनना नहीं आता। (तू)

८ गुण्डो सालो! क्या तुम कभी नहीं सोओगे ? (मैं)

९ लोगों के हक़ों का सवाल राजा नहीं समझ सकता। (सेना)

१० कप्तान को जितनी चाहिये उतनी उसकी तलवार नहीं चमक रही। (सिपाही)

Key.

१ मालिक (उसे कुछ) खिला दे ?

२ तांगेवाला (उसे) पीछे हटा दे।

३ आप (मुझे) याद दिला दीजिये। / दें।

४ तुम (उसे) तैयार करा दो।

५ क्या हम (उसे) हंसा दें ?

६ उसकी मां (उसे) मना दे। / मनाए।

७ तू (उसे कोट) पहना दे।

८ क्या मैं (तुमको) सुला दूं ?

९ सेना (उसे) समझा दे।

१० सिपाही चमका दे।

Review drill 13C. Focus: 8, 12A.

Change simple verbs to compound wherever possible. Use a 'least-marked' auxiliary (लेना , देना, जाना, पड़ना). Examples:

बकवास बंद करो और हाथ ऊपर उठाओ! बोलो मत!

बकवास बंद कर दो और हाथ ऊपर उठा लो! बोलो मत!

If a compound verb cannot be used, give a reason.

१ हिम्मत रखो ।

२ पैसे रखो ।

3 वह बेटे को पहले ही सेर से ज़्यादा दूध पिला चुकी थी ।

४ और अब बाक़ी दूध बेटी को पिला रही थी ।

५ सरदार ने सिगरेट पीनी चाही ।

६ पिता की मौत के बाद उसने सिगरेट पीना बंद किया ।

७ वह सहेली के शब्दों को जल्दी समझती है ।

८ मैं इन शब्दों को आसान समझता हूं ।

९ वहां सभी जने तुम्हें पहचानेंगे ।

१० मास्टर ने छात्रों को अच्छी हिन्दी नहीं सिखाई ।

११ क्यों बे! एक लगाकर तुझे मां (की) याद दिलाऊं ?

१२ अमरीकन हर वक़्त अपने बच्चों को मिठाई खिलाते रहते हैं ।

13 परीक्षा का रिज़ल्ट सुनकर भाई रोया और मैं भी रोने लगा ।

१४ आख़िर जब हेड ने मदद मांगी तब केवल एक ही हाथ उठा ।

१५ आम तौर पर कस्टमवाले टूरिस्टों को तो कुछ नहीं कहते पर यहां के लोगों को परेशान करते हैं ।

१६ यह कोई ग़म की कहानी नहीं है । ज़रा मुसकराओ, न !

Review drill 13C. Key.

१ No compound is possible: हिम्मत रखना 'to have courage' is a stative expression. २ रख लो or रख दो 3 No compound is possible when modal चुकना is present. ४ No compound is possible in the progressive. ५ पी लेनी ; चाहना, as a stative, never comes compound. ६ बन्द कर दिया or बन्द कर लिया ; No verb dependent on a verb of starting, stopping or continuing can be compound. ७ समझ लेती है or समझ जाती है ८ No compound is possible: in this meaning समझना is a stative. ९ पहचान लेंगे or पहचान जाएंगे १० Compound verbs rarely come in negatives. ११ No compound in conjunctives; याद दिला दूं ? १२ See # ६ 13 See #११; रो पड़ा ; see # ६. १४ No compound: केवल X ही acts like a negative. (मांग ली is O.K.) १५ See # १० ; परेशान कर देते हैं १६ मुसकरा दो, न!

Review drill 13D. Focus: 6A, 9B, 11B.

Vocab. ख़ाली करना -- to quit असली 12 -- true, real
पहाड़ m 19 -- mountain बढ़ाना 33 -- to increase
X को लेकर -- about X, over X, with regard to X
X की Y से V-ने की प्रार्थना होना -- for X to beg Y to V

Many का of agent and V-ने का expressions govern either some form of the infinitive or a कि-clause with the subjunctive. Convert the following to कि-clauses. Example:

मेरा वहां से फ़ौरन चल देने को मन हुआ ।

मेरा (यह) मन हुआ कि वहां से फ़ौरन चल दूं ।

१ राकेश की सरोद सीखने की इच्छा हुई ।

२ सिपाहियों को क़िला ख़ाली कर देने का हुक्म मिला ।

3 मालिक से इससे और अच्छी नौकरी मांगने की सोच रही हूं ।

४ मेरा किसी ऊंचे पहाड़ पर जाने को जी चाहा ।

५ क्या तुम उसके मुंह पर यह कह देने की हिम्मत रखते हो ?

६ एक दूसरे की मदद करना असली मित्रों का कर्तव्य है ।

७ भैया की हमेशा कोशिश अपनी ताक़त बढ़ाने की रही है ।

८ उनका इस मामले को लेकर सरकार से टकराने का इरादा नहीं है ।

९ कभी लगता है कि बच्चों का काम बस चिल्लाते रहना ही है ।

१० जितना हो सके उतना ज्ञान प्राप्त करने का मेरा विचार है ।

११ बच्चो, मेरी तुमसे ज़रा चुप बैठने की प्रार्थना है ।

१२ क्या तेरा दोस्तों का भी मज़ाक़ उड़ाने का ख़याल है ?

Review drill 13D. Key.

१ राकेश की यह इच्छा हुई कि वह सरोद सीखे ।

२ सिपाहियों को हुक्म मिला कि वे क़िला ख़ाली कर दें ।

३ मैं सोच रही हूं कि मालिक से इस से और अच्छी नौकरी मांगूं ।

४ मेरा जी चाहा कि मैं किसी ऊंचे पहाड़ पर जाऊं ।

५ क्या तुम यह हिम्मत रखते हो कि उसके मुंह पर यह कह दो ?

६ असली मित्रों का कर्तव्य है कि वे एक दूसरे की मदद करें ।

७ भैया की हमेशा यह कोशिश रही है कि वे अपनी ताक़त बढ़ाएं ।

८ उनका इरादा नहीं है कि वे इस मामले को लेकर सरकार से टकराएं ।

९ कभी लगता है कि बच्चों का बस यही काम है कि वे चिल्लाते रहें ।

१० मेरा (यह) विचार है कि जितना हो सके उतना ज्ञान प्राप्त करूं ।

११ बच्चो! मेरी तुमसे यह प्रार्थना है कि तुम ज़रा चुप बैठो ।

१२ क्या तेरा यह ख़्याल है कि तू दोस्तों का भी मज़ाक़ उड़ाए ?

Review drill 13E. Focus: 3A, 3B, 4C, 6B, 9B, 10A, 11B, 12B.

Fill in the blanks with the appropriate postpositions.

१ मेरे पिताजी बड़े किसान थे। उन ___ यही कोई चार सौ एकड़ ज़मीन थी।

२ पर वे किसान ही नहीं थे। उन ___ ऐस्ट्रानोमी ___ भी बहुत दिलचस्पी थी।

3 उन्हों ___ हमारे घर की छत ___ दूरबीन लगाई थी।

४ जब मैं छोटा था मेरा उस दूरबीन से चांद देखने ___ बहुत जी करता था।

५ लेकिन छत पर जाना पिताजी के अलावा सब ___ मना था।

६ दूरबीन से चांद देखने ___ इच्छा मेरे दिमाग़ से नहीं निकलती थी।

७ जब मैंने पिताजी से कहा कि वे मुझे देखने ___ ऊपर जाने दें तो वे मुझ ___ बहुत गुस्सा हुए।

८ कहने ___ लगे "बच्चों ___ काम स्कूल में पढ़ने ___ है और घर में खाना खाकर जल्दी सो जाने ___ है।

९ उन ___ बड़े लोगों की चीज़ों ___ कोई काम नहीं है।"

१० कहा कि तुम ___ बड़ा होने ___ इन्तज़ार करना पड़ेगा।

११ तुम ___ छोटी उमर में सब कुछ देखने ___ इतनी जल्दी क्यों है ?

१२ मुझ ___ उनका यह सवाल बुरा लगा लेकिन उन ___ कुछ नहीं कह सकता था।

13 बस उन ___ नाराज़ होकर अपने कमरे ___ चला गया।

१४ तभी से चांद देखने ___ ही नहीं बल्कि वहां जाने ___ भी मन होने लगा।

१५ बाद में मैं बड़ा हो ही गया। ज़िन्दगी में चांद ___ ही नहीं हर बात ___ पता चल गया।

१६ जब उन दिनों _____ याद आती है तो अब भी कम से कम मन तो चांद पर जाने _____ तैयार हो जाता है ।

१७ फिर भी अपनी ज़िन्दगी का वह पहला चांद दूर रहा । आज भी उसे फिर से देख _____ पाने _____ प्रतीक्षा _____ हूं ।

Review drill 13E. Key.

१ उनके पास or उनकी   २ उन्हें or उनको;   ऐस्ट्रानोमी में
३ उन्होंने; छत पर   ४ देखने को/का   ५ सब को or सब के लिये   ६ देखने की   ७ देखने को/के लिये; मुझपर/मुझसे   ८ ∅ (nothing); बच्चों का; पढ़ने का; सो जाने का   ९ उनका or उनको; चीज़ों से   १० तुम्हें or तुमको; होने का or होने तक ११ तुम्हें or तुमको; देखने की   १२ मुझे or मुझको; उनसे १३ उनसे or उनपर; कमरे में or कमरे ∅   १४ देखने को/का; जाने को/का   १५ चांद का; हर बात का   १६ दिनों की; जाने को   १७ देख पाने की प्रतीक्षा में

Chapter Fourteen

14A. Review of passive.

The passive voice in both Hindi and English allows us to talk
about actions and events when we do not know who is the agent
("Jimmy Hoffa was murdered."), when we do not wish to reveal the
identity of the agent ("The numbers will be delivered in a brown
paper bag."), or when the agent's identity is too obvious or un-
important to mention ("Dillinger has been arrested."). It is
formed in Hindi, as you know, with the auxiliary verb जाना which
governs the past participle of the main verb. Or the passive can
be thought of as being expressed by the sequence -आ जा- (after
vowels -या जा-) which is attached to the stem of the main verb:

पूछना	पूछा जाना	'to ask ------- to be asked'
खाना	खाया जाना	'to eat ------- to be eaten'
करना	किया जाना	'to do -------- to be done'
ले जाना	ले जाया जाना	'to take away - to be taken away'

The passive agrees in gender, in number, and, where possible, in
person with whatever was the direct object in the corresponding
active:

ऊर्मिला कबाब खाएगी ।	'Urmila will eat the kabobs.'
कबाब खाए जाएंगे ।	'The kabobs will be eaten.'
मैं सवाल पूछ रही हूं ।	'I am asking a question.'
सवाल पूछा जा रहा है ।	'A question is being asked.'

As you know, direct objects, especially animate ones, are often
marked by को. In the corresponding passive sentence such a को
may be retained or dropped. If retained, the verb must assume the

११९
एक सौ उन्नीस

masculine singular form:

मां दीदी को खूब मारती है ।	'Mom beats Sis a lot.'
दीदी को खूब मारा जाता है ।	'Sis gets beaten a lot.'
वे मुझे फ़ौरन पहचान लेंगे ।	'They'll recognize me right off.'
मुझे फ़ौरन पहचान लिया जाएगा ।	'I'll be recognized right off.'

If को is dropped, then there is agreement:

मैं फ़ौरन पहचान ली जाऊंगी ।

However, if such a को expresses indirect object it cannot be dropped, even in a passive sentence:

भैया को इतना बढ़िया सितार क्यों दिया जा रहा है ?
'Why is Brother being given such a fine sitar?'

This applies as well to the को in derived transitive को -expressions (see 11A). In a passive such a को cannot be dropped:

उनको याद दिलाया जाए कि आज रानी की वर्षगांठ है ।
'May they be reminded that today is the Queen's birthday.'

Modal verbs सकना and चुकना are separated from the main verb in the passive by -या जा- :

वह यह गाड़ी चला सकता है ।	'He can drive this car.'
यह गाड़ी चलाई जा सकती है ।	'This car can be driven.'

Compound verbs, however, act as a unit with both parts coming to the left of -या जा- :

क्या मैं मेज़ हटा दूं ?	'Shall I move the table away?'
क्या मेज़ हटा दी जाए ?	'Shall the table be moved away?'

Only those compound verbs whose auxiliary element is itself a transitive verb can be put in the passive when the main verb is transitive. Thus, समझ लेना is passivizable; समझ जाना is not:

सुल्ताना	मेरे शब्दों का मतलब	समझ गई ।
सुल्ताना ने	मेरे शब्दों का मतलब	समझ लिया ।

'Sultana understood the meaning of my words.'

मेरे शब्दों का मतलब समझ लिया गया ।
'The meaning of my words was understood.'

चाहना, चाहिये, होना, लगना and देना permit a dependent infinitive to be in the passive:

हम वहां ले जाए जाना नहीं चाहते ।
'We don't want to be taken there.'

गाएं मोटी रस्सी से बांध दी जानी चाहिये ।
'Cows should be tied with a thick rope.'

दिल्ली की सड़कें अब सुधारी जाने लगी हैं ।
'The streets of Delhi have now begun to be improved.'

साहब इतना माल हज़म किया जाने नहीं देगा ।
'The boss won't allow so much stuff to be diverted.'

पड़ना, however, seldom allows a passive dependent infinitive:

गन्ना अब काटना पड़ेगा ।	'The cane has to be cut now.'

पाना also does not occur with a passive (see 19B).

Except in expressions of incapacity (for which see section 17A) the agent of a passive is very rarely expressed. But in formal or journalistic Hindi it is sometimes found followed by the postposition के द्वारा:

यह कविता राधेश्याम के द्वारा लिखी गई है ।
'This poem was written by Radheshyam.'

Drill 14A. Review of passive.

Vocab.   ताकि 7 -- so that, in order that
          महाराजा m 2 -- emperor, maharajah
          लादना 7 -- to load
          कोतवाल m 1 -- chief of police (pre-British)

By deleting agents give passive counterparts to the following:

Example: नौकर टैक्सी ला रहा है ताकि हम तुम्हें समय पर स्टेशन
             पहुंचा सकें ।

changes to: टैक्सी लाई जा रही है ताकि तुम्हें समय पर स्टेशन पहुंचाया
             जा सके ।

     or: टैक्सी लाई जा रही है ताकि तुम समय पर स्टेशन पहुंचाए जा
             सको ।

१ पुलिसवालों ने यूनिवर्सिटी के दरवाज़े से छात्रों को हटा दिया ।

२ कई जने उस लड़की की तलाश कर रहे हैं, मगर उसे मालूम नहीं
   है ।

३ आंधी की वजह से किसानों को अपनी गायें रस्सी से बांधनी पड़ीं ।

४ इन गुंडों ने जो बुरे ख़्याल तेरे दिमाग़ में बिठा दिये हैं वे मैं कैसे
   निकालूं ?

५ पत्नी ने लम्बी सांस भरी और पति से ग़म की शिकायत करने
   लगी ।

६ क्या आपकी इच्छा है कि मैं यह छाता कम दामों पर बेच दूं ?

७ माता बच्चों को ऊपर वाले कमरे में सुला चुकी है ।

८ अरे ! दर्द कम होने की कब तक प्रतीक्षा करूं ? दवा लानी
   चाहिये ।

९ महाराजा के हुक्म पर कोतवाल ने उसे पकड़ा और जेल में बन्द कर
   दिया ।

१० मज़दूरों से कहो कि वे लारी पर माल लादते रहें ।

११ जी, आपसे हमारी इन दिक़्क़तों पर ज़रा ध्यान देने की प्रार्थना है ।

१२ तुम लोगों ने इस बेवकूफ़ को मेरी नाव क्यों ले जाने दी ?

Drill 14A. Key.

१ यूनिवर्सिटी के दरवाज़े से छात्र हटा दिये गये ।
छात्रों को हटा दिया गया ।

२ उस लड़की की तलाश की जा रही है मगर उसे मालूम नहीं है ।

३ आंधी की वजह से किसानों की गाएं रस्सी से बांधनी पड़ीं ।

४ जो बुरे ख़्याल तेरे दिमाग़ में बिठा दिये गए हैं वे कैसे निकाले जाएं ?

५ लम्बी सांस भरी गई और पति से ग़म की शिकायत की जाने लगी ।

६ क्या आपकी इच्छा है कि यह छाता कम दामों पर बेच दिया जाए ?

७ बच्चों को ऊपर वाले कमरे में सुलाया जा चुका है ।
बच्चे ऊपरवाले कमरे में सुलाए जा चुके हैं ।

८ अरे! दर्द कम होने की कब तक प्रतीक्षा की जाए ? दवा लाई जानी चाहिये ।

९ महाराजा के हुक्म पर उसे/वह पकड़ा गया और जेल में बन्द कर दिया गया।

१० मज़दूरों से कहा जाए कि माल लारी पर लादा जाता रहे ।

११ जी, (हमारी) आपसे प्रार्थना है कि हमारी इन दिक़्क़तों पर ज़रा ध्यान दिया जाए ।

१२ इस बेवकूफ़ को मेरी नाव क्यों ले जाने दी गई ?
तुमने मेरी नाव क्यों ले जाई जाने दी ?
मेरी नाव क्यों ले जाई जाने दी गई ?

Exercise 14A. Review of passive.

Translate into Hindi. Use the passive where possible.

1. A tika (टीका m 2) can be applied with the thumb.

2. You don't tell a person this to his face.

3. Don't put those bottles here. Otherwise, they'll deliber-
    ately (जान-बूझकर) be broken (तोड़ना).

4. By then Nixon had already been implicated (X का नाम लेना)
    in the Watergate affair.

5. Every day the trash is taken away at six o'clock.

6. OK, we can sit (बैठकर) here and take a quick look (नज़र) at
    the examination result.

7. She's to be seen (साथ देना) to her door.

Key.

१ टीका अंगूठे से लगाया जा सकता है ।

२ यह किसी को (or से or के) मुंह पर नहीं कहा जाता ।

३ वे बोतलें यहां रखी न जाएं । नहीं तो वे जान-बूझकर तोड़ दी जाएंगी ।

४ तब तक वाटरगेट के मामले में निक्सन का नाम लिया जा चुका था ।

५ कूड़ा
   कबाड़ा रोज़ छह बजे ले जाया जाता है ।

६ अच्छा, यहां बैठकर परीक्षा के रिज़ल्ट पर जल्दी (-जल्दी) नज़र डाली
   जा सकती है ।

७ उसका साथ उसके दरवाज़े तक दिया जाना है ।

14B. जब तक... and तब तक... .

The proper use of जब तक and तब तक is a subtle matter for
students of Hindi whose mother tongue is English. Depending on
whether the contents of the clause that follows constitute a line
in time or a point, जब तक may translate English 'so long as',
'until', 'unless' or 'by the time'.

1. If the जब तक clause describes a situation or action that
is viewed as a line (i.e., has duration in time), then जब तक
is an equivalent of English 'so long as':

जब तक साहब मौजूद रहते हैं तब तक सब जने मन लगाकर काम
करते हैं ।

'As long as the boss is around everyone works in earnest.'

जब तक तुम पैसे देते रहोगे तब तक वह नाचती रहेगी ।

'She'll keep dancing as long as you keep giving her money.'

2. If the जब तक clause describes an action seen as a point
in time or a limit to the action in the तब तक clause, then
जब तक translates either 'until' or 'unless':

जब तक तुम भिखारियों को कुछ दे न दो तब तक वे तुम्हें परेशान
करना नहीं छोड़ेंगे ।

'Unless you give the beggars something they won't stop har-
rassing you.'

छात्र लगातार शोर मचाते रहे जब तक कि मास्टर आ नहीं गया ।

'The pupils kept up a continuous racket until the teacher
came.'

You will notice that the जब तक clause has a negative particle
while its English equivalent does not. A moment's reflection
will show that the presence of this negative particle has the ef-
fect of converting a positive point in time to a negative line in
time. This allows Hindi जब तक to render both 'so long as' and

'until/unless':

जब तक वह तसवीर खींच न ले तब तक उसे पैसे मत देना ।

'Until (or unless) he takes
'So long as he doesn't take the picture, don't pay him.'

The presence of the negative in a जब तक clause does not interfere with the presence of a compound verb. In fact, in these cases it tends to promote compound verbs.

3. If the action in the जब तक clause is seen as a point in time without constituting a limit or end-point to some continuous action in the तब तक clause, then जब तक renders English 'by the time' or 'before':

जब तक उसने बंदूक उठाई तब तक शेर भाग गया था ।

'By the time he picked up his gun the tiger had run away.

जब तक तुम सौन्दर्य का सही मतलब समझोगे तब तक तुम्हारे बाल सफ़ेद हो जाएंगे ।

'By the time you understand the real meaning of beauty your hair will have turned gray.'

Notice here that the जब तक clause cannot have a compound verb while the तब तक clause is very likely to. With the sentence at the top of the page compare:

जब तक वह तसवीर पूरी करेगा तब तक मैंने उसे सारे पैसे दे दिये होंगे ।

'By the time he finishes the picture, I'll have given him all the money.'

For more on जब तक and तब तक see Seguin 1973.

Drill 14B. जब तक... and तब तक... .

Vocab. गधा m 2 -- donkey   तारा m 7 -- star
        बढ़िया 3 -- fine, excellent   सुधरना 5 -- to improve
        घटिया 3 -- poor, lousy   तबीयत f 13 -- health
        मान लेना -- to suppose   इलाज m 2 -- treatment
        आसमान m 11 -- sky   जारी रखना -- to continue

Match the clauses on the left with their appropriate mates on the
right and give the correct translation of जब तक for every pos-
sible match. Example:

A   गधा तब तक तेरे केले खाता रहेगा
B   गधा तब तक तेरे सब केले खा जाएगा

            X   जब तक तू उसे रोक सकेगा ।
            Y   जब तक तू चुप बैठा रहेगा ।
            Z   जब तक तू कुछ नहीं करेगा ।

AY: गधा तब तक तेरे केले खाता रहेगा जब तक तू चुप बैठा रहेगा ।
    (so long as)

BX: गधा तब तक तेरे सब केले खा जाएगा जब तक तू उसे रोक सकेगा ।
    (by the time)

AZ: गधा तब तक तेरे केले खाता रहेगा जब तक तू कुछ नहीं करेगा
    (unless you do something, so long as you don't do anything)

१ हिन्दुस्तान में गरमी में आम का मौसम होता है ।   बढ़िया आम जून के
   आख़िर तक मिलते रहते हैं ।   बरसात के दिनों में बस घटिया आम मिल
   सकते हैं और वे भी सितम्बर तक ख़त्म हो जाते हैं ।

(Match up clauses on the basis of the information given above.)

A जब तक पानी बरसता रहता है
B जब तक पानी नहीं बरसता
C जब तक बरसात शुरू होती है ।

       X तब तक बढ़िया आमों का मौसम ख़त्म हो जाता है ।
       Y तब तक घटिया क़िस्म के आम मिलते रहते हैं ।
       Z तब तक बढ़िया आमों का मौसम रहता है ।

२ मान लीजिये कि आप हिन्दुस्तान के किसी छोटे गांव में हैं जहां बिजली
का इंतज़ाम नहीं है और रात के आसमान में चांद निकलनेवाला नहीं है ।

A जब तक अंधेरा होगा   X हमें गांव में कुछ नहीं दिखाई देगा।
B जब तक अंधेरा रहेगा   Y हम पूरा गांव देख लेंगे ।
C जब तक अंधेरा हो नहीं जाएगा   Z हमें तारे दिखाई नहीं देंगे ।

3 साहब बीमार पड़ गए । उन्हें अस्पताल में कई हफ़्ते रहना पड़ा । उनके
मौजूद न होने पर सेक्रेटरी दफ़्तर चलाती रही । साहब तबीयत सुधरने
पर दीवाली के बाद वापस लौटे ।

A जब तक उनकी तबीयत सुधर न गई
B जब तक उनकी तबीयत ख़राब रही ।
C जब तक उनकी तबीयत सुधरी

       X तब तक सेक्रेटरी दफ़्तर चलाती रही ।
       Y तब तक उन्होंने इलाज जारी रखा ।
       Z तब तक दीवाली निकल गई थी ।

Drill 14B. Key.

1. AY (so long as, during the time that); BZ (until it rains, as long as it doesn't rain); CX (by the time)

2. AY (by the time); BX (so long as); CZ (until it gets dark, so long as it doesn't get dark)

3. AX (so long as he wasn't better, until he got better); AY (same as for AX); BX and BY (as long as); CZ (by the time)

Exercise 14B. जब तक... and तब तक... .

Translate into Hindi.

1. As long as you work in earnest your salary will keep on increasing (बढ़ना).
2. Servants will work only so long as they are not sworn at.
3. Don't take this medicine unless the doctor tells you to.
4. Wait at the side of the road until I come back.
5. By the time my uncle (चाचा) arrived the young man had fled with my cousin (चचेरी बहन).
6. The mice continued to play so long as the cat wasn't around (वहां).
7. By the time the end of the story comes both of them will have fallen asleep.

Key.

१ जब तक आप मन लगाकर काम करते रहेंगे (तब तक) आपकी तनख़्वाह बढ़ती रहेगी ।

२ नौकर तब तक काम करेंगे जब तक उन्हें गालियां दी नहीं जातीं ।

3 जब तक डाक्टर न कहें, यह दवा मत लेना ।

४ जब तक (कि) मैं वापस न आ जाऊं / न लौट आऊं तुम सड़क के किनारे पर ठहरना (or इंतज़ार करना or रुकना) ।

५ जब तक कि मेरे चाचा पहुंचे तब तक जवान आदमी मेरी चचेरी बहन के साथ भाग चुका था (or भाग गया था) ।

६ जब तक बिल्ली वहां नहीं थी चूहे खेलते रहे ।

७ जब तक कहानी का अन्त आएगा / ख़त्म होगी दोनों सो गये / चुके होंगे ।

Chapter Fifteen

15A. का of subject.

In Hindi, if a verb form is not finite, that is, if it is not altered for number, gender or person, then its subject is usually marked with का:

कुछ भक्त चाहते हैं कि यह देवता पृथ्वी पर आए ।
कुछ भक्त इस देवता का पृथ्वी पर आना चाहते हैं ।
'Some devotees want this deity to come to earth.'

In the first sentence the verb आए 'come' agrees in number and person with its subject यह देवता. In the second sentence आ- occurs in a non-finite form, in this case, the infinitive. Its subject, therefore, is marked with का: इस देवता का आना, literally 'the coming of this deity'. Naturally, if the infinitive of such a subject is itself followed by a postposition (see 9B), then we find के of subject:

पर पुजारी उसके धरती पर जन्म लेने से डरते हैं ।
'But the priests are afraid of his being born on Earth.

का of subject is a very important use of का in Hindi. It applies to the subjects of many other non-finite forms besides those of infinitives in -ना: see 15B. In Hindi subject (of the finite verb) has a two-part definition: 1) Anything followed by the postposition ने (see 3A) is a subject. 2) If ने is absent, then that with which the verb agrees in number, gender or person is the subject. In the following, सूज़न is followed by ने, so सूज़न is the subject of भेजा:

मुझे यह पसंद नहीं आया कि सूज़न ने वह पत्र भेजा ।
'I didn't like it that Susan sent the letter.'

The same thing can be said with a non-finite form of भेज- and का of subject:

सूज़न का वह पत्र भेजना मुझे पसन्द नहीं आया ।

It is important to bear in mind that a subject is not necessarily an agent, and vice versa. In the following, while इतनी बातें is not the agent of मालूम होना it is the subject and for that reason gets का:

तुम्हें इस उमर में इतनी बातों का मालूम होना अच्छा नहीं है ।
'It's not good for you to know so many things at this age.'

Similarly, गाड़ी is the subject, but not the agent, in:

इस गाड़ी का सोमवार तक ठीक किया जाना नामुमकिन है ।
'It's impossible for this car to be fixed by Monday.'

If the subject of an infinitive is the same as the agent of the main verb it is usually replaced by अपना:

अपना इतनी जल्दी पहचाना जाना मुझे बिलकुल अच्छा नहीं लगा ।
'I did not like my being recognized so quickly one bit.'

Inanimate subjects, especially if they are intangible (चोट) or undifferentiable (पानी), tend often not to get का of subject:

आज पानी बरसना मुश्किल है । 'It's unlikely to rain today.'

बारह बजने का इंतज़ार करो । 'Wait for it to strike 12.'

उन्हें चोट आना सम्भव था । 'They might have gotten hurt.'

In these cases few speakers would choose to have का (or के) follow पानी, बारह or चोट. Unfortunately the presence or absence of का with such subjects depends somewhat on the identity of the final expression, too. A rule is hard to find.

किसान पानी (के) बरसने की प्रतीक्षा में हैं ।
'The farmers are waiting for it to rain.'

इस मौसम में आदमी को ज़ुकाम हो जाने का डर है ।
'In this weather a body's liable to catch cold.'

कोई परेशानी नहीं । कल धूप का निकलना पक्का है ।

'Don't worry. The sun's bound to come out tomorrow.'

The same rules for का of subject apply to infinitives fol-
lowed by postpositions like में, पर, तक, के बाद, के पहले, etc.

नई वेस्पा के प्राप्त किये जाने में कई परेशानियां आईं ।

'Many difficulties attended the acquisition of a new Vespa.'

मेरे मित्रों के आने के पहले ही बिस्कुट ख़त्म किये जा चुके थे ।

'By the time my friends arrived the cookies had already been
finished off.'

बच्ची के पत्थर निगलने से मां के पेट में दर्द होने लगा ।

'The mother got a stomachache from her daughter's having
swallowed a stone.'

Colloquial speech tends to avoid constructions requiring का
of subject in favor of कि -clauses or जब-clauses.

Drill 15A. का of subject.

Vocab.　सम्भव 10 -- possible

　　　　असम्भव 13 -- impossible

　　　　उचित 2 -- fitting, proper, best

　　　　अनिवार्य 2 -- inevitable; compulsory

　　　　कठिन 17 -- difficult; unlikely

　　　　नामुमकिन 1 -- impossible

　　　　V-ना ठीक रहना -- to be OK to V

　　　　V-ने के हक़ में होना -- to be in favor of V-ing

Answer the following questions either positively or nega-
tively using an infinitive and the governing expression pre-
sented in parentheses.

Example:

क्या बर्फ़ गिरेगी ? (सम्भव/असम्भव)   'Will it snow?'

हां, बर्फ़ गिरनी सम्भव है ।   'Yes, possibly.'
असम्भव नहीं है ।   'It's not impossible.'

नहीं, बर्फ़ गिरनी सम्भव नहीं है ।   'It's not possible.'
असम्भव है ।   'No, impossible.'

१ क्या सेना हट जाए ? (उचित)

२ क्या मुझे परीक्षा देनी पड़ेगी ? (अनिवार्य)

३ क्या अच्छी पत्नी मिलेगी ? (कठिन)

४ क्या मैं आपके पास बैठूं, दादाजी ? (ज़रूरी)

५ क्या उन्हें अफ़सोस है ? (मुमकिन or नामुमकिन)

६ क्या बिजली यहां पहुंचेगी ? (पक्का)

७ क्या मैं पिता को बताऊं ? (ठीक रहना)

८ क्या चोर पकड़े जाएंगे ? (संभव)

९ क्या बिल्ली मर जाएगी ? (v-ने का डर)

१० क्या बच्चे यह फ़िल्म देख सकते हैं ? (मना)

११ क्या (हम) लहरों में खेलें ? (अच्छा)

१२ (आपके ख़्याल में) क्या रानी वहां रहें ? (v-ने के हक़ में)

Drill 15A. Key.

१ हां, सेना का हट जाना उचित है ।
नहीं, सेना का हट जाना उचित नहीं है ।

२ हां , तुम्हारा परीक्षा देना अनिवार्य है ।
  नहीं, तुम्हारा परीक्षा देना अनिवार्य नहीं है ।

3 हां , अच्छी पत्नी मिलनी कठिन नहीं है ।
  नहीं, अच्छी पत्नी मिलनी कठिन है ।

४ हां, तुम्हारा मेरे पास बैठना ज़रूरी है ।
  नहीं, तुम्हारा मेरे पास बैठना ज़रूरी नहीं है ।

५ हां , उनको अफ़सोस होना मुमकिन है ।
                        नामुमकिन नहीं है ।

  नहीं, उनको अफ़सोस होना मुमकिन नहीं है ।
                        नामुमकिन है ।

६ हां, बिजली का यहां पहुंचना पक्का है ।
  नहीं, बिजली का यहां पहुंचना पक्का नहीं है ।

७ हां , आपका पिता को बताना ठीक रहेगा ।
  नहीं, आपका पिता को बताना ठीक नहीं रहेगा ।

८ हां , चोरों का पकड़ा जाना सम्भव है ।
  नहीं, चोरों का पकड़ा जाना सम्भव नहीं है ।

९ हां , बिल्ली के मर जाने का डर है ।
  नहीं, बिल्ली के मर जाने का डर नहीं है ।

१० हां , बच्चों को (or का) यह फ़िल्म देखना मना नहीं है ।
   नहीं, बच्चों को (or का) यह फ़िल्म देखना मना है ।

११ हां , लहरों में खेलना अच्छा है ।
   नहीं, लहरों में खेलना अच्छा नहीं है ।

१२ हां , मैं रानी के वहां रहने के हक़ में हूं ।
   नहीं, मैं रानी के वहां रहने के हक़ में नहीं हूं ।
   नहीं, मैं रानी के वहां न रहने के हक़ में हूं ।

Exercise 15A.   का of subject.

Translate into Hindi, using का of subject.

1. Her girlfriend is unlikely to have matches.

2. The tourists are waiting (प्रतीक्षा में) for the sun to come out.

3. People here won't like (पसन्द) your burping after eating.

4. Actually it's always possible for accidents to happen.

5. If you spit in the bus the conductor's liable to get mad.

6. You are sure to be implicated in this affair.

7. It's essential (ज़रूरी) for the yoghurt to set.

Key.

१ उसकी सहेली के पास माचिस (का) होना मुश्किल (or कठिन) है ।

२ टूरिस्ट धूप (के) निकलने की प्रतीक्षा में हैं ।

३ यहां के लोग तुम्हारा खाने के बाद डकार मारना पसंद नहीं करेंगे ।

   यहां के लोगों को तुम्हारा खाने के बाद डकार मारना पसंद नहीं आएगा।

४ वैसे तो दुर्घटना का होना हमेशा सम्भव (or मुमकिन) है ।
                   होनी

५ तुम्हारे बस में थूकने से   को गुस्सा आने
   अगर तुम बस में थूको(गे) तो कण्डक्टर के नाराज़ होने का डर है ।

६ इस मामले में तुम्हारे नाम का लिया जाना पक्का   है ।
                                        अनिवार्य

७ दही का जमना ज़रूरी है ।

15B. V -ते समय, V-ते ही, V -ते and V -ते V-ते.

I.   In Hindi a relative clause beginning with जब may be col-
lapsed into a phrase containing a form of the verb in -ते fol-
lowed by समय or वक़्त:

पहाड़ों में जब बर्फ़ गिर रही हो तो बाहर नहीं जाना चाहिये ।
'In the mountains when it snows you should not go outside.'

बर्फ़ गिरते समय अन्दर रहो ।   'Stay inside when it snows.'

The form in -ते is a non-finite form. If its agent is differ-
ent from the agent of the main clause its subject is treated the
same way as the subject of an infinitive (see 15A):

हमारे बाहर निकलते समय आसमान में बादल छा रहे थे ।
'When we went out clouds were gathering in the sky.'

If the agent of V-ते is the same as the agent of the main
clause, it is not separately expressed:

खेतों में घूमते वक़्त हम आसमान की तरफ़ देखते रहे ।
'While we were strolling in the fields we kept looking at
the sky.'

II. By replacing समय or वक़्त with ही one may express 'as soon
as':

बिजली चमकते ही पानी बरसने लगा और हम वहां से भाग निकले।
'As soon as the lightning flashed it began to rain and we
made a run for it.'

Subjects of V-ते ही phrases are treated the same way as those
of V-ते समय phrases:

हमारे घर पहुंचते ही पानी बरसना बन्द हो गया ।
'As soon as we got home it stopped raining.'

Just as V-ते समय has its alternative in a जब clause, so V-ते ही has its alternatives in a relative clause introduced by ज्यों ही or जैसे ही :

ज्यों ही धूप निकली त्यों ही गरमी महसूस होने लगी ।

'As soon as the sun came out we began to feel the heat.'

जैसे ही बरसात शुरू होती है वैसे ही गरमी कम होने लगती है ।

'As soon as the rainy season starts the heat begins to recede.'

III. V-ते or V-ते हुए express 'during' or 'so long as':

अंगीठी में आग के रहते हुए अपने हाथ सेंक लेना ।

'You better warm your hands while there's still fire in the grate.'

The clausal equivalent of V-ते is introduced by जब तक (14B):

जब तक अंगीठी में आग रहेगी तब तक तुम्हें ठण्ड नहीं लगेगी ।

'As long as there is fire in the grate you won't feel cold.'

V-ते or V-ते हुए phrases are often used as adverbs to the finite verb:

वह "चोर पकड़ो! चोर पकड़ो!" चिल्लाते (हुए) भागने लगा ।

'He began to run, shouting, "Stop thief! Stop thief!"'

IV. Repetition of V-ते may give the sense of 'by the time' or 'before':

सूरज निकलते निकलते पण्डितजी नदी की ओर चल दिये थे ।

'By the time the sun came up Pandit Ji had left for the river.'

Its clausal equivalent is also introduced by जब तक (14B):

जब तक सूरज निकला तब तक पण्डितजी ने स्तोत्र पढ़ लिये थे ।

'By the time the sun came up Pandit Ji had already read his stotras.'

More commonly V-ते V-ते may express a gradual process leading
to the result expressed by the finite verb:

तवा मांजते मांजते मैं साफ़ कर ही दूंगा ।
'By scrubbing and scrubbing I'll finally get the wok clean.'

साथ रहते रहते बूढ़ा बूढ़ी एक दूसरे से शकल में मिलने जुलने लगे थे ।
'From living together (so long) the old man and woman had
come to resemble each other.'

As a special or idiomatic case of this, V-ते V-ते may simply ex-
press the cumulative gradualness of an action:

आंसू रुकते रुकते तो रुकेंगे ।
'It takes a while for tears to stop (but they finally will
stop).'

हिन्दी आते आते आती है ।
'One learns Hindi bit by bit over a very long time.'

Perhaps the most frequent use of V-ते V-ते is to express the
ongoing progression of an action which is the backdrop or setting
for an intervening action:

मैं भागते भागते गिर पड़ी ।
'I fell down in the act of running away.'

बोलते बोलते मालिक ने घड़ी पर नज़र डाली ।
'In the midst of speaking the owner glanced at his watch.'

हमारे पुल पार करते करते रस्सियां टूटने लगीं ।
'Just as we were crossing the bridge the ropes began to give
way.'

To use V-ते in these cases (rather than V-ते V-ते) would give
the sense of 'while V-ing' rather than 'right in the middle of
V'ing'.

For more on V-ते V-ते see section 19A and Abbi 1977.

Drill 15B. V-ते समय, V-ते ही , V-ते and V-ते V-ते .

Vocab. दुनिया f 50 -- the world   फिरना 12 -- to move about
      आपस में -- among themselves इधर-उधर -- here and there
      भीड़ f 67 -- crowd   चोरी f 20 -- theft

Match the phrases on the left with the completions on the right:

     A बिजली चमकते ही   X बच्चा रो रहा था ।

                            Y बच्चा रो दिया ।

     AY: बिजली चमकते ही बच्चा रो दिया ।

In some cases more than one match may be possible.

1.   A दुनिया के रहते हुए   X आदमी आपस में लड़ने लगे ।
     B दुनिया होते ही   Y हमेशा ऐसा ही रहेगा ।

2   A हमारे यहां उनके आते आते   X रास्ते में कोई दोस्त मिला होगा ।
   B उनको हमारे यहां आते वक़्त   Y हमने उनसे खाने के लिये कहा ।
   C उनके हमारे यहां आते ही   Z पूरा एक महीना निकल गया ।

3   A चलते समय   X मैं इंजन स्टार्ट न कर सका ।
    B वहां से चलते ही   Y मैं उसको चलाती रहूंगी ।
    C मोटर के ठीक रहते   Z मोटर बन्द हो गई ।

4   A शो ख़त्म होते होते   X गाड़ी लाने जाना ।
    B शो ख़त्म होते समय   Y रात का एक बज जाना सम्भव है ।
    C शो ख़त्म होते ही   Z टैक्सी मिलनी आसान नहीं होती ।

5   छात्र दिन में पढ़ते हैं ।   जब तक अंधेरा होता है तब तक वे अपने अपने
घर लौट आते हैं ।   जब तक रात पूरी नहीं हो जाती बाज़ारों में
बहुत भीड़ रहती है ।   उसके बाद जब तक अंधेरा रहता है चोर और
चूहे रात में इधर-उधर फिरते रहते हैं ।

    (Match up what follows on the basis of this information.)

A अंधेरा होते ही   W छात्र स्कूल से लौट आते हैं ।
B अंधेरे रहते   X बाज़ार में भीड़ ज़्यादा होती है ।
C अंधेरा होते होते   Y चोर अपना काम पूरा कर लेते हैं ।
D अंधेरा होते समय   Z चोरियां होने लगती हैं ।

Drill 15B. Key.

1. AY, BX   2. AX, AZ, BX, CY   3. AX, AZ, BZ, CY   4. AY,
BX, BZ, CX, CZ   5. AZ, BY, CW, DX

Exercise 15B.   V-ते समय, V-ते ही, V-ते and V-ते V-ते.

Vocab. शीशा m 7 -- mirror   त्याग होना -- to be abandoned
इधर-उधर -- here & there   फूटना 8 -- to burst
लेटना 14 -- to lie down   सीना 3 -- to sew
ज़िन्दा 6 -- alive   फटना 21 -- to tear

Convert the following relative/co-relative constructions
into one-clause sentences. Examples:

ज्यों ही मैंने पैर लगाया त्यों ही ब्रेक टूट गए ।
मेरे पैर लगाते ही ब्रेक टूट गए ।

जब तुम ऐसा कहते हो तब मत हंसो ।
हंसते हुए ऐसा मत कहो । or ऐसा कहते समय/हुए मत हंसो ।

१ जैसे ही मैंने शीशा उठाया वैसे ही वह टूट गया ।

२ जब तक हम दिल्ली पहुंचे तब तक आंधी आ गई थी ।

३ जब तुम गाड़ी चलाते हो तब इधर-उधर मत देखो ।

४ जब पानी बरसता है तब चट्टानों से रास्ते पर पत्थरों के गिरने का डर
होता है ।

५ जब तक मैं रहूंगी तब तक तेरे राज़ का पता किसी को नहीं चलेगा ।

६ जब छात्र स्कूल से बाहर निकले तब शोर मचा रहे थे ।

७ जब मैं सोने लेटूंगा मुमकिन है कि तब मुझे वह शब्द याद आ जाए।

८ ज्यों ही नारियल उसके सिर से टकराया त्यों ही वह फूट गया।

९ अयोध्या के लोग समझते थे कि जब तक राम ज़िन्दा रहेंगे सीता का त्याग नहीं होगा।

१० जब तक मुझे नौकरी मिलेगी मेरे बाल सफ़ेद हो जाएंगे।

११ जैसे ही मैं पहचाना गया वैसे ही वहां से भाग निकला।

१२ जब क़मीज़ सी जा रही थी तब कपड़ा फट गया।

Exercise 15B. Key.

१ मेरे शीशा उठाते ही वह टूट गया।

२ हमारे दिल्ली पहुंचते पहुंचते आंधी आ गई थी।

३ इधर-उधर देखते हुए गाड़ी मत चलाओ। or

गाड़ी चलाते वक़्त / हुए इधर-उधर मत देखो।

४ पानी बरसते समय चट्टानों से रास्ते पर पत्थरों के गिरने का डर होता है।

५ मेरे रहते तेरे राज़ का पता किसी को नहीं चलेगा।

६ स्कूल से बाहर निकलते वक़्त छात्र शोर मचा रहे थे। or
शोर मचाते हुए छात्र स्कूल से बाहर निकल गए।

७ सोने लेटते समय मुमकिन है कि मुझे वह शब्द याद आ जाए।

८ उसके सिर से टकराते ही नारियल फूट गया।
(not नारियल टकराते ही उसका सिर फूट गया।)

९ अयोध्या के लोग समझते थे कि राम के ज़िन्दा रहते सीता का त्याग नहीं होगा।

१० नौकरी मिलते मिलते मेरे बाल सफ़ेद हो जाएंगे।

११ अपने पहचाने जाते ही मैं वहां से भाग निकला। or
मैं पहचाने जाते ही वहां से भाग निकला।

१२ क़मीज़ सीते / के सीये जाते समय कपड़ा फट गया।

Chapter Sixteen

16. Derived intransitive verbs (antitransitives).

In Hindi it is possible to derive intransitive verbs from
transitives by dropping the agent and making certain changes in
the verb stem:

Transitive: खोलना   दुकानदार सुबह आठ बजे दुकान खोलता है ।
                          'The shopkeeper opens his shop at 8 AM.'
Derived
Intransitive: खुलना   दुकान सुबह आठ बजे खुलती है ।
                          'The shop opens at 8 AM.'

In order to avoid confusion with derived transitives (11A), we
shall refer to derived intransitives as "antitransitives."

Transitive: धोना   क्या नौकरानी ने कपड़े अब तक नहीं धोए ?
                          'Didn't the maid wash the clothes yet?'

Antitransitive: धुलना   क्या कपड़े अब तक नहीं धुले ?
                          'Aren't the clothes washed yet?'

Transitive: बनाना   बढ़ई, आप कुर्सी जल्दी ही बना देंगे, न ?
                          'Will you make the chair soon, Carpenter?'

Antitransitive: बनना   बढ़ई, कुर्सी जल्दी ही बन जाएगी, न ?
                          'Will the chair be done soon, Carpenter?'

Antitransitives are used when the speaker is not interested
in who does something, but merely in the fact that it gets done.
For example, in English, 'Has the mail come yet?' more accurately
reflects what really matters to the speaker than does the fuller
'Did the mailman bring the mail yet?' even though they both de-
scribe the same event. In Hindi this strategy of expression is
even more commonly used than it is in English: used not only when
we are not interested in who does something, as in the examples

given above, but also when the identity of the doer has been pre-
viously established. For example, a speaker is describing the
activities of her mother:

जैसे बच्चे स्कूल से आए तभी चाय बनी फिर खाने का इंतज़ाम शुरू हो
गया ... उसके बाद फिर अम्मां ... (Southworth tape H-3-121)
'As soon as the kids came home from school the tea was ready
and then preparations for dinner began. ...After that
Mother...'

Since the entire passage concerns the actions of one agent the
speaker feels free to vary the tone by sometimes describing these
actions as if they occurred independently of the agent.

Such deliberate suppression of information can have powerful
ironic effect. Antitransitives are often used by Hindi speakers
to that end. For example, in Mohan Rakesh's play आधे अधूरे a
little girl is desperate for attention from her parents. She re-
proaches them for not having brought her the things she needs for
school:

और तुमने कहा था क्लिप और मोज़े इस हफ़्ते ज़रूर आ जायेंगे, आ
गये हैं ? (page 35)
'And you said that you would surely bring me the clip and
socks this week. Did you?'

Here, by purposely using the antitransitive आना instead of the
corresponding transitive लाना , and by dropping तुम , the girl
gives her words a sarcastic edge.

The antitransitive is useful to the Hindi speaker for another
reason. It spares him from having to choose the most appropriate
second person pronoun, a choice which is not always easy or ob-
vious (and sometimes even dangerous) to make. For example, in the
following, by using the antitransitive, a peasant woman is able
not only to avoid choosing between तुम and तू , but also to
maintain the appearance of not having directly addressed a

strange male at all:

कौन बांस काटता है ?   यहां बांस न कटेंगे ।   (गोदान 31)

'Who's cutting the bamboo? You're not to cut our bamboo!'
(literally: Here the bamboo will not be cut!)

One of the most important uses of the antitransitive, namely, the
expression of incapacity, will be discussed in detail in sections
17A and 19B.

Antitransitive verbs are derived from transitives by rules
which are similar to those used for the derivation of transitives
from intransitives (see section 11A):

I. If the stem of the transitive has long ई, ऊ, or आ , the stem
of the antitransitive has the corresponding short vowel:

पीटना -- to beat   पिटना -- to get a beating

कूटना -- to grind   कुटना -- to be ground

छापना -- to print   छपना -- to be printed

II. An ओ in the stem is replaced by उ; an ए by इ. If the
stem of the transitive has only one syllable and ends in a vowel,
a ल is often found in the antitransitive.

खोलना -- to open (tr)   खुलना -- to open (intr)

धोना -- to wash   धुलना -- to be washed

सीना -- to sew, stitch   सिलना -- to be sewn, stitched

(NB: the polite imperative of सीना is सीइये or सीजिये.)

III. A nasal vowel in the stem of the transitive is sometimes
answered by a nasal short in the antitransitive; sometimes by a
plain short:

बांटना -- to divide   बंटना (बटना) -- to be divided

खींचना -- to pull   खिंचना (खिचना) -- to be pulled

सेंकना -- to heat   सिंकना (सिकना) -- to be heated

IV. There are a few transitive verbs that have short vowels to
begin with. Their antitransitives are homonymous:

भरना -- to fill   भरना -- to get filled

बदलना -- to change (tr)   बदलना -- to change (intr)

बुनना -- to weave   बुनना -- to be woven

V. One or two polysyllabic stems give antitransitives by drop-
ping a final आ:

बनाना -- to make   बनना -- to be made

मनाना -- to celebrate   मनना -- to be celebrated

In most cases, however, the stem with आ is derived and the
stem without आ is basic (see 11A).

There are many exceptions to these rules. One set includes
verbs of destruction:

फोड़ना -- to burst (tr)   फूटना -- to burst (intr)

तोड़ना -- to break (tr)   टूटना -- to break (intr)

फाड़ना -- to tear (tr)   फटना -- to tear (intr)

छोड़ना -- to leave behind छूटना -- to be left behind

Others show few if any regularities:

बेचना -- to sell   बिकना -- to be sold

समेटना -- to collect   सिमटना -- to be collected

Transitive expressions formed with करना have antitransitive
counterparts in होना:

काम करना	तुमने काम कर लिया ?	'Did you do it?'
काम होना	काम हो गया ?	'Did it get done?'
इंतज़ाम करना	मैंने इंतज़ाम नहीं किया ।	'I didn't make the
इंतज़ाम होना	इंतज़ाम नहीं हुआ ।	arrangement.'

Sometimes such antitransitives in होना are को-expressions (4C) and as such allow the expression of an agent:

इंतज़ार करना — क्या तुम किसी का इंतज़ार कर रही हो ?
'Are you waiting for somebody?'

इंतज़ार होना — क्या (तुमको) किसी का इंतज़ार है ?

Not every transitive verb yields an antitransitive. In particular very few "reflexives" have them: खाना, पीना, पकड़ना, ख़रीदना, etc. (see section 8). Those that do exist are usually को -expressions:

देखना -- to see — दिखाई देना -- to be seen, be visible

सुनना -- to hear — सुनाई देना -- to be heard, be audible

क्या उस सीट से आपको स्क्रीन दिखाई दे रहा है ?
'Can you see the screen from that seat?'

मेरे दादाजी को अब बिल्कुल सुनाई नहीं देता ।
'My grandfather has completely lost his hearing.'

In general all verbs expressing jobs or tasks have antitransitive counterparts: सीना 'sew' -- सिलना; मांजना 'scour' -- मंजना; बांधना 'tie up' -- बंधना; etc.
There are a few other transitive-antitransitive pairs which are highly idiosyncratic (and which do not play a role in the expression of incapacity (17A)):

भेजना -- to send — जाना -- to go, be sent

लाना -- to bring आना -- to come, be brought

डालना -- to put in, pour in पड़ना -- to be put in, poured in

क्या तुमने नमक डाला है ? क्या नमक पड़ा है ?

'Have you put in the salt?' 'Has the salt gone in?'

As must be clear from this last example an antitransitive can sometimes be indistinguishable from an underived intransitive. It is only from context and from a knowledge of the speaker's intentions that one can be sure that he means 'Has the salt been added?' and not 'Has the salt fallen?' It follows from this that there is nothing in principle to prevent the derivation of antitransitives from transitives which are themselves derived from intransitives. For example, in

मज़दूरों ने प्लेटफ़ार्म गिराने की कोशिश की पर वह नहीं गिरा ।
'The workers attempted to knock down the platform but it wouldn't come down.'

the verb in the second clause is not the basic intransitive गिरना 'to fall' but the antitransitive गिरना 'to be knocked down' derived from the transitive गिराना 'to knock down' which in turn is derived from basic intransitive गिरना. Another example:

ज़िन्दगी मौत को ख़ूब मनाती है पर मौत नहीं मानती ।
'Life tries to bring Death around but Death doesn't listen.'

It is even possible to derive an antitransitive from the derived transitive form of an ingesto-reflexive (see 8):

भई, बच्ची तुमसे दही नहीं खाएगी ।
'You won't be able to feed the child her yoghurt.'

Here खाएगी is not a form of basic खाना but an antitransitive derived from खिलाना. (For the use of से see section 17A.)

Drill 16A. Derived intransitive verbs (antitransitives).

Vocab.   X के बिना -- without X   सवेरा m 36 -- morning
         तरकीब f 2 -- stratagem   X भर का -- a whole X of
         आंखें फोड़ना -- to strain one's eyes

Choose the correct alternatives.   Example:

भैया के बिना हमारी दीवाली कैसे मनेगी / मनाएगी ?   Key: मनेगी

१ वाटरगेट के राज़ का खुलना / खोलना अनिवार्य था ।

२ केले वैसे तो बढ़िया नहीं हैं ।   उनका दाम तो कैसे बढ़ोगे/बढ़ाओगे ?

३ हरेक कोई सौन्दर्य की ओर थोड़ा - बहुत खिंचता / खींचता है ।

४ मेरी चचेरी बहन की शादी अरेंज करने में चाचाजी को कोई तरकीब
    निकलनी / निकालनी पड़ेगी ।

५ मेरी ज़िन्दगी की कहानी सुनते वक़्त उसकी आंखें ताज्जुब से चमक/चमका
    रही थीं ।

६ दुनिया के रहते पृथ्वी का फिरना जारी रहेगा / रखेगा ।

७ ज्यों ही बादल दूर होंगे (त्यों ही) हमें तारे दिखाई देने / देखने लगेंगे ।

८ दादाजी को सवेरे तक स्तोत्र पढ़ते पढ़ते अपनी आंखें फूटने / फोड़ने की
    आदत थी ।

९ बचपन का अन्त तब आता है जब जवान लोग अपने आप को समझने /
    समझाने लगते हैं ।

१० उनके नई दुकान खुलते/खोलते ही बाज़ार में भीड़ बढ़ने/बढ़ाने लगी ।

११ कुछ लोगों के ख़्याल में घटिया किताबें जलना/जलाना उचित है ।

१२ दुनिया भर का ज्ञान प्राप्त हुआ /किया पर अपने ग़म का इलाज नहीं
    मिला ।

Drill 16A. Key.

१ खुलना (or खोलना) २ बढ़ाओगे 3 खिंचता है ४ निकालनी
५ चमक रही थीं ६ रहेगा ७ दिखाई देने ८ फोड़ने ९ समझने
१० खोलते ही; बढ़ने ११ जलाना १२ प्राप्त हुआ or प्राप्त किया

Drill 16B. Derived intransitive verbs (antitransitives).

Vocab. ऊन m 7 -- wool
उखाड़ना 6 -- to uproot
सोना m 34 -- gold
तोलना 6 -- to weigh
मुसीबत f 16 -- misfortune
बाल्टी f 2 -- bucket
बरदाश्त करना 2 -- to tolerate
दिल m 61 -- heart
प्रेमपत्र m 2 -- love-letter

By dropping agents and changing stems, find the antitransitive equivalents of the following. Example:

क्यों, जनाब, आप क्या सोचते हैं ? क्या हम इस क़िस्म की बकवास बेच पाएंगे ?

क्यों, जनाब, आप क्या सोचते हैं ? क्या इस क़िस्म की बकवास बिक पाएगी ?

१ भई, मैं यह काम रविवार तक नहीं कर पाऊंगा ।

२ काश्मीर में औरतें घर पर ऊन के स्वेटर बुनती हैं ।

3 हम गन्ना आसानी से नहीं उखाड़ सकते हैं ।

४ इस बार भैया की वजह से मेरी वर्षगांठ खूब अच्छी तरह मनाई जाएगी ।

५ मुझे क्या पता था कि तुम उसे इतनी जल्दी मना लोगे ?

६ सब से अच्छा कुत्ता सोने में तोला गया ।

७ मैंने बाल्टी दूध से भर दी ।

८ मैंने बाल्टी में यही कोई आठ सेर दूध भर लिया ।

९ गीता ने शादी के बाद अपने प्रेमपत्र होटल में छोड़ दिये ।

१० मेरे ख़्याल में आपको उसकी किताब जल्दी छापना चाहिये ।

११ मां ने बरतन मांजने शुरू कर दिये ।

१२ वे बरदाश्त नहीं करेंगे कि हर कोई उनकी बेटी का दिल तोड़े ।

१३ बढ़इयों को कुर्सियां फ़ौरन बनाना चाहिये था ।

१४ मैं अविनाश के साइकिल लाने का इन्तज़ार कर रहा था ।

१५ अगर तुम नहीं चाहते कि मैं तुम्हें पीटूं तो चुप रहो ।

१६ तुम अपनी मुसीबत की कहानी सुनाकर कस्टमवालों को नहीं रुलाओगी ।

Drill 16B. Key.

१ भई, यह काम रविवार तक नहीं हो पाएगा ।
२ काश्मीर में घर पर ऊन के स्वेटर बुनते हैं ।
३ गन्ना आसानी से नहीं उखड़ सकता ।
४ इस बार भैया की वजह से मेरी वर्षगांठ ख़ूब अच्छी तरह मनेगी ।
५ मुझे क्या पता था कि वह इतनी जल्दी मन जाएगा ?
मान जाएगा ?
६ सब से अच्छा कुत्ता सोने में तुला ।
७ बाल्टी दूध से भर गई ।
८ बाल्टी में यही कोई आठ सेर दूध भर गया ।
९ शादी के बाद गीता के प्रेमपत्र होटल में छूट गये ।
१० मेरे ख़्याल में उसकी किताब जल्दी छपनी चाहिये ।
११ बरतन मंजने शुरू हो गये ।
१२ उन्हें बरदाश्त नहीं होगा कि उनकी बेटी का दिल टूटे ।
१३ नई कुर्सियां फ़ौरन बननी चाहिये थीं ।
१४ मैं साइकिल (के) आने का इन्तज़ार कर रहा था ।
मुझे साइकिल (के) आने का इन्तज़ार था ।
१५ अगर तुम नहीं पिटना चाहते तो चुप रहो ।
१६ तुम्हारी मुसीबत की कहानी सुनकर कस्टमवाले नहीं रोएंगे ।

Exercise 16. Derived intransitive verbs (antitransitives).

Translate into Hindi using the antitransitive wherever possible.

1. For (में) very little money 7 acres of land were obtained.

2. Come here so that your tika may be put on right (ठीक से).

3. Are the mountains (पहाड़ m 19) of the moon visible through this telescope?

4. Rooms are being cleaned; spices are being ground; candy is being made; Son-in-law is about to come (आनेवाला).

5. Look, it's not a question of the book's selling but (बल्कि) of it's getting printed.

6. When she smiles, every glance is drawn in her direction.

7. Hey you fool! Get back! Don't you hear the sound (आवाज़ f 43) of the train?

Key.

१ बहुत कम / थोड़े पैसों में सात एकड़ ज़मीन प्राप्त हो गई । / मिल गई ।

२ यहां आओ ताकि तुम्हारा टीका ठीक से लगे (or लग सके) ।

३ क्या चांद के पहाड़ इस दूरबीन से दिखाई देते हैं ? / दिख सकते हैं ?

४ कमरे साफ़ हो रहे हैं, मसाले कुट/पिस रहे हैं, मिठाइयां बन रही हैं, दामादजी आनेवाले हैं ।

५ देखो, सवाल किताब के बिकने का नहीं बल्कि छपने का है । देखो, बात किताब के बिकने की नहीं बल्कि छपने की है ।

६ जब वह मुसकराती है (तब) हर नज़र उसकी ओर खिंच जाती है ।

७ ए बेवकूफ़, पीछे हट ! क्या तुझे गाड़ी की आवाज़ नहीं सुनाई देती (or दे रही) ?

Chapter Seventeen

17A. Incapacity.

In Hindi the inability to perform an action can be expressed by using the passive with negation:

बस! बस! मुझसे इतने पकौड़े खाए नहीं जाएंगे ।

'Enough! Enough! I won't be able to eat this many pakoras.'

This is the one use of the passive in colloquial Hindi which freely permits the expression of the agent. The accompanying postposition, however, is not के द्वारा but से:

शशिकान्त बहुत दिनों से बीमार है । उससे काम नहीं किया जाता ।

'Shashikant has been sick for ages. He can't work.'

The passive of incapacity can be used with intransitive as well as transitive verbs. Since in such cases there is no subject, the verb must assume masculine singular form:

मैं इतनी थक गई हूं कि मुझसे खड़ा भी नहीं हुआ जाता ।

'I have gotten so tired I can't even stand up.'

For those transitive verbs that have antitransitive counterparts, there is a second means of expressing incapacity:

मुझ अकेली से यह सामान नहीं { बांधा जाएगा । / बंधेगा । }

'I can't tie up this luggage by myself.'

The passive and the antitransitive of incapacity sometimes include a form of the verb सकना 'to be able':

बन्दा इतना मोटा है कि तीन आदमियों से भी न { उठाया जा सके । / उठ सके । }

'The guy's so fat that even three men couldn't lift him.'

The passive and the antitransitive of incapacity are used in certain contexts which are not overtly negative: questions,

१५३
एक सौ तिरपन

especially those that expect a negative answer:

बस एक ही दिन में तुम से इतना काम { किया जाएगा ? / हो जाएगा ? }

'Will you be able to do so much in a single day?'

तुझे सब जगह का पता है कि कहां-कहां जाया जा सकता है बाहर ?

'Do you know all the places that you (or "one") can go to in the outside world?' (from आधे अधूरे page 86)

in if-clauses:

आपसे अगर यह बयान { किया जा सके / हो सके } तो हम भी सुनें ।

'If you can bear to describe it, we'd like to hear, too.'

with certain expressions of negative connotation: शायद ही 'hardly'; मुश्किल से ही 'with difficulty':

मेरी वेस्पा की ऐसी हालत है कि शायद ही स्टार्ट { हो सके । / की जा सके । }

'The shape my Vespa's in I'm not likely to get it started.'

दिल्ली इतनी दूर थी कि मुश्किल से ही वहां पहुंचा जाता था ।

'Delhi was so far away that only with difficulty could one get there.'

and in certain cases where the negative word has "travelled" into a different clause:

मुझे नहीं लगता कि हिन्दुस्तान के राजाओं से अपने पुराने हक़ जल्दी त्याग { हो सकेंगे । / किये जा सकेंगे । }

'It doesn't seem to me that India's royalty will be able quickly to relinquish their ancient prerogatives.'

Drill 17A. Incapacity.

Vocab. नज़र आना -- to be visible
ही सही -- even if
आदत f 25 -- habit
कमाल है -- Amazing!
चढ़ना 49 -- to climb
डाकू m 8 -- highwayman
राम जाने -- God (only) knows
X के मारे -- out of X
लादना 7 -- to load
चलाना 2 -- to fire (a gun)
तो सही -- will you? (renders imperative more emphatic)
ऊपरवाला m 1 -- God
जलेबी f 2 -- a pretzel-shaped sweet deep fried in oil

Answer the questions using the item in parentheses in some form of the passive or antitransitive of incapacity. Example:

कुछ भी कहो, सिगरेट पीने की आदत तुमको छोड़ ही देनी चाहिये।
अरे क्या कहूं? वह साली एक आदत है जो मुझसे ___-गी। (छोड़ना)

Key: नहीं छूटेगी, नहीं छूट सकेगी, नहीं छोड़ी जा सकेगी.

१ बोलो, हमारे साथ नाचने चलोगे आज?
क्यों भई, यहां कोई जगह है जहां _____ सके? (नाचने जाना)

२ क्या अजित ने बताया कि उसको कल दूध में क्या मिला?
छी! चुप! मुझसे उस क़िस्म की कहानियां _____ -गी। (सुनना)

3 तुम्हारे अगर चोट लगी तो अस्पताल में क्यों नहीं गईं?
बात यह थी कि मेरे पैर में इतनी तकलीफ़ थी कि _____ -ता था।
(खड़ा भी होना)

४ कहो, उस चट्टान के ऊपर सारे खेत नज़र नहीं आएंगे? चलो न!
अरे, वह चट्टान नहीं, पहाड़ है। उसपर मुझसे _____ -गा। (चढ़ना)

५ यह सवाल मास्टर से पूछने की हिम्मत है उसकी?
अबे, छोड़! मास्टर के सामने उससे ______-गा। (मुंह भी खोलना)

६ टैक्सी ड्राइवर से कहो कि वह छत से सामान उतार दे।
वह इतना बूढ़ा है कि राम जाने उससे _____ ही कैसे _____?
(लादना, use past)

७ मुन्ने को कब तक चिल्लाते रहने दोगे? उसे कुछ खिलाओ तो सही।
साहब, उसको अपनी मां की इतनी आदत है कि मुझसे ___-गा। (खिलाना)

८ ऐ, भगवान। बस करो। एक दिन के लिये ही सही, अपना हाथ रोको।
ऊपरवाले का नाम क्यों लेते हो? क्या कभी किसी से _____ है?
(उसका हाथ रोकना, use present perfect)

९ लो, पण्डितजी। और जलेबियां खाने पर क्या एतराज़ है?
अरे, जो खाई हैं वह सब मुझसे ___। चलो ठीक है। एक और दो।
(हज़्म करना)

१० हलो, ठुम्मी! राजस्तान की ट्रिप कैसी रही?
पूछो मत! वहां की हवा इतनी गरम थी कि ______। (सांस भरना)

११ कमाल है! उनके पास बन्दूक भी थी और फिर डाकू सारा माल मार गए?
तो? अगर डर के मारे ______-ता तो बन्दूक कैसे ______-गी?
(हाथ उठाना; चलाना)

१२ जल्दी आ जा, डार्लिंग! तेरे बिना मुझसे ______। (रहना)

Drill 17A. Key.

१ नाचने जाया जा सके? २ नहीं /सुनी जा सकेंगी। // सुनी जाएंगी।/ 3 मुझसे खड़ा भी न हुआ / जा सकता था। // जाता था।/ ४ नहीं चढ़ा /जाएगा। // जा सकेगा।/ ५ मुंह भी न / खोला जा सकेगा। // खोला जाएगा। // खुल सकेगा। // खुलेगा।/ ६ यह लदा ही कैसे? यह लद ही कैसे सका? लादा ही कैसे / गया? // जा सका?/ ७ नहीं / खा सकेगा। // खाएगा।/ ८ उसका हाथ / रोका जा सका है? // रोका गया है? // रुक सका है? // रुका है?/ ९ हज़्म नहीं /की जा सकेंगी। // की जाएंगी। // हो सकेंगी। // होंगी।/ १० सांस नहीं /भरी जा सकती थी। // भरी जाती थी।/ ११ Any one of हाथ नहीं / उठाया जा सकता // उठाया जाता // उठ सकता // उठता/ and any one of /चलाई जा सकेगी? // चलाई जाएगी? // चल सकेगी? // चलेगी?/ १२ रहा नहीं /जाता। // जाएगा।/

Exercise 17A. Incapacity.

Translate the following into Hindi using the passive or the
antitransitive of incapacity wherever possible.

1. My daughter won't be able to get down from such a big horse
    (घोड़ा m 45).
2. A three-legged dog cannot run (दौड़ना 75) as fast (तेज़ 36)
    as a four legged one (टांग f 5).
3. Actually I don't think (सोचना) that I'll be able to clean
    the house alone.
4. Nobody could sew such beautiful clothes in a hundred years!
5. If you can get your tika on right without a mirror (शीशा m
    7), then go ahead (लगाना).
6. How could such thick cloth get torn by such a little boy?
7. Amazing! Even her own mother cannot feed this girl (her)
    milk.

Key.

१ मेरी बेटी से इतने बड़े घोड़े से नहीं / उतरा जा सकेगा। // उतरा जाएगा।/
२ तीन टांगों वाले कुत्ते से उतना तेज़ दौड़ा नहीं / जा सकता //जाता /
   जितना चार टांगों वाले से ।
३ वैसे तो मैं नहीं सोचता कि मुझ अकेले से घर साफ़ /किया जा सकेगा ।//
   किया जाएगा । // हो सकेगा । // होगा । /
४ किसी से इतने सुन्दर कपड़े सौ साल में भी नहीं / सीए जा सकेंगे । // सीए
   जाएंगे । // सिल सकेंगे । // सिलेंगे ।/
५ अगर तुमसे शीशे के बिना टीका ठीक से /लगाया जा सकता है // लगाया
   जाता है //लग सकता है //लगता है / तो लगा लो ।
६ इतना मोटा कपड़ा इतने छोटे बच्चे से कैसे /फाड़ा जा सका ? // फाड़ा
   गया ? //फट सका ? // फटा ? /
७ कमाल है! इस लड़की को उसकी मां से भी दूध नहीं / पिलाया जा
   सकता । // पिलाया जाता । /
   कमाल है ! यह लड़की अपनी मां से भी दूध नहीं / पी सकती ।//पीती ।/

17B. Disappearing का of patient.

In section 12B a number of expressions were examined which require the postposition का (or की) with their patients:

तुम किसकी प्रतीक्षा कर रहे हो ? 'Who are you waiting for?'

A certain number of such expressions may occur either with or without का of patient:

सुख पाने के लिये कभी कभी अपने हक़ का / अपना हक़ त्याग करना पड़ता है ।

'Sometimes, in order to find happiness, one must relinquish one's rights.'

उनके सामने यह शब्द / इस शब्द का कभी प्रयोग किया तो पता चलेगा ।

'If you ever use this word in front of him then you'll know!'

When का of patient is deleted the patient becomes the direct object. This means that in certain tenses (see 3A) the verb will agree in gender and number with the patient:

भैया ने अपनी ताक़त इस्तेमाल की । 'Brother used his strength.'

If का of patient is not dropped some part of the verbal expression remains direct object. Then, in ने-tenses, the verb agrees with it, and not with the patient:

दीदी ने अपनी अक़्ल का इस्तेमाल किया । 'Sister used her wits.'

There are many Hindi expressions made up of a verb like करना or होना plus some other element which never show का of patient: शुरू करना, पसन्द करना, पसन्द होना, etc. No way has been found to predict which of such expressions always take का of patient; which never do; and which sometimes do, sometimes don't. For example महसूस करना, अनुभव करना and एहसास करना are three nearly synonymous expressions meaning 'to experience, to feel'. Yet the first never takes का of patient, the second may or may not, the third requires it:

अब निक्सन क्या महसूस कर रहे होंगे!!
'What Nixon must be feeling now!!'

इन्स्पेक्टर के सामने गुंडे डर (का) अनुभव करने लगे ।
'In front of the police chief the hooligans began to experience fear.'

ज़िन्दगी में उसने पैसे की दिक़्क़त का एहसास कभी नहीं किया ।
'He never felt difficulty over money in his life.'

However, a few hints can be given. I. If an expression contains an adjective, it never has का of patient -- thus ख़ाली करना, महसूस करना/होना, पसन्द करना/होना, प्रयुक्त करना 'to use', etc. However, often knowledge of Persian, Arabic or Sanskrit is needed in order to tell what is an adjective and what is not. II. If such an expression contains a noun which is itself modified by an adjective, का of patient must appear:

चोर ने अपने दिमाग़ का सही इस्तेमाल / प्रयोग नहीं किया ।

'The thief made bad use of his intelligence.'

In some cases the presence or absence of का reflects a difference in meaning. नक़ल करना when used without का simply means 'to make a copy':

इस पत्र को नक़ल कीजिये । 'Copy this letter.'

But with का of patient it can mean 'to mimic, imitate':

लड़के मास्टर की नक़ल करते हैं । 'The boys mimic the teacher.'

Drill 17B. Disappearing का of patient.

Vocab. ख़त m 11 -- letter जन्म (जनम) m 32 -- birth
X (की) कल्पना करना -- to conceive of X
X (का) दान देना -- to donate X (as alms)
हाज़मा m 2 -- digestion (हज़म 3 -- digested)
तैरना 2 -- to swim विदेशी mf 16 -- foreigner

In the following delete all instances of disappearing का and reinstate any का that has disappeared. Examples:

आपको मेरे सुझाव की अभी भी याद होगी।

आपको मेरा सुझाव अभी भी याद होगा।

प्राध्यापक ने अपने काम में फ़्राइडियन थ्योरी प्रयोग की।

प्राध्यापक ने अपने काम में फ़्राइडियन थ्योरी का प्रयोग किया।

१ थाइलैंड में लड़ते वक़्त पैर भी इस्तेमाल होते हैं।

२ अम्मां तुमको पीटने का अफ़सोस कर रही है।

३ जब मैं याद आऊं तब अपने कुशल के दो शब्द भेजना।

४ पण्डित जेबें ख़ाली करने में तो आपकी बड़ी ही मदद करेंगे।

५ बांस काटने के काम का बयान करो।

६ मां-बाप के सामने गालियां प्रयोग करना अच्छा नहीं है।

७ अपनी नाव के डूबने के बाद कप्तान को बहुत ग़म महसूस हुआ।

८ आजकल विदेशियों का विश्वास करना असंभव है।

९ उनका विचार पहाड़ों में सोना तलाश करने का है।

१० तुमने भगवान के लिये किन-किन चीज़ों का त्याग किया ?

११ मेरी सहेली अपने मायके के ख़त का इन्तज़ार कर रही थी।

१२ आदमी जितना प्राप्त कर ले उतनी ही ज़्यादा ज़रूरतें अनुभव करता है।

13 जब तक मेरा जनम हुआ तब तक आइन्स्टाइन ने रेलाटिविटी की थ्योरी को कल्पना कर लिया था।

१४ तवा लेने जाना है। मेरा बाज़ार तक साथ दोगी ?

१५ होरी को क़िस्मत से यह शिकायत थी कि उसको ज़िन्दा रहते हुए ब्राह्मणों को गाय दान देने नहीं दी गई थी।

१६ बेटे, हाज़मे का थोड़ा ख़्याल रखो। जब तक खाना हज़म नहीं होता तब तक तैरने न जाना।

Drill 17B. Key.

१ ...पैरों का भी इस्तेमाल होता है। २ no change 3 जब मेरी याद आए... ४ no change ५ बांस काटने का काम बयान करो। ६ ...गालियों का प्रयोग... no change ८ no change ९ ...सोने की तलाश... १० ...क्या-क्या चीज़ें त्याग कीं ? ११ no change १२ ...उतनी ही ज़्यादा ज़रूरतों का अनुभव करता है। 13 first clause: no change; second clause: ...थ्योरी की कल्पना कर ली थी। १४ no change १५ ...गाय का दान देने नहीं दिया गया था। १६ no changes

Exercise 17B. Disappearing का of patient.

Translate into Hindi using expressions which govern disappearing का of patient.

1. To tie a tiger you will have to use (प्रयोग) a thick rope.

2. I'd copied her address from an old envelope.

3. The soldiers are searching for the armies of the enemy (दुश्मन m 5).

4. The Thakur (ठाकुर m 1) is not in favor of the peasants using (इस्तेमाल) his well.

5. Whenever (जब भी) she hears this song, she remembers her (music) teacher.

6. Everyone feels the need for friends.

Key.

१ शेर को बांधने के लिये (तुम्हें) मोटी रस्सी /का प्रयोग करना पड़ेगा। // प्रयोग करनी पड़ेगी। /

२ मैंने एक पुराने लिफ़ाफ़े से / उसका पता नक़्ल किया था। // उसके पते की नक़्ल की थी। /

3 सिपाही दुश्मन की /सेनाओं की // सेनाएं/ तलाश कर रहे हैं।

४ ठाकुर किसानों / के उसके कुएं का इस्तेमाल // के उसका कुआं इस्तेमाल/ करने के हक़ में नहीं है।

५ जब भी वह यह गाना सुनती है (उसे) / अपने संगीत के उस्ताद की याद आती है। // अपना संगीत का उस्ताद याद आता है। /

६ हर एक दोस्तों की ज़रूरत(का) अनुभव करता है।
हर एक को दोस्तों की ज़रूरत / अनुभव होती है। // का अनुभव होता है। /

Chapter Eighteen

18A. Attaching verb to verb with V-ता and V-ते .

V-ता (or V-ता हुआ) is used as a complementizer with verbs of perception (सुनना, देखना, etc.) and with verbs of apprehension (पाना, पकड़ना, छोड़ना , etc.):

रोज़ हम उसके बंद अंधेरे कमरे में फ़ोन बजता सुनते थे ।
'Every day we heard the phone ring in his dark shut-up room.'

पुलिस ने उसकी नाव नदी में तैरती हुई पाई ।
'The police found his boat floating in the river.'

If the object of the verb of perception or apprehension is followed by को , then V-ता usually assumes the form V-ते:

मैंने एक बार उसको मैदान में दौड़ते (हुए) देखा था ।
'Once I'd seen him (as he was) running in the (playing) field.'
(Note that this could also mean: "Once I'd seen him while I was running in the (playing) field."

However, if the verb governing V-ता is intransitive or if there is no को of patient to interfere, agreement is possible:

अक्सर एक बूढ़ी औरत नमाज़ पढ़ती हुई सुनाई देती थी ।
'Often an old woman was heard reading Namaz.'

बाद में पता चला कि वह चोरी करता पकड़ा गया था ।
'Later we found out that he'd been caught stealing something.'

Notice in particular the use of V-ता with महसूस करना / होना:

मैं तबीयत सुधरती महसूस कर रहा हूं ।
मुझे तबीयत सुधरती महसूस हो रही है ।
'I feel I am getting better.'

V-ते (or V-ते हुए) is also used as a complementizer with

certain expressions of emotion:

क्यों शीला! तुम्हें यूं गाली देते शरम नहीं आती ?
'Why Shila! Aren't you ashamed to swear like that?'

वह हेड के मुंह पर यह कहते (हुए) डरनेवाली नहीं है ।
'She's not one to be afraid to tell the headmaster to his face.'

बोल बे! तुझे छींकते मज़ा आता है जो दवा नहीं लेता ?
'Tell me, do you enjoy sneezing so much that you won't take your medicine?'

V-ते (हुए) with verbs of emotion alternates with V-ने से (see section 23A) and with V-ने में (with some differences in meaning):

मैं लारियों से आगे निकलते हुए / निकलने से (or में) डरता हूं ।   'I'm afraid to overtake trucks.'

Drill 18A. Attaching verb to verb with V-ता and V-ते .

Vocab. (X से) प्रार्थना करना -- to pray (to X)   अल्लाह m 2 -- Allah
ज़ोर पकड़ना -- to pick up, get worse   कमज़ोर 21 -- weak
ज़बरदस्ती 6 -- by force   जान f 25 -- life
X की तारीफ़ करना -- to praise X
X को बुख़ार आना -- for X to get a fever

Answer the following questions using either V-ता or V-ते .
Examples:

छात्र शोर मचा रहे हैं । क्या आप उनको नहीं सुनते ?

हां, मैं छात्रों को शोर मचाते हुए सुनता हूं ।
(नहीं, मैं छात्रों को शोर मचाते हुए नहीं सुनता ।)

क्या तुमने पंडित को उस समय छोड़ा था जिस समय वे प्रार्थना कर रहे थे ?

हां, मैंने पंडित को प्रार्थना करते हुए छोड़ा था ।

१ गुंडे रास्ते में बोतलें फोड़ रहे थे ।   क्या आपने उनको देखा ?

२ जिस समय चोर चोरी कर रहा हो उसको उसी समय पकड़ना चाहिये, न ?

३ मार्च में हम होली मनाते हैं ।   तब मज़ा आता है, न ?

४ प्यार के मारे मेरा दिमाग़ कमज़ोर हो रहा है ।   यह नज़र आ रहा
   है, न ?

५ जब आप गांधीजी से मिले तब क्या आपको ख़ुशी हुई ?

६ अब गरमी ज़ोर पकड़ रही है ।   लगता है, न ?

७ सरकार हमारे पैसे ज़बरदस्ती लेती है ।   क्या सरकार को शरम आती
   है ?

८ मस्जिद में अल्लाह की तारीफ़ की जाती है ।   आपने कभी सुना है ?

९ (आपके चेहरे से लगता है कि) आपको बुख़ार आ रहा है ।   क्या आप
   यही महसूस कर रहे हैं ?

१० कभी अपने देश के लिये जान देनी पड़ती है ।   क्या असली देशभक्त
    डरेगा ?

Drill 18A. Key.

Mostly affirmative answers.

१ हां, मैंने गुंडों को रास्ते में बोतलें फोड़ते हुए देखा ।
२ हां, चोर को चोरी करते हुए पकड़ना चाहिये ।
३ हां, हमें होली मनाते हुए मज़ा आता है ।
४ हां, तुम्हारा दिमाग़ कमज़ोर होता (हुआ) नज़र आ रहा है ।
५ हां, मुझे गांधीजी से मिलते हुए ख़ुशी हुई ।
६ हां, गरमी ज़ोर पकड़ती हुई लगती है ।
७ नहीं, सरकार को हमारे पैसे ज़बरदस्ती लेते शरम नहीं आती ।

८ हां, मैंने मस्जिद में अल्लाह की तारीफ़ होती/की जाती सुनी है ।

९ हां, मैं बुख़ार आता महसूस कर रहा हूं ।
१० नहीं, असली देशभक्त अपने देश के लिये जान देते हुए नहीं डरेगा ।

Exercise 18A. Attaching verb to verb with V-ता and V-ते .

Translate into Hindi.

1. They must enjoy making people late like this.
2. Hearing the baby cry the lady of the house ran inside.
3. In the end (अन्त) we found them walking around (घूमना) in the cane fields, laughing (and) singing songs.
4. As soon as I drank the medicine I began to feel relief (आराम होना).
5. You should be ashamed to sell such lousy stuff (माल) at (पर) such high prices.
6. Mind (ध्यान देना) the fire a bit. The tavaa seems to be getting too hot.
7. You'll perhaps be surprised to hear that Chinese children are allergic to milk.

Key.

१ लोगों को इस तरह देर कराते (हुए) उन्हें खुशी होती होगी ।
मज़ा आता होगा ।

२ मुन्ने को रोते (हुए) सुनते ही / सुनकर घरवाली अन्दर भागी । / दौड़ी ।

३ अन्त में हमने उनको गन्ने के खेतों में हंसते हुए, गाने गाते हुए, घूमते हुए पाया ।

४ दवा पीते ही मैं आराम होता (हुआ) महसूस करने लगा ।
मुझे आराम होता (हुआ) महसूस होने लगा ।
(also ज्यों ही मैंने दवा पी... or जैसे ही मैंने दवा पी...)

५ इतना घटिया माल इतने ऊंचे दामों पर बेचते (हुए) आपको शरम आनी चाहिये ।

६ आग की तरफ़ ज़रा ध्यान दो । तवा ज़्यादा गरम होता (हुआ) लगता है । / नज़र आ रहा है ।

७ आपको यह सुनकर / सुनते हुए शायद ताज्जुब होगा कि चीनी बच्चों को दूध से ऐलर्जी है ।

18B. Conjunctives.

In Hindi two or more actions may be expressed in a sequence
of verbs of which only the last has an ending marking tense. The
others, having either the ending कर or के (or, in colloquial
Hindi, करके), are called conjunctives. They are understood to
have the same tense and mood as the final verb:

भाभी ने आराम कुरसी में बैठकर एक लम्बी सांस भरी ।
'Sister-in-law sat down in an easy chair and took a deep
breath.'

कपड़े बदलकर खाना खाने आना ।
'Change your clothes and come to dinner.'

Here the tense of बैठकर is interpreted as past; while the mood
of बदलकर is interpreted as future imperative. If the final verb
is itself dependent on some other verb this dependency may apply
to the forms ending in कर too:

तुम्हें ताक़त समेटकर पूरे ज़ोर से रस्सी खींचनी पड़ेगी ।
'You'll have to collect your strength and haul on the rope
with all your might.'

कर, के or करके are sometimes deleted:

उससे पूछ आओ कि क्या हुआ ।
'Go ask her what happened (and come).'

The conjunctive of करना is formed only in के , not in कर:

बरतन मांजने का काम ख़तम करके महरी घर चली गई ।
'Completing the job of scouring pots, the scullery maid
went home.'

The agents of the conjunctive and the final verb are the
same. This applies even to the understood agents of passives or
antitransitives:

बाहर के लोगों पर घर में बैठ कर हंसा जा सकता है । (Schumacher, p. 20)
'Outsiders can be laughed at (by people) sitting at home.'

यह बांस काटकर एक छोटी नाव बन सकेगी ।
'Cutting these bamboo (we) will be able to build a small boat.'

In fact, just what may qualify as the agent of the final verb
must be interpreted quite broadly. For instance, the possessor
of a body part is considered an agent, at least for the purpose
of construing a conjunctive:

क्या दो ऐस्प्रो निगलकर तुम्हारा सिरदर्द ठीक हो जाएगा ?
'After swallowing two Aspros, will your headache get better?'

The use of ने or को or का of agent is controlled by the
final verb:

सर्वशक्तिमान ने पृथ्वी पर आकर वृन्दावन में जनम लिया ।
'Coming to earth the All-powerful took birth in Vrindavan.'

दिल्ली जाके हमको घर तलाश करने की परेशानी होगी ।
'Going to Delhi we'll have the bother of looking for a house.'

मेरा यह सुनकरके हंसने को मन हुआ ।
'Hearing this I had the urge to laugh.' (colloquial)

The verb in the conjunctive cannot be one that gets का of agent
(see 11B) or को (see 4C). The passive cannot occur as a conjunc-
tive. Nor can a compound verb or a modal verb like सकना or
पाना.

Typically the conjunctive stands in for a conjunction like
और तब 'and then':

अच्छा दुकानदार कुछ भी पसन्द कराकर लोगों को बेच सकता है ।
'A good shopkeeper can get people to like anything <u>and then</u>
sell it to them.'

Naturally the actions expressed by the conjunctive are seen as

leading up to the action expressed by the final verb. It is pos-
sible to emphasize this relation by repeating the verb stem in
the conjunctive and by making the final verb compound:

बिल्ली चूहे को नचा-नचाकर आख़िर उसे खा गई ।

'Playing with the mouse (for a long time) the cat finally
ate him.'

By using भी after the conjunctive, one can express the opposite
relation between actions (result Y occurs despite action X):

ब्रह्मसूत्र दुबारा पढ़कर भी समझ नहीं आ रहा ।

'Even on rereading the Brahmasutra I can't understand it.'

Since the action expressed by the conjunctive usually leads up
to the final action, it is not surprising to find cases where
it is the cause of the final action:

पूरे दिन दवाएं कूट-कूटकर कम्पाउण्डर थक गया ।

'The pharmacist got tired from pounding medicines all day.'

The conjunctive may also express not an action as such but
the manner in which the final action is performed:

बड़े आदमी होकर भी वे हमसे दिल खोलकर बोले ।

'Even though he is a big man he spoke very openly with us.'

Certain conjunctives have become fixed as adverbs of manner:

तूने मेरे जान-बूझकर मारा ।   नहीं, यूं ही लग गया ।

'You hit me on purpose.' 'No, I didn't. It was an accident.'

It is in such fixed expressions that the same-agent rule is some-
times broken:

कल सुबह चार बजकर तीस मिनट पर सब सिपाही इकट्ठे होंगे ।

'All the soldiers will muster tomorrow morning at
four-thirty.'

ऐसे मौसम में ठण्ड लगकर बुख़ार आ जाने का डर है ।

'In such weather (a person) is liable to get a chill and
come down with a fever.'

For more on the conjunctive in Hindi see Dwarikesh 1971 and
Schumacher 1977.

Drill 18B. Conjunctives.

Vocab.   X की पूजा करना -- to worship X, do puja to X
          बाग़ m 9 -- garden, park   पुरुष m 63 -- man
          स्त्री f 84 -- woman   स्वभाव m 22 -- nature
          चिट f 2 -- a short letter or note, a chit

    Convert the following sets into single sentences by using
the conjunctive.

Example: बस पुजारी का भक्तों से पैसे लेने का काम है । बस उसका उन
          पैसों से अपना पेट भरने का काम है ।   can be rephrased as:

          बस पुजारी का भक्तों से पैसे लेकर अपना पेट भरने का काम है ।

१ बहू ने बाज़ार में भीड़ देखी ।   वह गुस्सा होने लगी ।

२ बूढ़ा प्लेटफ़ार्म के किनारे गया ।   उसने थूका और नाक साफ़ की ।

३ हमने सब देवताओं की पूजा कर ली है ।   हम थक गए हैं ।

४ किसानों ने शेर की आवाज़ सुनी ।   उनको घर जाने की जल्दी हुई ।

५ सरदार का गांव जाने को जी करता है ।   उसका अपने खेतों में रहने
   को जी करता है ।

६ हम यहां साइकिल छोड़ सकते हैं ।   हम बाग़ में घूमने जा सकते हैं ।

७ क्या साइकिल यहां छोड़ी जा सकती है ?   क्या कहीं घूमने जाया जा
   सकता है ?

८ स्त्री-पुरुष अपने कपड़े बदल सकते हैं ।   पर वे अपना स्वभाव नहीं बदल

सकते।

९ यूं इच्छाएं मारने से क्या मिलेगा ? यूं अपनी तबीयत ख़राब करने से क्या मिलेगा ?

१० इन्स्पेक्टर की यह चिट लो। कस्टम-वालों से पूछना कि क्या मामला है। तब आना।

११ दूसरों को खुश किया जाए। (तभी) असली सुख का एहसास किया जाता है।

१२ अगर तू दिन भर इधर-उधर भागती रहेगी तो आख़िर तेरी क्या हालत हागी ?

Drill 18B. Key.

१ बहू बाज़ार में भीड़ देखकर गुस्सा होने लगी।

२ बूढ़े ने प्लेटफ़ार्म के किनारे जाके थूका और नाक साफ़ की।

३ हम सब देवताओं की पूजा करके थक गए हैं।

४ किसानों को शेर की आवाज़ सुनकर घर जाने की जल्दी हुई।

५ सरदार का गांव जाकर अपने खेतों में रहने को जी करता है।

६ हम यहां साइकिल छोड़कर बाग़ में घूमने जा सकते हैं।

७ क्या साइकिल यहां छोड़कर कहीं घूमने जाया जा सकता है ?

८ स्त्री-पुरुष अपने कपड़े बदलकर (भी) अपना स्वभाव नहीं बदल सकते।

९ यूं इच्छाएं मारकर अपनी तबीयत ख़राब करने से क्या मिलेगा ?

१० इन्स्पेक्टर की यह चिट लेकर कस्टम-वालों से पूछकर आना कि क्या मामला है।

११ दूसरों को खुश करके ही असली सुख का एहसास किया जाता है।

१२ दिन भर इधर-उधर भाग-भाग कर आख़िर तेरी क्या हालत होगी ?

Exercise 18B. Conjunctives.

Translate into Hindi using conjunctives wherever possible.

1. Just seeing his face I begin to get angry.

2. Dividing his gold among his sons the old shopkeeper began to await his death with great sorrow.

3. At this age what will you get falling in love (फ़िदा होना) with such a young (जवान) and beautiful woman?

4. By constantly (लगातार) sucking his thumb like this the baby's teeth (दांत m 2) will be spoiled.

5. It's the desire of the king (राजा m 88) to marry his maid-servant and make her the queen.

6. The true meaning of the Ramayana cannot be understood by reading it just once.

Key.

<table>
<tr><td rowspan="2">१</td><td>उसका मुंह</td><td rowspan="2">देखकर ही</td><td>मुझे गुस्सा आने लगता है ।</td></tr>
<tr><td>उसकी शकल</td><td>मैं नाराज़ होने लगती हूं ।</td></tr>
</table>

२ अपना सोना अपने बेटों में बांटकर बूढ़ा दुकानदार बड़े अफ़सोस के साथ

<table>
<tr><td rowspan="2">(अपनी) मौत</td><td>का इन्तज़ार</td><td rowspan="2">करने लगा ।</td></tr>
<tr><td>की प्रतीक्षा</td></tr>
</table>

3 इस उमर में इतनी (or ऐसी) जवान और सुन्दर औरत पर फ़िदा

<table>
<tr><td rowspan="2">होकर</td><td>तुम्हें क्या मिलेगा ?</td></tr>
<tr><td>तुम क्या पाओगे ?</td></tr>
</table>

४ लगातार इस तरह अंगूठा चूस-चूसकर मुन्ने के दांत खराब हो जाएंगे ।

५ राजा की यह इच्छा है कि नौकरानी से शादी करके उसे रानी बनाएं ।
राजा की नौकरानी से शादी करके उसे रानी बनाने की इच्छा है ।

६ रामायण का असली मतलब एक ही बार पढ़कर नहीं समझा जा सकता ।

Chapter Nineteen

19A. Attaching verb to verb: V-कर and V-ते V-ते .

In certain cases V-कर must be considered a complementizer rather than simply a means of conjoining clauses:

आपसे मिलकर मुझे बड़ी ख़ुशी हुई ।
'I was very happy to have met you.'

विदेशियों की नक़ल करके तुमको क्या मिलेगा ?
'What will you get out of imitating foreigners?'

यह आम चखकर देखो । 'Try (tasting) this mango.'

मैं दो फ़रलांग तैरके दिखा दूंगा ।
'I'll show (you) I can swim a quarter mile.'

Some of these are nearly equivalent to constructions in जब तक:

मैं यह किताब पूरी करके ही आराम करूंगा ।
'I won't rest until I've finished this book.'

जब तक मैं यह किताब पूरी न कर लूं तब तक आराम नहीं करूंगा ।

When the final verb expresses a culmination V-कर as a complementizer to some degree competes with V-ते V-ते:

बढ़ई दिन भर हथौड़ी {मार मारकर / मारते-मारते} ऊब गया ।
'The carpenter got tired of hammering away all day.'

However, when the final verb expresses what is in effect a reversal, only V-ते V-ते acts as a complementizer:

मरीज़ मरते-मरते बच गया । 'The patient almost died.'

राज़ खुलते-खुलते रह गया । 'The secret almost got out.'

मोटर दुर्घटना में उसका सिर फटते-फटते बच गया ।
'He almost broke his head in a car accident.'

Drill 19A. Attaching verb to verb: V-कर and V-ते V-ते .

Vocab. व्यक्ति m 44 -- individual   अख़बार m 23 -- newspaper
V-कर छोड़ना -- to be bound to V
X का पीछा करना -- to pursue X, chase X
हैरान होना -- to be appalled; to be astonished

Answer the following questions. The choice between yes and no will usually be determined by using the expression in parentheses. Answer a question in the second person with the first person and vice versa. (Do not forget section 18A.) Example:

क्या तुम लोग फ़िलाडेल्फ़िया गये ? (रह जाना)

नहीं, हम फ़िलाडेल्फ़िया जाते जाते रह गये ।

१ क्या मैं इससे शादी करूं ? (देखना)

२ क्या तुम्हारा भाई रेल-दुर्घटना में मर गया ? (बच जाना)

३ क्या चीन की ताक़त बढ़ रही है ? (नज़र आना)

४ क्या आप अख़बार पढ़ना चाहते हैं ? (थक जाना)

५ क्या कस्टमवाले हमें परेशान करेंगे ? (छोड़ना)

६ क्या यह व्यक्ति सचमुच शेर का पीछा करेगा ? (डरना)

७ क्या इस मामले को लेकर प्रेज़िडेण्ट को ख़त भेजा जाए ? (क्या मिलना)

८ क्या तुमको बुख़ार आ रहा है ? (महसूस करना)

९ बोलो, क्या तुम फिर एक बार "चोरी चोरी" देखोगी ? (ऊब जाना)

१० क्या मैं तेरे पकौड़े चखूं ? (देखना)

११ क्या एडिटर ने मेरी कविता पढ़ी ? (हैरान हो जाना)

१२ रानी साहब, क्या इस देश के दुश्मनों को भगाया जा सकेगा ? (आराम करना)

Drill 19A. Key.

१ हां, शादी कर के देखो ।

२ नहीं, वह मरते मरते बच गया ।

३ हां, चीन की ताक़त बढ़ती नज़र आ रही है ।

४ नहीं, मैं अख़बार पढ़ते पढ़ते थक गया हूं ।

५ हां, कस्टमवाले आप को परेशान करके ही छोड़ेंगे ।

६ नहीं, यह व्यक्ति शेर का पीछा करते डर जाएगा ।
हां, यह व्यक्ति शेर का पीछा करते नहीं डरेगा ।

७ नहीं, प्रेज़िडेंट को ख़त भेजकर क्या मिलेगा ?

८ हां, मैं बुख़ार आता महसूस कर रहा हूं ।
नहीं, मैं बुख़ार आता महसूस नहीं कर रहा ।

९ नहीं, मैं "चोरी चोरी" देखते देखते / देख देखकर ऊब गई हूं ।

१० हां, चखकर देख ।

११ हां, वह तुम्हारी कविता पढ़कर हैरान हो गया ।

१२ हां, मैं इस देश के दुश्मनों को भगाकर ही आराम करूंगी ।

Exercise 19A. Attaching verb to verb: V-कर and V-ते V-ते.

Translate into Hindi.

1. We were very happy to get your picture.

2. My wife's sister is bound to guess our secret.

3. The headmaster's hair came close to turning gray (सफ़ेद) because of this affair.

4. The baby must want to burp; see if you can burp her.

5. The fool will end up (छोड़ना) making the whole town laugh with his crudeness (तू-तड़ाकपन).

6. I'm tired of thinking up ways (तरकीब) to reconcile (तैयार कराना) her to marriage.

7. What will you get out of splitting (खिसकना) this party?

8. We're fed up (तंग आ जाना) with seeing these lousy (रद्दी) films.

9. Show you can love; only then will I respect you.

Exercise 19A. Key.

१ आप की तसवीर पाकर (or मिलकर) हमें बड़ी ख़ुशी हुई ।

२ मेरी साली हमारा राज़ भांपकर ही रहेगी ।

3 इस मामले की वजह से हेड के बाल सफ़ेद होते-होते / पकते-पकते रह गए ।

४ मुन्नी (or बच्ची) को डकार आ रहा होगा; उसे डकार दिलाकर देखो ।

५ अपने तू-तड़ाकपन से बेवकूफ़ सारे गांव को हंसाकर छोड़ेगा (or रहेगा) ।

६ उसे शादी के लिये तैयार / राज़ी कराने की तरकीबें सोचते-सोचते / सोच सोचकर मैं ऊब / थक गया हूं ।

७ इस पार्टी से खिसककर तुम्हें क्या मिलेगा ?

८ ये रद्दी फ़िल्में देखते-देखते / देख-देखकर हम तंग आ गये हैं ।

९ प्यार करके दिखाओ! तभी मैं तुम्हें मानूंगी ।

19B. Discriminating the passive and the antitransitive.

When looking up an antitransitive like धुलना or कुटना in a
Hindi-Hindi dictionary, one often finds a passive like धोया
जाना, कूटा जाना   given as definition. It is true that the one
can sometimes be substituted for the other:

इतने से पानी में ये सारे कपड़े नहीं धोए जा सकेंगे ।
                                     धुल सकेंगे ।
'This is not enough water to wash all these clothes.'

However, there are distinct differences. These can be summed up
by saying that the subject of a passive is still felt to be the
patient of an action while the subject of an antitransitive seems
more like an agent.

The clearest reflection of this is the possibility of retain-
ing को with the subjects of passives (see 14A):

इस ख़त को
यह ख़त   पुलिस इन्स्पेक्टर के पास फ़ौरन पहुंचा दिया जाए ।
'Make sure this letter gets to the chief of police right away.'

The retention of को is impossible for the subjects of antitran-
sitives:

यह ख़त पुलिस इन्स्पेक्टर के पास फ़ौरन पहुंच जाए ।

The subject of an antitransitive is felt to be more responsi-
ble for the action than is the subject of a passive: The former
can appear with अपने आप; the latter cannot:

प्यालियां अपने आप टूट जाती हैं, मेमसाहब ।
'The cups break all by themselves, Ma'am.'

This can be uttered by the very party guilty of breaking the cups.
By contrast, the passive leaves the responsibility for the action
with the 'real' performer (even though he is usually not mentioned)
Thus, adverbs like जान-बूझकर, which refer back to an implied

agent, may occur with a passive but not with an antitransitive:

मैं कहती हूं कि प्यालियां जान-बूझकर तोड़ी जाती हैं ।

'I say the cups are being broken on purpose.'

Similarly, those conjunctives which are used as a kind of adverb of manner (see 18B) can be used only with passives:

हथौड़ी मारकर सारी बोतलें फोड़ी गईं ।

'All the bottles were broken with a hammer.'

To add हथौड़ी मारकर to the antitransitive सारी बोतलें फूट गईं would have the effect of endowing bottles with arms and suicidal intentions.

However, अपना usually refers back to an implied agent regardless of whether the verb is a passive or an antitransitive:

अपना पेट भरने के लिये ही बच्चे { बेचे नहीं जाते ।
नहीं बिकते । }

'You don't sell your children just to fill your stomach.'

Since the subject of an antitransitive is felt in some sense to be the agent of its action, the verb पाना 'to manage, be able to' may occur with it:

दिसम्बर की धीमी धूप से आदमी के हाथ सिंक नहीं पाते ।

'The December sun is too weak to warm a man's hands.'

With the passive the occurrence of पाना is impossible; only सकना may occur:

अंगीठी के पास बैठकर पैर नहीं सेंके जा सकते हैं ।

'You can't warm your feet sitting near the hibachi.'

An antitransitive may occur as a conjunctive; a passive may not:

उसके दांत ख़ूब मंजकर चमकने लगे ।

'Her teeth, having been well scoured, began to shine.'

(In India teeth are often scoured with a black powder applied with the forefinger rather than with a brush.)

Some speakers feel that there is a subtle difference in meaning between the passive and the antitransitive of incapacity: The first may express unwillingness while the second expresses physical inability:

दीदी को पौधे इतने पसन्द हैं कि उससे उखाड़े नहीं जाते ।
'Didi can't bear to pull up the plants. (She likes them so much.)'

दीदी इतनी कमज़ोर है कि उससे पौधे नहीं उखड़ते ।
'Didi can't pull up the plants. (She is so weak.)'

This difference must, of course, disappear where the choice of using the antitransitive does not exist:

मुझसे गाय का दूध पिया नहीं जाता ।
'I can't stand cow's milk. (Either I don't like it or I get sick from it.)'

Bear in mind that while only some transitive verbs have corresponding antitransitives, all transitives and all intransitives (with the exception of the antitransitives themselves) are potentially passivizable. When a verb is passivized its grammar is changed but its meaning is not. Thus लादा जाना has no meanings other than those of लादना. The antitransitive लदना, however, shows more autonomy. It can be used as an alternate to लादा जाना in the meaning 'to be loaded' but it also can be used in contexts impossible for लादा जाना:

पेड पके हुए आमों से लदे थे ।
'The trees were laden with ripe mangos.'

Here लदना cannot be directly derived from लादना, since there is no लादनेवाला. Other autonomous meanings of लदना include 'to die' and 'to go to jail'.

With a bit of effort one may imagine how a derivative of
'to load' developed these divergent secondary meanings. What is
important to realize is that in these autonomous meanings erst-
while antitransitives lose the special properties that distin-
guish them from ordinary intransitives: अपना refers only to the
subject, not to an implied agent:

अपना पेट भरने के लिये ही असली देशभक्त दुश्मन के हाथों में नहीं
बिकते । 'True patriots do not sell out to the enemy simply
to fill their stomachs.' (Compare with page 178.)

Conjunctives of manner may occur:

तुम जान-बूझकर कट गये ।   'You avoided (us) on purpose.'

Sometimes secondary meanings come close to crowding out the
original meaning of an antitransitive. Thus सिमटना , the anti-
transitive of समेटना , only rarely occurs as a synonym of समेटा
जाना:

महरी से ये सारी बालटियां एक ही बार में नहीं सिमटेंगी ।
समेटी जाएंगी ।
'The kitchen maid won't be able to collect all these buckets
in one trip.'

Usually it means 'to shrink (in fear)':

अंधेरे में चूहे की लाल आंखें देखकर वह कुर्सी में सिमट गया ।
'Seeing the rat's red eyes in the dark, he shrank into his
chair.'

For more on the differences between passive and antitransitive
see सहाय 1976.

Drill 19B. Discriminating the passive and the antitransitive.

Vocab. गन्दा 44 -- dirty   दहेज m 10 -- dowry
प्रेम m 43 -- love   X के मन का -- to X's liking

Fill in the blanks using the passive or the antitransitive form of the item in parentheses. Sometimes either may be equally appropriate.

१ ऐसे कबाब अपने आप _____। (बेचना, future)

२ अम्मां से अपने बच्चों को नहीं _____ । (पीटना, past habitual)

3 यह पानी इतना गन्दा है कि कुत्ते से भी नहीं _____ । (पीना, future)

४ देखो। तुम्हारे प्रेम-पत्र अख़बार में नहीं _____ पाएंगे । (छापना)

५ पत्थर मारकर आम _____। (गिराना, present habitual)

६ महाराजा का सिर तलवार से _____ ज़मीन पर गिर गया । (काटना, conjunctive)

७ क्या कहूं, साहब? हम से चाहकर भी कल तक आपकी मोटर ठीक नहीं _____ सकेगी । (करना)

८ राजा के पास इतना सोना था कि उसकी सेना से भी न _____ सकता था । (तोलना)

९ यह रस्सी बहुत कमज़ोर है । इससे कुएं से शायद ही पानी _____ । (खींचना, subjunctive)

१० मैं नहीं सोचती कि सिर्फ़ दो हज़ार का दहेज देकर अपने मन की चीज़ _____ सकेगी । (प्राप्त करना)

Key.

१ बिक जाएंगे २ पीटा जाता था 3 पिया जाएगा ४ छप ५ गिराए जाते हैं ६ कटकर ७ हो or की जा ८ तुल or तोला जा ९ खिंचे or खींचा जाए १० प्राप्त की जा or प्राप्त हो

Exercise 19B. Discriminating the passive and the antitransitive.

Translate into Hindi. Use the passive or the antitransitive wherever possible.

1. Sister-in-law's eyes have become very weak. She cannot see clearly (साफ़) and for this reason she's no longer able to knit.

2. God knows how a carpenter can't manage (पाना) even to draw a straight (सीधा 19) line (लकीर f 2)!

3. Because of the thorns nobody can pick (तोड़ना) these flowers. No, because of their beauty nobody can pick them.

4. Who has the time nowadays for a wedding to be celebrated for up to three (तीन-तीन) days?

5. Can't you keep quiet? Keep quiet a little, won't you (तो सही):

6. He's a thief through and through (पक्का). One can't believe the things he says (बात).

7. Even having looked through our telescopes we cannot imagine (कल्पना) the beauty of other worlds.

8. Money doesn't embezzle (हज़म) itself, Inspector.

Exercise 19B. Key.

१ भाभी की आंखें बहुत कमज़ोर हो गईं हैं। उसे साफ़ नहीं

दिखाई देता
दिखता
और इसलिये उससे अब नहीं
बुना जाता।
बुनता।

२ राम
भगवान
जाने बढ़ई से कैसे सीधी लकीर भी नहीं खिंच पाती।

३ कांटों की वजह से किसी से (भी) ये फूल नहीं
तोड़े जा (सक)-ते।
टूट (सक) -ते।
नहीं,

उनके सौन्दर्य की वजह से किसी से (भी) ये फूल तोड़े नहीं जा (सक)-ते।

४ आजकल
किसके पास इतना वक़्त
किसको इतनी फ़ुर्सत
है कि शादी तीन-तीन दिन

तक
मनाई जाए ?
मने ?
मनती रहे ?

५ क्या तुमसे चुप नहीं रहा जाता ? ज़रा चुप रहो तो सही!

६ वह पक्का चोर है। (किसी से भी) उसकी बात
का
पर
विश्वास

नहीं
किया जा सकता।
हो सकता।

७ अपनी दूरबीनों से देखकर भी (हमसे) दूसरी दुनियाओं
के सौन्दर्य की
का सौन्दर्य

कल्पना नहीं
की जा
हो
(सक)-ती।

कल्पना नहीं
हो
किया जा
(सक)-ता।

८ इन्स्पेक्टर साहब, पैसे अपने आप
हज़म
चोरी
नहीं होते।

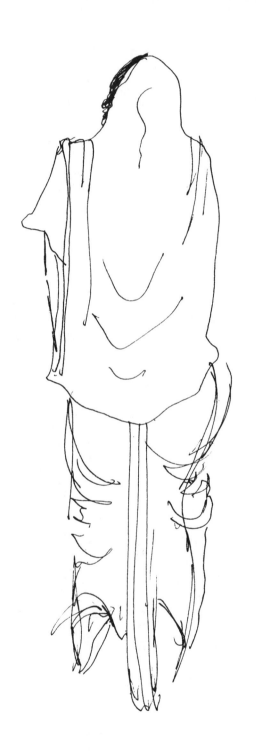

Chapter Twenty

Review drill 20A. Focus: 14B, 15A, 15B, 17B, 18A, 19A.

Vocab. ऊंचा 59 -- high-class   इतना सा -- small, trifling
ऐसी की तैसी! -- stuff and nonsense!

Supply postpositions, complementizers or verb forms.

१ टिकिट ____ बिना अन्दर जा ____ मना है ।
२ जब तक दही पूरी तरह जम ____ तब तक ठण्डी जगह पर न रखें ।
3 कैसे आदमी हो तुम! हाथ भर ____ मूंगफली भी देने ____ तैयार नहीं हो ?
४ खाना खाते ____ गुरुजी भक्तों ____ बोलना बरदाश्त नहीं करते ।
५ अचानक जी ____ चाहा कि नौकरी ____ त्याग कर दूं ।
६ जब तक छाते ____ तलाश हो ____ तब तक बरसात ख़तम हो ____ होगी ।
७ किताब के आख़िर तक पहुंच ____ मैं दिलचस्पी कम हो ____ महसूस करने लगा था ।
८ हाय, तूने मेरे दिल के बिस्कुट ____ आंसुओं की चाय में डुबा ____ छोड़ा।
९ साहब ____ मौजूद रह ____ दफ़्तर का काम ठीक से चलता था मगर उन ____ निकल ____ सब कुछ बन्द हो जाता था ।
१० असली सुख ____ एहसास तभी होता है जब औरों ____ मदद की जाती है ।
११ ऊंचे लोगों ____ इतनी सी बातों पर गुस्सा दिखा ____ उचित नहीं है ।
१२ ऐसी की तैसी, यार! तुम्हारी यह बकवास सुन ____ ऊब गया हूं !

Review drill 20A. Key.

१ ∅ or के (or लिये); जाना २ जम न जाए (or जमे न) 3 ∅; को (or के लिये) ४ हुए, वक़्त or समय; का (or से or के साथ) ५ ∅ or ने; ∅ or का ६ की; ∅ or -गी; गई or चुकी ७ पहुंचते-पहुंचते (or पहुंचकर or पहुंचने पर); होती ८ को; डुबाकर ९ के; रहते (हुए) (or रहने तक, रहने पर or रहने से); के; निकलते ही (or निकलने पर) १० का; की ११ को or के लिये or का; दिखाना १२ सुनते-सुनते or सुन-सुनकर (or सुनते हुए)

Review drill 20B. Focus: 15A, 15B.

Combine the following clause pairs. Examples:

नौकरानी वक़्त पर आए मैं यही चाहता हूं ।
मैं नौकरानी का वक़्त पर आना चाहता हूं ।

जैसे ही जलेबियां सामने आईं बच्चे आपस में लड़ पड़े ।
जलेबियां / जलेबियों के सामने आते ही बच्चे आपस में लड़ पड़े ।

१ ड्राइवर गाड़ी लाएगा । इस का इंतज़ार किया जा रहा है ।

२ क्या तुम्हें पता है ? कल मुन्नी को चोट लगी ।

३ ज्यों ही अंधेरा हुआ त्यों ही उनकी वहां ठहरने की हिम्मत कम हो गई ।

४ मेरा दोस्त इस कमरे में रहेगा । मैं इस का इंतज़ाम करूंगा ।

५ आपका बेटा वापस नहीं लौटेगा । आप उसकी प्रतीक्षा न करें ।

६ संभव है कि तुम्हारी आंख कल तक ठीक हो जाए ।

७ हम आज पिक्चर जाएंगे, यह पक्का है, न ?

८ कुत्तियां रात में रोती हैं । यह हमारी महरी को अच्छा नहीं लगता ।

९ जब तक सूरज डूबा तब तक आसमान में आंधी के बादल छा गए थे ।

१० यह असंभव नहीं है कि छात्र आज ही परीक्षा देने को तैयार हों ।

११ (यहां उस क़िस्म का माल नहीं हैं ।) अच्छा यही है कि तुम अपनी इच्छाएं मारो ।

१२ तुम पर संकट की घड़ी आएगी यही डर है ।

१३ यह मुश्किल है कि चीन की ताक़त कम हो ।

१४ नौकर नई सीट लाएगा । तब तक साइकिल यहां छोड़ दो ।

१५ मुझे यह बुरा लगा कि मैं बुलाई नहीं गई थी ।

Review drill 20B. Key.

१ ड्राइवर के गाड़ी लाने का इंतज़ार किया जा रहा है ।

२ क्या तुम्हें कल मुन्नी को चोट लगने का पता है ?

3 अंधेरा / अंधेरे के होते ही उनकी वहां ठहरने की हिम्मत कम हो गई ।

४ मैं अपने दोस्त के / का इस कमरे में रहने का इंतज़ाम करूंगा ।

५ अपने बेटे के वापस लौटने की प्रतीक्षा न करें ।

६ कल तक तुम्हारी आंख का ठीक हो जाना सम्भव है ।

७ हमारा आज पिक्चर जाना पक्का है, न ?

८ कुत्तियों का रात में रोना हमारी महरी को अच्छा नहीं लगता ।

९ सूरज के डूबते डूबते आसमान में आंधी के बादल छा गये थे ।

१० छात्रों का आज ही परीक्षा देने को तैयार होना असंभव नहीं है ।

११ यहां उस क़िस्म का माल नहीं है । तुम्हारा अपनी इच्छाएं मारना ही अच्छा है ।

१२ तुम पर संकट की घड़ी आने का ही डर है ।

१3 चीन की ताक़त कम होनी / ताक़त का कम होना मुश्किल है ।

१४ नौकर के नई सीट लाने तक साइकिल यहां छोड़ दो ।

१५ मुझे अपना न बुलाया जाना बुरा लगा ।

Review drill 20C. Focus: 18B, 19A.

Vocab. रूप m 58 -- form   पता करना -- to find out
       V -कर छूटना -- to get by (or away) with (just) V-ing

The questions or statements below all have forms in V-कर.
In responding to them reverse the order of actions wherever pos-
sible. You may have to substitute a synonymous verb. For exam-
ple:

क्या तुमको मेरी चिट यहां आकर मिली ?
नहीं, तुम्हारी चिट पाकर मैं यहां आया ।

Where V-कर functions as a complementizer (rather than as a con-
junctive) it will be impossible to make such reversals.

१ क्या विष्णु ने धरती पर आकर श्रीकृष्ण का रूप लिया ?

२ अपना बाप का कर्तव्य ज़रा पूरा करके दिखाओगे अब ?

३ तुम टांग में तकलीफ़ महसूस करके डाक्टर के पास जाने लगीं ?

४ देखिये, वह नौकरी बाबूजी को फ़ोन करके ही आपको प्राप्त हो सकेगी ।

५ मेरा मज़ाक़ यूं उड़ा-उड़ाकर तुझे क्या मिलता है ?

६ तुम्हारा गुरु बनने का इरादा हिन्दुस्तान जाके हो गया था ।

७ दादाजी, आप क्या ब्राह्मणों को एक ही गाय दान देकर छूटना
   चाहते हैं ?

८ आपको वहां जाकरके पता चलेगा कि क्या मामला है ।

९ जनाब, आपकी बेटी ने इतना अच्छा गाकर कमाल कर दिया ।

१० यह मेरे दिल की एक - एक बात भांपकर ही रहेगी ।

Review drill 20C. Key.

१ नहीं, विष्णु श्रीकृष्ण का रूप लेकर धरती पर आए ।

२ cannot be reversed

३ नहीं, मैं डाक्टर के पास जाकर टांग में तकलीफ़ महसूस करने लगी ।

४ नहीं, वह नौकरी प्राप्त करके ही (मैं) बाबूजी को फ़ोन कर सकूंगा ।

५ cannot be reversed

६ नहीं, गुरु बनने का इरादा करके मैं हिन्दुस्तान गया था ।

७ cannot be reversed

८ नहीं, मैं पता करके वहां जाऊंगा कि क्या मामला है ।

९ cannot be reversed

१० cannot be reversed

Review drill 20D. Focus: 18B.

Convert the following conjunctives into independent clauses.

Examples: बच्चा डकार मारकर हंस दिया ।
बच्चे ने डकार मारा और फिर हंस दिया ।

पुजारी होकर भी उसका सर्वशक्तिमान पर विश्वास नहीं है ।
वह पुजारी है लेकिन फिर भी उसका सर्वशक्तिमान पर विश्वास नहीं है ।

१ स्त्री ने गाड़ी से उतरकर सफ़ेद कोट पहना ।

२ बारह बजने पर ठाकुर एक लम्बी सांस भरकर मर गया ।

3 सुनीति का स्वभाव पहचानकर भी उससे शादी करोगे ?

४ बाल्टियां धोकर ऊपर रख दी गई थीं ।

५ ज़रा सा आराम करके तुम्हारी तबीयत ठीक हो जाएगी ।

६ कनाट प्लेस इतवार को जाकर तुम्हें वहां की असली भीड़ अनुभव नहीं होगी ।

७ भैया सब कुछ देकर भी इतना दहेज नहीं दे सकेंगे ।

८ मन से पुराने विचार निकालकर नए बिठा लो ।

९ मेरा यहां से खिसककर फ़िल्म देखने को मन कर रहा है ।

१० शीशे में अपनी शकल नहीं बल्कि किसी और की शकल देखकर किसको ताज्जुब नहीं होगा ?

११ (ऐसे मौसम में अन्दर रहो ।) नहीं तो तुम्हें धूप लगकर बुख़ार आने का डर होगा ।

१२ नाचनेवाली की तरह आंखें नचा-नचाकर तुम कोई बड़ी आर्टिस्ट नहीं बनोगी !

13 सिर से ज़िन्दगी की परेशानियां हटाकर हिमालय पर ध्यान लगाने चला जाना चाहता हूं ।

Review drill 20D. Key.

१ स्त्री गाड़ी से उतरी और (फिर) उसने सफ़ेद कोट पहना ।

२ बारह बजने पर ठाकुर ने एक लम्बी सांस भरी और फिर मर गया ।

3 सुनीति का स्वभाव पहचानते हो और (क्या) फिर भी उस से शादी करोगे ?

४ बाल्टियां धुली / धोई गई (थीं) और फिर ऊपर रख दी गई थीं ।

५ ज़रा सा आराम करो / कर लो तो तुम्हारी तबीयत ठीक हो जाएगी ।

६ (अगर) कनाट प्लेस इतवार को जाओ / जाओगे तो वहां की असली भीड़ अनुभव नहीं होगी ।

७ भैया सब कुछ (दे भी) दें तो फिर इतना दहेज नहीं दे सकेंगे ।

८ मन से पुराने विचार निकालो / निकाल दो और (फिर) नए बिठा लो ।

९ मेरा यहां से खिसकने को और फिर फ़िल्म देखने को मन कर रहा है।

१० जब / अगर शीशे में अपनी शकल नहीं बल्कि किसी और की शकल देखेगा / देखोगे / दिखाई दे तो किसको ताज्जुब नहीं होगा ?

११ (ऐसे मौसम में अन्दर रहो ।) नहीं तो तुम्हें धूप लगेगी / लग जाएगी और फिर बुख़ार आने का डर होगा ।

१२ नाचनेवाली की तरह आंखें नचाती रहो, लेकिन फिर भी कोई बड़ी आर्टिस्ट नहीं बनोगी !

१३ सिर से ज़िन्दगी की परेशानियां हटाना चाहता हूं और हिमालय पर ध्यान लगाने चला जाना चाहता हूं ।

Review drill 20E. Focus: 11A, 14A, 16, 17A, 19B.

Drop the agent and, if the verb is a derived transitive (11A), replace it with the basic transitive or intransitive from which it is derived. If the verb is a basic transitive, replace it with an antitransitive (16). If this is not possible use the passive (14A). Keep tense the same. If the given sentence has a compound verb, your response should, too. Examples:

कप्तान ने अपनी नाव को डुबा दिया ।	नाव डूब गई ।
क्या बढ़इयों ने मकान पूरा किया ?	क्या मकान पूरा हुआ ?
मुझसे ये ख़त फाड़े नहीं जाएंगे ।	मुझसे ये ख़त नहीं फटेंगे ।
क्या हम यह मिठाई खाएं ?	क्या यह मिठाई खाई जाए ?

१ बाप ने बेटों में सोना बांट दिया ।

२ यह पुजारी देवताओं को भी भगा देगा ।

३ पिछले साल हमने हरी किताब प्रयुक्त की ।

४ अब मुझसे छात्रों को और कुछ समझाया नहीं जाएगा ।

५ आया ने मुन्नी को बोतल पकड़ा दी ।

६ कुत्ती ने गाड़ी की अवाज़ नहीं सुनी ।

७ छी-छी! वे सिनेमे पर अपनी आधी तनख़ाह ख़र्च कर देते हैं ।

८ ड्राइवर सड़क के किनारे मुन्ने को मुता रहा है ।

९ चोरों से अपनी पुरानी आदतें आसानी से छोड़ी नहीं जातीं ।

१० क्या मज़दूरों ने नीले रंग का इस्तेमाल नहीं किया ।

११ ग़ालिब ने पैसे की दिक़्क़त हर वक़्त महसूस करते थे ।

१२ तुम बहू को मायके की याद कराकर नहीं रुलाओगी ।

१३ तुम हमें यह क्या रद्दी-चाय पिला रहे हो ?

Review drill 20E. Key.

१ बेटों में सोना बंट गया ।

२ (इस पुजारी से) देवता भी भाग जाएंगे (or भग जाएंगे) ।

३ पिछले साल हरी किताब प्रयुक्त हुई ।

४ छात्र अब मुझसे और कुछ नहीं समझेंगे ।

५ मुन्नी ने बोतल पकड़ ली ।

६ (कुत्ती को) गाड़ी की आवाज़ सुनाई नहीं दी ।

७ छी-छी! सिनेमे पर उनकी आधी तनख़ाह ख़र्च हो जाती है ।

८ सड़क के किनारे मुन्ना मूत रहा है ।

९ चोरों से अपनी पुरानी आदतें आसानी से नहीं छूटतीं ।

१० क्या नीले रंग का इस्तेमाल नहीं हुआ ?

११ (ग़ालिब को) पैसे की दिक़्क़त हर वक़्त महसूस होती थी ।

१२ बहू मायके की याद करके नहीं रोएगी ।

१३ हम यह क्या रद्दी-चाय पी रहे हैं ?

AMBER PALACE

Chapter Twenty-one

21A. पर - expressions.

The equivalents usually given for पर are <u>on</u> and <u>at</u>:

मेज़ पर; छत पर; फ़र्श पर   on the table, roof, floor

स्टेशन पर; दुकान पर   at the station; at the shop

तुम्हारे दरवाज़े पर वह पुलिस का सिपाही क्यों खड़ा है ?
'Why is that policeman standing at your door?'

Oddly enough this equivalence continues on the abstract level.
Thus the Hindi expressions for 'to depend on', 'to be on time',
'to laugh at', 'to glance at', etc., have पर:

मुझपर मत हंसिये ।   'Don't laugh at me!'

यह तुमपर निर्भर करेगा ।   'This will depend on you.'

उसने घड़ी पर नज़र डाली ।   'He glanced at his watch.'

समय पर आना पड़ेगा ।   'You'll have to come on time.'

Of course, this equivalence is only approximate and cannot be
always relied upon. On the other hand, the appropriate use of
पर is not simply a matter of learning lists and lists of things
by heart, although that is certainly part of it.
I. A large set of expressions that govern पर is that of
emotion: pleasure/anger; love; pride/shame; confidence/doubt;
kindness/cruelty; surprise; glee/sadness; consternation:

मां और बाबूजी को तेरी इस ख़बर पर ख़ुशी नहीं होगी ।
'Mom and Dad won't be happy about this news of yours.'

मैं तुमपर नाराज़ न होऊं ?   'I shouldn't be angry at you!?'

चीन का अपने देशभक्तों पर अभिमान करना तो ठीक है ।
'It's alright for China to be proud of her patriots.'

पर हमें अपनों पर क्यों शरम आनी चाहिये ?
'But why should we be ashamed of ours?'

The पर in expressions of pleasure, anger and love sometimes
competes with से (वह अपने आपसे नाराज़ है ।). Sometimes the
more intense of such expressions get पर ; the less intense, से;

माली को आया से प्यार है ।   'The mali's in love with the ayah.'

आया ड्राइवर पर फ़िदा है ।   'The ayah's crazy about the driver.'

ड्राइवर महरी पर मरता है ।   'The driver's dying for the maid.'

पत्नी को पहले ही पति से चिढ़ थी ।   पर अब तो सचमुच उसपर
गुस्सा आने लगा है ।
'The wife was already annoyed with the husband. Now she's
really mad at him.'

The पर in expressions of pride, shame, sorrow, confidence and
doubt competes with का :

महाराजा शिवाजी का दुश्मन होकर भी औरंगज़ेब ने उनकी मौत $\frac{पर}{का}$
अफ़सोस किया ।
'Even though he was an enemy of Emperor Shivaji, Aurangzeb
felt sorrow over his death.'

तुम्हारी इस बात $\frac{पर}{का}$ मुझे विश्वास नहीं होता ।
'I can't believe what you're telling me.'

गांव में बिजली $\frac{पर}{का}$ भरोसा करना नामुमकिन है ।
'In the village it's not possible to rely on the electricity.'

Others permit only पर :

जनाब, बन्दे पर जुल्म न कीजिये ।
'Sir, don't be cruel to me (your servant).'

मुझपर खुले दिल से मुसकराकर अपने प्रेमी को गुस्सा दिला दिया ।
'Smiling at me unreservedly she made her lover angry.'

कप्तान जवानों की हालत पर हैरान हो गया ।
'The captain was horrified at the condition of the troops.'

II. Another set of expressions that comes with पर is that which
describes acts of speech or thought: to discuss, consider, ask
about, be solicitous of, object to, etc.:

पुरुष को स्त्री की ज़रूरतों पर ज़्यादा सोचना चाहिये ।
'A man should give more thought to the needs of a woman.'

मुझे इस हुक्म पर एतराज़ है ।   'I object to this order.'

III. A third set of पर-expressions is that which involves the
spending of money, energy or effort:

यूं ही टैक्सी-तांगों पर ख़र्च करना उसे बरदाश्त नहीं होता ।
'He can't stand spending money on taxis and tongas for no
reason.'

बहू की शिकायतों पर कहां तक सिर मारते रहें हम ?
'How long should we bother our heads over Daughter-in-law's
complaints?'

इतना मन लगाकर किसपर काम कर रहे हो ?   अपनी संस्कृत पर ।
'What are you working on so diligently?'   'My Sanskrit.'

IV. पर is also used as an idiomatic equivalent of के बाद 'after':

गरम पर ठण्डा पियोगी तो बीमार पड़ जाओगी ।
'If you take something cold right after something hot you'll
get sick.'

इसपर शाह से रहा नहीं गया ।   नीचे बैठे और रो पड़े ।
'After this the Shah couldn't restrain himself. He sat down
and wept.'

For पर as a complementizer see section 23A.

Drill 21A. पर-expressions.

Vocab. ज़बरदस्त 2 -- tough; accomplished
ठहरना -- to turn out to be

Fill in the blanks with the most appropriate postposition.

१ क्या तुमको परीक्षा के रिज़ल्ट _____ अफ़सोस है ?

२ नहीं, मैं तो उस _____ बल्कि ख़ुश हूं ।

3 आजकल हिन्दुस्तान में स्क्रीन _____ कुछ भी दिखा दिया जाता है ।

४ यह पुजारी बहुत कम मांग रहा है । मुझे इस _____ शक हो रहा है ।

५ आख़िर सब कुछ ऊपरवाले _____ डिपेण्ड करता है ।

६ मुन्ने को इस मौसम में बाहर निकालकर उस _____ जुकाम करा दोगे ।

७ मुझे मित्र के कर्तव्य _____ दो-एक सवाल पूछने हैं ।

८ ठाकुर को अपने घोड़े _____ बहुत अभिमान है ।

९ लगता है बच्ची _____ अपने शीशे _____ प्यार हो गया है ।

१० वे दामाद की हर इच्छा _____ हमेशा ख़्याल रखते हैं ।

११ मुन्नी _____ आराम-कुर्सी _____ नहीं चढ़ा जाता है ।

१२ मैं उसके तू-तड़ाकपन _____ एतराज़ करता हूं ।

13 छात्र प्राध्यापक को दावत _____ बुलाने _____ सोच रहे हैं ।

१४ उसके मुंह _____ कहो कि तुम्हें मुझ _____ क्या मतलब है ?

१५ सम्भव है कि मेरे उस _____ टकराते समय उस _____ लग गया हो ।

१६ उस _____ अपनी सहेली की गाली देने की आदत _____ ताज्जुब हुआ ।

१७ हम _____ अगले साल _____ अपना ही अख़बार छापने का ख़्याल है ।

१८ देखने में जो औरत ज़रा भी अच्छी नज़र आए, तो यह साहब फ़ौरन उसके सौन्दर्य _____ मरने लगते हैं ।

१९ दरवाज़ा खुलते ही मालिक ने पत्र और चिटें मेज़ _____ समेटकर जल्दी जल्दी जेब _____ डाल लीं ।

२० हिन्दुस्तान में खेत की एक एकड़ _____ कितने जने निर्भर करते हैं ? यही कोई आठ-दस आदमी ।

२१ घाशीराम कोतवाल ने पूने के ब्राह्मणों _____ ज़ुल्म किया तो बहुत लेकिन उस _____ ज़बरदस्त ठहरा नाना फड़नवीस ।

२२ दीदी, तुम्हारी सफ़ेद और नीली साड़ी की तलाश _____ मैं सारा कमला नगर _____ घूमी पर कहीं भी नहीं मिल रही ।

२३ रिक्शावाले-महाराज, आपने एक रुपये _____ स्टेशन _____ पहुंचा दिया, तो आप _____ मुझ _____ बड़ी मेहरबानी होगी ।

Drill 21A. Key.

१ का or पर   २ पर or से   3 पर   ४ पर or का   ५ पर

६ को   ७ पर or के बारे में   ८ पर or का   ९ को; से

१० का   ११ से; पर   १२ पर or का   13 पर; की

१४ पर; से   १५ से; के or को   १६ को; पर   १७ हमारा; से, में or तक   १८ पर   १९ से; में   २० पर   २१ पर; से

२२ में; ∅   २३ में; तक or ∅; की; पर

Exercise 21A. पर-expressions.

Translate into Hindi using पर-expressions where appropriate.

1. I don't feel like (मन करना) working on this anymore today.

2. Didn't the doctor (डाक्टर m 30) give any suggestion about the treatment (इलाज m 23)?

3. Do you trust the government (सरकार f 26)?

4. I don't plan to spend half my salary (तनख़्वाह f 4) on your music.

5. Bhima was proud of his strength (ताक़त f 8).

6. Actually her health is good. That's why I am suspicious of her complaints of (having a) headache.

7. The old man was not ashamed of his old, dirty clothes.

Key.

१ आज इसपर मेरा और काम करने को (or का) मन नहीं कर रहा है।

२ क्या इलाज /के बारे में// पर /डाक्टर ने कोई सुझाव नहीं दिया ?

3 क्या तुम्हें सरकार पर (or का) /भरोसा//विश्वास/ है ?
क्या तुम्हारा सरकार /में//पर/ भरोसा है ?
क्या तुम सरकार पर भरोसा रखते हो ?

४ तुम्हारे संगीत पर अपनी आधी तनख़्वाह ख़र्च करने का मेरा /विचार// इरादा/ नहीं है।
मेरा यह /इरादा//विचार/ नहीं है कि तुम्हारे संगीत पर अपनी आधी तनख़्वाह ख़र्च करूँ।

५ भीम को अपनी ताक़त पर (or का) अभिमान था।

६ वैसे तो उसकी तबीयत अच्छी है। इसलिये मुझे उसकी सिरदर्द (होने) की शिकायतों पर शक है।

७ बूढ़े (आदमी) को अपने पुराने गन्दे कपड़ों /पर//की/ शरम नहीं (आती) थी।

21B. Participles.

A participle is a form derived from a verb that is used as an
adjective. In Hindi there are three participles. 1. The partici-
ple in -वाला (see 2B):

हम छह बजे चलनेवाली बस के इंतज़ार में हैं ।
'We're waiting for the bus that leaves at six.'

2. The present participle in -ता (हुआ) :

चलती (हुई) गाड़ी से मत उतरो । 'Don't get off a moving train.'

3. The past participle in -या (हुआ) :

देवताओं को चखे हुए फल चढ़ाए नहीं जाते ।
'You don't offer the gods fruit that's already been tasted.'

These participles provide alternatives to the use of relative
clauses in certain tenses. 1. The -वाला participle usually sub-
stitutes for a relative clause in a habitual tense:

हम उस बस के इंतज़ार में हैं जो छह बजे चलती है ।

2. The present participle usually substitutes for a progressive
tense:

गाड़ी से तब मत उतरो जब वह चल रही हो ।

3. The past participle usually replaces a clause in a perfect
tense:

जो फल चखे गए हों वह देवताओं को नहीं चढ़ाए जाते ।

Of the three, the past participle is perhaps the most common
and certainly the most complex. When made from an intransitive
verb it modifies its subject:

जली हुई रोटियां अलग रखो ।
'Put the burnt rotis to one side.'

However, if made from a transitive verb, it modifies its object:

मेरे जलाए हुए प्रेमपत्र कैसे पढ़ोगे ?

'How will you read my loveletters if I've burnt them?'

This means that the present participles corresponding to past participles (like किया हुआ) are explicitly marked passives (like किया जाता हुआ) and that किया हुआ means the same as किया गया हुआ:

किये हुए कामों और किये जाते हुए कामों में बहुत फ़र्क़ है ।

'There is a lot of difference between something that is done and something that is getting done.'

When expressed, the agent of a transitive past participle gets का:

तुम्हारा सूट गांव के दर्ज़ी का सिया हुआ लगता है ।

'Your suit looks like it was sewn by a village tailor.'

Only with a few reflexive transitives like पीना and पहनना may a past participle modify its agent (notice that for some speakers only हुआ shows adjectival agreements):

वह नीली साड़ी बांधे हुई ख़ूबसूरत औरत मेरी घरवाली है ।

'That beautiful woman wearing the blue sari is my wife.'

उस पिये हुए आदमी को रोको । 'Stop that drunken man.'

There are also a few idioms (like English "a well-spoken, well-read man") in which the past participle of a transitive verb modifies its agent:

पढ़े - लिखे होकर भी तुम ऐसे चोरी करते हो ?

'Even though you're educated you steal like this?'

Past participles of verbs that, for the most part, describe changes in bodily position or condition, may have present stative meanings: बैठा 'sitting', लेटा 'lying', पड़ा 'lying around', सोया 'sleeping', सम्भाले 'balancing', लिये 'holding', पकड़े 'clutching', छिपा 'hiding', छिपाए 'concealing', etc.:

बिल्ली खिड़की में लेटी हुई थी ।
'The cat was lying in the window.'

तुम्हारा कबाड़ा यहां कब का पड़ा हुआ है ।
'Your junk's been lying around here for ages.'

If such past participles govern objects they do not usually agree with their subjects:

मेरी चचेरी बहन चाचाजी का हाथ पकड़े हुए थी ।
'My cousin was clutching my uncle's hand.'

These forms may function as complementizers in parallel to V-ता, V-ते and V-ते V-ते (see sections 18A and 19A):

मैं बैठे बैठे तंग आ गया हूं ।   'I am tired of sitting around.'

नर्स ने मरीज़ को मेज़ के नीचे सोये हुए पाया ।
'The nurse found the patient sleeping under the table.'

Like forms in -ते (हुए) they may also serve as adverbs to the main verb:

हाथों में सारा सामान सम्भाले हुए वह दरवाज़ा खुलने की प्रतीक्षा में बाहर खड़ी हुई थी ।
'Balancing everything in her hands she was standing outside waiting for the door to open.'

Both the present and the past participles figure in को - expressions of elapsed time:

अब दिलीप को चीनी पढ़ते हुए बारह साल हो गए होंगे ।
'Dilip must have been studying Chinese for twelve years now.'

उसको तैरना सीखे हुए दो हफ़्ते भी नहीं हुए कि उसने गंगा नदी पार करके दिखा दी । (or दिया: see section 4A)
'It hadn't been two weeks since he learned to swim when he showed he could swim across the River Ganges.'

Drill 21B. Participles.

Vocab. बजना 15 -- to ring पकना 5 -- to ripen
बहना 28 -- to flow, run ज़बान f 23 -- language

In the short conversations which follow, use a participial form of the first sentence to fill in the blank in the second. Examples:

A. टेलीफ़ोन बज रहा है ।
जल्दी उठाओ ! साहब ___ की आवाज़ बरदाश्त नहीं करते ।

B. बेटी ने पत्थर निगल लिया है ।
फिर से! ___ अब कौन निकालेगा ?

Key: A. बजते टेलीफ़ोन की B. निगला हुआ पत्थर

१ दूध जम गया ।
दही कहो, भई । ___ को दही कहते हैं ।

२ (आसमान पर) बादल छा गये हैं ।
तब दूरबीन क्यों खड़ी कर रहे हो ? ___ में से तारे दिखाई नहीं देते ।

३ मुन्ने की नाक बह रही है ।
लो, यह कपड़ा लेकर साफ़ करो । मुझे बच्चों की ___ अच्छी नहीं लगती ।

४ आम पक गये हैं ।
ज़रा चखकर देखूं ? ___ हाज़मे के लिये अच्छे होते हैं ।

५ अंगरेज़ों ने भारत बांट दिया ।
और उस ___ के सामने आज भी कई दिक़्क़तें मौजूद हैं ।

६ रूप जा रहा है ।
तो क्या करूं ? ___ का कोई इलाज है, मेरे पास ?

७ तुम्हारी भाभी अच्छी कहानी सुना रही हैं ।
हां, वे बहुत अच्छी ___ हैं ।

८ यह कल्पना फ्राइड ने की थी ।
हां, लेकिन रामायण समझाते समय ____ प्रयुक्त करनी मुझे उचित नहीं लगतीं ।

९ शाह ने देश संभाल तो लिया था ।
शाह को ____ पच्चीस साल हो गये हैं और अब देश तंग आ गया है ।

१० वह मर रहा है और फिर भी रोज़ ये स्तोत्र!
जाने दो । ____ को स्तोत्र पढ़ने से आराम मिलता है ।

११ बैठिये, जी । वह बस टीका लगा रही है ।
वह तो ____ नौ बजा देगी और शो है आठ बजे से शुरू !

१२ बच्चे रो ही रहे थे ।
जब मैं हैपेटाइटिस से बीमार थी कभी-कभी मुझे इतने ज़ोर के डकार आते थे कि ____ भी चुप हो जाते थे ।

Drill 21B. Key.

१ जमे हुए दूध को २ छाये हुए बादलों में से 3 बहती हुई नाक ४ पके आम ५ अंगरेज़ों के बांटे (or बंटे) हुए भारत के सामने ६ जाते (हुए) रूप का ७ अच्छी कहानी सुनानेवाली ८ फ्राइड की (or के द्वारा) की हुई कल्पनाएं ९ देश संभाले हुए (or संभालते हुए) १० मरते हुओं को (or मरतों को) ११ बस टीका लगाते-लगाते १२ रोते (-रोते) बच्चे

Exercise 21B. Participles.

Translate into Hindi using participles wherever appropriate.

I was standing in the park with (my) hands stuck (डालना) in (my) pockets. I (मुझे) had already been two (or) three hours wandering (through) the whole bazaar in search (तलाश में) of a book written by a professor of mine. How old and tired my professor looked (लगना) and still his books didn't sell!

I saw her (as she was) getting down from a moving bus. She was wearing a beautiful (ख़ूबसूरत) red dress. I watched (देखता रहना) her cross the street with (लिये हुए) a silk (रेशम) umbrella and a sweater knit from (का) wool in (her) hand. Going toward the river, she stopped by a bridge made of stone.

Suddenly someone screamed and she began to run toward a man drowning in the water. Catching his hand, she pulled (खींच लाना) him out of the water. Then she saw that he was holding on to a large floating piece (टुकड़ा) of wood. And then I saw that the man's smiling face was my old, tired professor's!

When I left, the two of them, sitting among the flowers, were talking and basking in the sun (धूप सेंकना).

Exercise 21B. Key.

जेबों में हाथ डाले मैं पार्क में खड़ा हुआ था। मुझे अपने एक प्रोफ़ेसर /द्वारा//की/ लिखी हुई किताब की तलाश में पूरा बाज़ार घूमते हुए दो-तीन घण्टे हो गए थे। मेरे प्रोफ़ेसर कितने बूढ़े और थके हुए लगते थे और फिर भी उनकी किताबें नहीं बिकती थीं!

मैंने उसे चलती हुई बस से उतरते हुए देखा। वह (एक) ख़ूबसूरत लाल फ़्राक पहने हुए थी। मैं उसको रेशम का छाता और ऊन का बुना हुआ स्वेटर हाथ में लिये हुए सड़क पार करते हुए देखता रहा। नदी की ओर /जाकर//जाते हुए/ वह पत्थर के बने हुए पुल के पास /रुकी//रुक गई/ ।

अचानक कोई चिल्ला पड़ा और वह पानी में डूबते हुए आदमी की तरफ़ /दौड़ने//भागने/ लगी। उसका हाथ पकड़कर वह उसे पानी से बाहर खींच लाई। तब उसने देखा कि वह /तैरती हुई लकड़ी के बड़े टुकड़े को //लकड़ी के तैरते हुए बड़े टुकड़े को/ पकड़े हुए है। और तब मैंने देखा कि उस आदमी का मुसकराता हुआ चेहरा मेरे बूढ़े थके प्रोफ़ेसर का है!

जब मैं चला गया वे दोनों फूलों के बीच बैठे हुए /बातें कर//बोल/ रहे थे और धूप सेंक रहे थे।

Chapter Twenty-two

22A. Causatives.

In Hindi certain changes are made in a verb to express actions that one has someone else perform (as opposed to those one carries out oneself):

ऊनी कपड़े मुझे ख़ुद धोने पड़ेंगे बाक़ी धोबी से धुला सकता हूं।
'The woolens I'll have to wash myself; the rest I can have the dhobi wash.'

अपने इंजन स्टार्ट करो!	'Start your engines!'
अपने इंजन स्टार्ट करवाओ!	'Have your engines started.'

धुलाना (or धुलवाना) and स्टार्ट करवाना (or स्टार्ट कराना) are the causatives corresponding to धोना and स्टार्ट करना. Causative stems are derived by the same rules used to derive transitive stems from intransitives or reflexives (see 11A). If the transitive from which a causative is derived is itself derived from an intransitive then the causative ending is -वा:

सोना 'to go to sleep'	उठना 'to get up, rise'
किसी को सुलाना 'to put someone to bed'	कुछ उठाना 'to raise or lift something'
किसी से किसी को सुलवाना 'to have someone put someone to bed'	किसी से कुछ उठवाना 'to have someone lift something'

माधुरी महिपत को बुलाकर उससे प्याली के टुकड़े उठवाती है।
'Calling Mahipat, Madhuri has him pick up the pieces of the cup.'

If the transitive is underived ("basic") then there are two

causatives, one in -आ and one in -वा. These are synonymous:

कोट सीना	बांस काटना
'to sew a coat'	'to cut bamboo'
दर्ज़ी से कोट सिलाना / सिलवाना	जवानों से बांस कटाना / कटवाना
'to have a tailor sew a coat'	'to have the troops cut bamboo'
आज सवेरे मैंने बाल कटाए थे। / कटवाए थे।	'This morning I got a haircut.'

However, this does not hold for transitive verbs termed "reflexive" (see 8). Such verbs yield a derived transitive in -आ (see 11A) and a causative in -वा:

चीनी सीखना	दवा पीना
'to learn Chinese'	'to take medicine'
Y को चीनी सिखाना	Y को दवा पिलाना
'to teach Y Chinese'	'to give Y medicine'
X से Y को चीनी सिखवाना	X से Y को दवा पिलवाना
'to have X teach Y Chinese'	'to have X give Y medicine'

अपने बच्चों को किसी अंगरेज़ से अंगरेज़ी सिखवाइये।
'Have some Englishman teach your children English.'

Since को-expressions (4C) are intransitive they give a derived transitive in -आ (see 11A) and a causative in -वा:

मुझे भाई साहब याद आए। 'I remembered my brother.'

वह यह कहकर गया कि तुम्हें याद दिलाने मैं ख़ुद आऊंगा।
'When he left he told me he'd come himself to remind me.'

उससे मुझे याद दिलवाना। 'Have him remind me.'

(Remember that if दिलाना and दिलवाना are derived from देना they are synonymous:

आज गणेश चतुर्थी है । पुजारी को नारियल दिलाकर / दिलवाकर आना ।

'Today's Ganesh-Chaturthi. Go and have a coconut given to the priest.')

If desired the person caused to perform an action may be mentioned. (However, in the contexts of everyday life this is often unnecessary.) Generally the postposition से is used:

कोतवाल ने (अपने सिपाहियों से) शहर के दरवाज़े बंद करा लिये ।
'The Kotval had (his men) close the gates of the city.'

हमारा सामान (नौकर से) बंधवाकर तांगे में रखवा दो ।
'Have (the servant) tie our luggage and put it in the tonga.'

although के द्वारा is not impossible in more formal style:

बाबा ने भक्तों के द्वारा उसे पास में बिठवा लिया ।
'The Baba had his devotees seat her nearby.'

However, if someone is helped to do something, को is used:

मुझे अपने धोबी को एक पत्र लिखाना है ।
'I have to help my dhobi write a letter.'

(Of course, this could also mean 'I have to get someone to write a letter to my dhobi'.) को is also used when person A has person B do something to or for person B (and not to or for person A):

कानवेण्ट स्कूल्ज़ सब छात्रों को यूनिफ़ार्म्ज़ पहनवाते हैं ।
'Convent schools make all the students wear uniforms.'

डाक्टर ने मेरी मिर्च कम करवाई ।
'The doctor made me cut down on chili.'

उसको रोज़ एक मील चलवाओ ।   'Have him walk a mile a day.'

This kind of causative is always in -वा .

Very occasionally a causative is encountered which is derived from an antitransitive:

किशोरी आमोणकर की तारीफ़ करके हमारे संगीत के उस्ताद उसके बहुत से रेकाड्र्ज़ बिकवाते थे ।
'Praising Kishori Amonkar, our music teacher caused many of her records to be sold.'

क्या इन लोगों में लड़ाई करवाना चाहते हो ?
'Are you trying to start a fight between these people?'

Not every verb has a causative. Usually if an intransitive or a reflexive does not have a derived transitive (11A), there is no causative either: जाना, आना, रहना, पाना, सोचना, चाहना. In general basic verb stems in –आ do not yield causatives: लाना, बताना, मुस्कराना, (गाना is an exception: गवाना 'to make sing'). लिवाना, the causative of लेना, is rarely seen. Causatives themselves do not yield causatives: there is no करववाना 'to have X have Y do something'. To fill these gaps speakers of Hindi must use circumlocutions or approximate equivalents:

मैंने उससे इस मामले पर सोचने को कहा ।
'I had him think over this matter.'

उन्हें घर पर रहने दो ।   'Have them stay at home.'

उसको यहां बुलाओ । मैं उसकी ख़बर लूंगा !
'Have him come over here. I'll fix his wagon!'

Drill 22A. Causatives.

Vocab. गीत m 13 -- song   मजबूर 11 -- compelled, forced
        मोती m 6 -- pearl   भांग f 3 -- bhang (narcotic)
        राखी f 2 -- a red string a woman ties on a man's wrist to
                    signify that she regards him as a brother

By adding the actor suggested in parentheses convert the sentences below into causatives. You will have to decide whether the added agent should be the causal agent or the intermediate agent. Examples:

महरी ने तवा मांज दिया । (अम्मां)
अम्मां ने महरी से तवा मंजवा लिया ।

वह हमेशा अपनी तारीफ़ के गीत गाता है । (और)
वह हमेशा औरों से अपनी तारीफ़ के गीत गवाता है ।

Keep the tense the same, where possible.

१ मेरी पत्नी को यह कमरा अच्छा नहीं लगा । आप हमारे लिये बदल दीजियेगा । (मैनेजर)

२ डाक्टर दवा बनाने के लिये मोती कूट रहा है । (कंपाउंडर)

३ बढ़ई ने टूटी हुई हथौड़ी ठीक करने की कोशिश की । (बढ़ई का बेटा)

४ मुझसे इतने सारे कपड़े धोए नहीं जाएंगे । (बेचारा धोबी)

५ रानी का आना पक्का है या नहीं यह मेरा नौकर पता कर लेगा । (मैं)

६ मरीज़ केवल फल खा रहा है ताकि उसका इलाज जल्दी हो जाए ।
(डाक्टर)

७ उसकी बहन राखी बांध देने का अफ़सोस करने लगी । (मैं)

८ क्या इतने छोटे बच्चों का भी परीक्षा देना अनिवार्य है ? (मां-बाप)

९ दुकानदार चीनी का दाम कम करने पर मजबूर थे । (सरकार)

१० होली पर लोगों का एक दूसरे को भांग पिलाना बुरा नहीं लगता ।
(एक दूसरा)

Drill 22A. Key.

१ आप हमारे लिये मैनेजर से बदलवा दीजियेगा ।

२ डाक्टर दवा बनाने के लिये कंपाउंडर से मोती कुटवा रहा है ।

3 बढ़ई अपने बेटे से टूटी हुई हथौड़ी ठीक करवाने की कोशिश की ।

४ मुझसे बेचारे धोबी से इतने सारे कपड़े धुलवाए / धुलाए नहीं जाएंगे ।

५ रानी का आना पक्का है या नहीं यह मैं अपने नौकर से पता करवा / करा लूंगा।

६ डाक्टर मरीज़ को केवल फल खिलवा रहा है ताकि उसका इलाज जल्दी हो जाए ।

७ मैं उसकी बहन से राखी बंधवा लेने का अफ़सोस करने लगा ।

८ क्या मां-बापों का इतने छोटे बच्चों से भी परीक्षा दिलवाना / दिलाना अनिवार्य है ?

९ सरकार दुकानदारों से चीनी का दाम कम करवाने / कराने पर मजबूर थी ।

१० होली पर लोगों का एक दूसरे से भांग पिलवाना बुरा नहीं लगता ।

Exercise 22A. Causatives.

Translate into Hindi using causatives where appropriate.

1. Have this letter copied (नक़ल करना).

2. Shall I go and get this 5-rupee note changed at the tea-stall? (तोड़ना 3 'to change [a note]')

3. The captain used to make his soldiers polish their swords every morning. (चमकना 32 'to shine')

4. The teacher helps the students read one entire page (सफ़ा m 2) per day.

5. At the time of moving (घर बदलना) there's always the bother of getting your address changed.

6. She had her servant have the shopkeeper weigh the mangoes.

7. Have him come here, at least (तो सही)!

Exercise 22A. Key.

१ इस ख़त की नक़ल करा दो ।
        को   करवा

२ क्या मैं यह पांच रुपये का नोट चाय की दुकान पर तुड़वाकर लाऊं ?
                                                तुड़ाकर

३ कप्तान रोज़ सवेरे सिपाहियों से उनकी तलवारें चमकवाता था ।
              सुबह

४ मास्टर हर रोज़ छात्रों को एक पूरा सफ़ा पढ़ाता है ।

५ घर बदलते वक़्त पता बदलवाने में हमेशा परेशानी होती है ।
           समय   की   दिक़्क़त

६ उसने नौकर को कहकर दुकानदार से आम तुलवाए ।
              कहा कि वह

७ उसे यहां आने तो दो सही !   उससे यहां आने को कहो तो सही !
           भेजो तो   उसे यहां बुलाओ तो सही ज़रा !

22B. The marked habitual in -या कर-.

In addition to the ordinary habitual in -ता है, -ता था, -ता हो, etc. (see sections 1A and 5A), Hindi possesses a series of specially marked habitual forms in -या कर-:

हम तीन बजे खाना खाते हैं ।   'We eat at three.'

हम तीन बजे खाना खाया करते हैं ।   'We eat at three.'

The addition of -या to a verb's stem yields what is essentially the past participle (14A, 21B). However, -या in the marked habitual does not show agreement with the subject. It always remains -या:

मेरी भतीजी रोज़ वहां पैदल चली जाया करती थी ।
'My niece would go there every day on foot.'

Forms in -ता है stand in somewhat the same relation to forms in -या कर-, as stative है does to the habitual stative होता है (see section 1A):

यह मिर्च तेज़ है ।   'This chili is hot.'

यह मिर्च तेज़ होती है ।
'This (type of) chili is (generally) hot (even if this particular one is not).'

बंगला का क्लास सुबह होता है ।
'Bengali class meets in the morning.'

बंगला का क्लास सुबह हुआ करता है ।
'Bengali class (generally) meets in the morning (even if not this particular morning).'

Thus, by stressing habituality, forms in -या कर- paradoxically also stress the non-universality of an action or event, a property which can be exploited to ironic effect:

दो और दो चार होते हैं ।   'Two and two are four.'

दो और दो चार हुआ करते हैं ।

'(Usually) two and two are four (but maybe not when you're adding).'

वह मुझसे प्यार करती है ।   'She loves me.'

वह मुझसे प्यार किया करती है ।

'She loves me (when there's no one else around).'

Another difference between the ordinary and the marked habitual
is that the latter is exclusively habitual. It cannot be used
in the progressive or future sense of the ordinary habitual in:

ऐस्प्रो निगलकर स्त्री ग़म की लम्बी सांस भरती है ।

'Swallowing an Aspro the woman breathes a long sigh of
sorrow.' (stage direction; progressive sense)

मैं आपको अब एक ज़बरदस्त बात सुनाता हूं ।

'I'm going to tell you something special.'

On the other hand, the marked habitual allows habituality to
be expressed in moods and tenses that are beyond the scope of
ordinary habitual: the future, the imperative, the subjunctive
of desire (see section 6A):

आगे से रोज़ ध्यान लगाया करूंगी ।

'From now on I'll (make it a practice to) meditate daily.'

रोज़ नमाज़ पढ़ा करो ताकि अल्लाह की तारीफ़ हुआ करे ।

'Make it a habit to read Namaz so that Allah may be praised.'

The compound verb occurs freely with -या कर- (although the
कर- of -या कर- is never itself compound):

हम हर गणेशचतुर्थी को पुजारी को एक नारियल दिला दिया करेंगे ।

'We'll make it a point to have the priest given a coconut
on every Ganesha Chaturthi.'

-या कर- is indifferent to voice:

होली गरमी के शुरू में मनाई जाया करती है ।
'Holi is celebrated at the beginning of the hot season.'

-या कर- is not found in the progressive or perfect tenses. Nor does one find -या करना, -या करते हुए, -या करके or other non-finite forms of -या कर-.

It very rarely comes with चाहना, सकना or other verbs which express a state of affairs rather than actions or events. With verbs of starting, stopping or continuing (see 12A) it must come to the right. Thus, in

वह दिन भर बाज़ार में मारी मारी फिरती रहा करती थी ।
'She used to keep wandering aimlessly about in the market all day long.'

one cannot say ...फिरा करती रहती थी.

-या कर- is occasionally found in the simple past used as an alternative to -ता रह-. In such cases it does not take ने:

शेखर बड़ी देर तक समुद्र की लहरें देखता रहा ।
देखा किया ।
'Shekhar kept watching the ocean waves for a long time.'

At other times a verb phrase with -या कर- seems simply to be a more emphatic version of the same thing said without it:

धनिया...बोली: "तुम उसका हाथ पकड़ोगे तो वह चिल्लाएगी ।"
(होरी बोला:) "तो चिल्लाया करे ।" (गोदान: १२५)
'Dhaniya said, "If you catch her by the hand she'll scream." (Hori said,) "So let her scream!"'

Drill 22B. The marked habitual in -या कर- .

Vocab. दौड़ f लगाना -- to jog
रफ़्तार f 3 -- speed
हंसकर -- effortlessly
होनेवाला -- future
X को Y की नज़र लगना -- for Y to cast the evil eye on X

If possible, change the following to the habitual in -या कर- . If impossible, give a reason. Examples:

मैं रोज़ सवेरे स्कूल के मैदान में दौड़ लगाती हूं ।
मैं रोज़ सवेरे स्कूल के मैदान में दौड़ लगाया करती हूं ।

फिर भी अपनी रफ़्तार नहीं बढ़ा पा रही हूं ।
Impossible: -या कर- does not occur in the progressive.

१ बेटा, रोज़ रामायण का एक सफ़ा पढ़ लेना ।

२ बिना चांद के आसमान पर तारे ख़ूब चमकते हैं ।

3 हिन्दू रोज़ देवताओं को फूल क्यों चढ़ाते हैं ?

४ होली के दिन लोग साली-भाभियों पर रंग डालते हैं । और फिर अपने ऊपर डलवाते भी हैं ।

५ असली देशभक्त देश के लिये अपनी जान हंसकर दे देगा ।

६ अब भारत में अप्रैल के आख़िर से गरमी ज़ोर पकड़ लेगी ।

७ जो अपने दिमाग़ का इस्तेमाल करेगा उसको अपने मन की चीज़ मिल जाएगी ।

८ बचपन में अंगीठी के सामने बैठे हुए और कमीज़ की जेब में चूहा छिपाए हुए होनेवाले प्रेज़िडेण्ट लिंकन अपनी स्कूल की किताबों पर रात भर आंखें फोड़ते थे ।

९ छात्रों ! इसी तरह मन लगाकर पढ़ो ताकि तुम्हारी परीक्षा का रिज़ल्ट हमेशा अच्छा रहे और तुम भी प्रेज़िडेण्ट बन सको ।

१० राजस्तानी औरतें बहुत सीधे स्वभाव की होती हैं । और सीधी ज़बान की भी ।

११ बुख़ार के आते ही बेचारे की नाक बहने लगती है ।

१२ विदेशियों द्वारा समुद्र बार बार पार कर लिया जाए, हमसे दुबारा कभी पार नहीं होगा ।

13 पण्डितजी अपने ज्ञान का बहुत अभिमान करते थे, पर हम उस ज्ञान का मज़ाक़ ही उड़ाते थे ।

१४ जब मैं बच्चा था तब मुझे रोज़ पांच फ़रलांग पैदल चलना पड़ता था । अब दस दस चलना पड़ता है ।

१५ ए बुरी नज़र वाले ! तेरी नज़र न लगे !

Drill 22B. Key.

१ पढ़ लिया करना २ चमका करते हैं 3 चढ़ाया करते हैं ४ डाला करते हैं; डलवाया भी करते हैं ५ दे दिया करेगा (but only if one is thinking of a set of patriots giving their lives for their country one after another) ६ Impossible (unless one is describing a permanent climatic change) ७ किया करेगा; मिल जाया करेगी ८ फोड़ा करते थे ९ पढ़ा करो; रहा करे; impossible (unless becoming president can be a habit for someone) १० हुआ करती हैं ११ Impossible for non-finite forms like आते ही and बहने; लगा करती है is fine १२ पार कर लिया जाया करे; but पार नहीं हुआ करेगा conflicts with the sense of a single occasion in दुबारा कभी 13 किया करते थे; उड़ाया करते थे १४ बच्चा था, as a stative, is not susceptible to the marked habitual except with humorous results; चलना as an infinitive cannot take -या कर-; पड़ा करता था and पड़ा करता है are possible १५ Impossible for reasons unknown (compare अपनी नज़र न लगाया कर!)

Chapter Twenty-three

23A. Attaching verb to verb with V-ने पर and V-ने से.

V-ने पर and V-ने से can be thought of as mutually opposed complementizers. V-ने पर is governed by verbs expressing an inclination toward doing something:

वह पिक्चर का नाम सुनते ही जाने पर उतारू हो जाती है ।
'Mention the word "movie" and she's raring to go.'

पद्मा, तुम अपना डिसर्टेशन पूरा करने पर तुल जाओ !
'Padma, make up your mind to finish your dissertation!!'

V-ने से comes with verbs expressing disinclination or refusal:

उन्हें फुर्सत कम नहीं है। फिर भी हमसे मिलने से कतरा जाते हैं ।
'They have all the time in the world, yet they still avoid coming to see us.'

महरी कितनी सुस्त हो गई है । आज बरतन मांजने से भी मना कर दिया ।
'How lazy the kitchen maid has gotten. Today she even refused to scrub the pots.'

The same opposition is found between verbs expressing persuasion or instigation and those expressing dissuasion or prevention:

उसे भांग खाने पर उसके यार-दोस्त उकसा देते होंगे ।
'It's probably his buddies who get him to take bhang.'

डर ने ही मुझे बन्दूक चलाने से रोका ।
'Only fear kept me from firing.'

The meaning of some verbs is determined by complementizer choice:

भूख उन्हें ज़बरदस्ती दिन भर काम करने पर मजबूर करती है ।
'Hunger forces them to work all day whether they want to or not.'

२१९
दो सौ उन्नीस

इज़्ज़त की रोटी खाने से दुनिया मजबूर कर देती है। (Haniff tapes)
'The world prevents (us) from earning a living honorably.'

In some cases V-ने को or V-ने के लिये can be used instead of
V-ने पर :

पर
वह साथ देने को   राज़ी हो गई। 'She agreed to come along.'
के लिये

V-ने से sometimes alternates with V-ना and का of subject (15A):

उसे इस जन्म में सुख प्राप्त करने से
लगता है मुसीबतें   रोकती जांएगी ।
उसका इस जन्म में सुख प्राप्त करना

'It seems misfortunes will continue to prevent his finding
happiness in this life.'

or sometimes with V-ते हुए (18A):

खोलते हुए
बेचारी भाई के सामने मुंह   डरती है ।
खोलने से

'The poor soul is afraid to open her mouth when her brother's
around.'

There is some difference in meaning with V-ते V-ते :

लगाने से   'I didn't hit him.'
मैं उसके एक   रुक गया ।
लगाते-लगाते   'I nearly belted him.'

And V-ने से is not much used when the action is outside conscious
control:

मुझे डकार आते आते रह गई ।   'I almost burped.'

Drill 23A. Attaching verb to verb: V-ने पर and V-ने से.

Using the expressions in parentheses, respond to the questions
or statements below. Examples:

क्या तुमने मेरा लिफ़ाफ़ा भेज दिया ? (रह जाना)
नहीं, मैं तुम्हारा लिफ़ाफ़ा / भेजने से // भेजते-भेजते / रह गया ।

अबे, तूने सिगरेट पीना बन्द किया ? (घरवाली, मजबूर)
हां, घरवाली ने मुझे बंद करने /पर//के लिये/ मजबूर किया ।

Keep the tense the same wherever possible.

१ क्या वह अब भी तुम्हारा पीछा नहीं छोड़ती ? (तैयार है)

२ तुमने दुबारा छींका ? (रह जाना)

3 लगता है, तुम्हारी पत्नी ने बड़ी महंगी साड़ी ख़रीदी होगी ।
(सहेलियां, उकसा देना)

४ (बस में मत चढ़ो!) उस भीड़ में तुम्हारी जेब कटेगी । (V-ने का डर)

५ ये डाकू अब हमारा सारा माल मारकर ही रहेंगे । (कौन, रोकना)

६ क्या रमा अपनी बात सही मनवाना चाहती है ?
(हमेशा, तुला हुआ रहना)

७ तो वह भी तू-तड़ाक से बोलता है ? कमाल है!
(साला, शरम न आना)

८ क्या आपको अपना देश छोड़ते हुए ख़ुशी हो रही है ?
(नौकरी की ज़रूरत, मजबूर)

९ (सुना है,) संस्कृत का मास्टर बच्चों को बहुत पीटता है ।
(उनके शोर मचाते ही, उतारू)

१० (आप की लिखी किताब अच्छी है, जी ।) आप उसे छपा रही हैं ?
(मेरे पति, मना करना)

Drill 23A. Key.

१ नहीं, वह मेरा पीछा छोड़ने /को//पर//के लिये/ तैयार नहीं है ।

२ नहीं, मैं (दुबारा) छींकते-छींकते रह गया ।

3 हां, (उसकी) सहेलियों ने (उसे) ख़रीदने पर उकसा दिया होगा ।

४ हां, कटने का डर होगा । or नहीं, कटने का कोई डर नहीं होगा ।

५   हां, उन्हें हमारा माल मारने से / उनका हमारा माल मारना अब कौन रोकेगा ?

६   हां, वह हमेशा अपनी बात सही मनवाने पर / के लिये तुली हुई रहती है ।

७   हां, साले को तू-तड़ाक से बोलने से / बोलते हुए शरम नहीं आती ।

८   नहीं, नौकरी की ज़रूरत मुझे अपना देश छोड़ने पर / के लिये मजबूर कर रही है ।

९   हां, उनके शोर मचाते ही वह पीटने को / पर उतारू हो जाता है ।

१० नहीं, मेरे पति मुझे उसे छपाने से मना कर रहे हैं ।

Exercise 23A. Attaching verb to verb: V-ने पर and V-ने से.

Translate into Hindi, using V-ने पर and V-ने से wherever possible.

1. Islam forbids Muslims from worshipping any other god than
    (के अलावा) Allah.

2. Did you think that they would agree to give a whole house
    (कोठी) in dowry?

3. I almost died.

4. After death even kings (and) emperors can't force the world
    to praise them.

5. What dentist (डेण्टिस्ट) is afraid to pull (निकालना) a tooth?

6. Even being brothers, as soon as they hear the word "money,"
    they are all set (उतारू) to fight among themselves.

7. Why should women avoid using their intelligence in front of men?

Exercise 23A. Key.

१ इसलाम मुसलमानों को अल्लाह के अलावा और किसी (दूसरे) देवता की पूजा करने से मना करता है ।

२ क्या आपने सोचा (था) कि वे दहेज में पूरी कोठी देने पर राज़ी / तैयार हो जाएंगे ?

३ मैं मरते-मरते / मरने से बच गया । (or मैं तो मर ही गया था ।)

४ मौत के बाद राजे-महाराजे भी दुनिया को अपनी तारीफ़ करने पर मजबूर नहीं कर सकते ।

५ कौनसा डेण्टिस्ट दांत निकालने से / निकालते हुए डरता है ? (or डरेगा ?)

६ भाई होकर भी / होते हुए भी पैसे का नाम सुनते ही आपस में लड़ने को / पर / के लिये उतारू हो जाते हैं ।

७ औरतें आदमियों / स्त्रियां पुरुषों के सामने अपनी अक़्ल (का) इस्तेमाल करने से / करते हुए क्यों कतराएं ?

23B. जितना, जैसा and सा as postpositions.

In Hindi there are a few postpositions which are simultaneously adjectives. They govern the oblique form of nouns or pronouns preceding them, while at the same time agreeing with nouns that follow. The most common postposition of this type is का:

> मैंने उसकी पूजा की तो बहुत मगर वह थी कि उसने ज़रा भी लिफ़्ट न दी।
>
> 'I paid her a lot of court, but she wouldn't give me any encouragement.'

Here का requires the oblique form of वह, namely उस, while itself assuming the feminine form की, to agree with पूजा.

Like का and वाला (see section 2B), जितना is sometimes used as both a postposition and adjective:

> मैं अपनी बहन जितनी लम्बी नहीं हूं।
>
> 'I am not as tall as my sister.'

It is sometimes used with possessive -रे:

> मगर वह मेरे (or मुझ) जितनी सुंदर नहीं है।
>
> 'But she is not so beautiful as me.'

Like relative जितना (see 2A), postpositional जितना expresses quantity as well as degree:

> ख़बरदार, ये पण्डित लोग घोड़े जितना खाना खा सकते हैं।
>
> 'Careful, these pandits can eat as much as a horse.'

Similar to जितना is the postposition जैसा (and its short form सा):

> तेरा भाई तुझ जैसा / तेरे जैसा है, बिलकुल तुझसा ही है।
>
> 'Your brother is like you, just like you.'

तुम जैसों को कविता पसन्द आनी चाहिये ।

'People like you should like poetry.'

हां, मगर तुम्हारी जैसी कविताएं नहीं ।

'Yes, but not poems like yours.'

जितना and जैसा are used to make comparisons. Some of these
have become standardized:

संस्कृत की ज़बान लोहे जैसी कठिन है ।

'The Sanskrit language is as hard as iron.'

उसकी बातों में शहद जितनी मिठास है ।

'The way she talks is as sweet as honey.'

जब उसे गुस्सा आता है तब उसका चेहरा टमाटर जैसा लाल हो जाता है ।

'When he is mad, his face gets as red as a tomato.'

"X जैसा Y" sometimes means not "Y like X," but "Y like X's Y":

बनता पण्डित है मगर गधे जैसा दिमाग़ है ।

'He pretends to be a pandit, but he has the brain of a
donkey.'

In such cases the double postposition का सा is sometimes
encountered:

राजा पृथ्वीराज चौहान का दिल शेर का सा था ।

'King Prithviraj Chauhan had a heart like a lion's.'

Notice that सा does not change का to के .

Postpositions जितना and जैसा are used in place of collapsed
relative clauses. As such they may represent any number of
possible relations holding between the things they compare. Note
the different meanings in:

तुम मुझे अब पहले जैसा नहीं मानती हो ।

'You don't consider me the same person that I once was.'

तुम मुझे अब पहले जैसे नहीं मानती हो ।
'You don't respect me the way you used to.'

तुम मुझे अब पहले जितना नहीं मानती हो ।
'You don't think as much of me as you did before.'

Drill 23B. जितना, जैसा and सा.

Vocab.	क़ैंची f 3 -- scissors	रेशम m 3 -- silk
	ज़बान f 23 -- tongue	कान m 28 -- ear
	ख़रगोश m 3 -- rabbit	आग f 31 -- fire
	मोती m 6 -- pearl	चील f 2 -- kite
		सीधा 19 -- simple

Match halves.

१	क़ैंची जैसी	ठण्ड	२	चांद जैसा	शहर
	जून जैसी	ज़बान		रात जैसा	दिल
	पकौड़े जैसी	गरमी		पत्थर जैसा	अंधेरा
	जनवरी जैसी	नाक		दिल्ली जैसा	चेहरा
3	ख़रगोश के से	बाल	४	गाय जितना	गरम
	मोतियों जैसे	विचार		दूध जितना	सफ़ेद
	बच्चों के से	दांत		पहाड़ जितना	लम्बा
	रेशम से	कान		आग जितना	ऊंचा
				पेड़ जितना	सीधा

५	आज जैसी	नज़र से मत देख
	चांद जैसी	लड़कियां ख़ुश रहती हैं
	पहले जैसी	शकल है उसकी
	तुम जैसी	मोटरें अब नहीं मिलतीं
	चील जैसी	भीड़ पहले नहीं देखी

Drill 23B. Key.

१ क़ैंची जैसी ज़बान
जून जैसी गरमी
पकौड़े जैसी नाक
जनवरी जैसी ठण्ड

२ चांद जैसा चेहरा
रात जैसा अंधेरा
पत्थर जैसा दिल
दिल्ली जैसा शहर

३ ख़रगोश के से कान
मोतियों जैसे दांत
बच्चों के से विचार
रेशम से बाल

४ गाय जितना सीधा
दूध जितना सफ़ेद
पहाड़ जितना ऊंचा
आग जितना गरम
पेड़ जितना लम्बा

५ आज जैसी भीड़ पहले नहीं देखी
चांद जैसी शकल है उसकी
पहले जैसी मोटरें अब नहीं मिलतीं
तुम जैसी लड़कियां ख़ुश रहती हैं
चील जैसी नज़र से मत देख

Exercise 23B. जितना, जैसा and सा as postpositions.

Vocab. हाथी m 9 -- elephant   धूप खाना -- to be in the sun
        दुनिया f 5 -- world   कोयला m 8 -- coal
        X से ख़बरदार रहो ! -- Beware of X!

Convert the following to full relative/co-relative construc-
tions. Example:

उसके हाथ मुझे बर्फ़ जैसे लगे ।
                   जितने ठंडे

उसके हाथ मुझे वैसे ही लगे जैसी बर्फ़ लगती है ।
              उतने ही ठण्डे लगे जितनी बर्फ़ (ठण्डी लगती है) ।

In a few cases the conversion is more natural if the relative
clause is put first.

१ वह फ़िलम-स्टार हाथी जितना मोटा था ।

२ इस दुनिया में हिन्दुस्तान और अमरीका जैसे देश कम हैं ।

३ उसका दिल शेर का सा है ।

४ हर रोज़ धूप खा-खाकर धोबी की बेटी कोयले जितनी काली हो गई ।

५ तुम्हारा भाई तुम सा नहीं है ।

६ अब उसे पहले जितनी तनख़ाह नहीं मिलती होगी ।

७ मेरी नाक पिताजी की सी ही है ।

८ उस समय उस की उमर आप जितनी होगी ।

९ आप जैसे लोगों को पेट भरने में क्या तकलीफ़ होगी ?

१० पता नहीं उसको अपने आप पर लड़कियों सी शरम क्यों आती है ।

११ छी ! उस गुंडे की बातों जितनी गन्दी बातें कभी नहीं सुनीं ।

१२ नूर जहान की आवाज़ में शहद जैसी मिठास नहीं है ।

Exercise 23B. Key.

१ वह फ़िल्म-स्टार उतना (ही) मोटा था जितना हाथी ।

२ इस दुनिया में ऐसे / वेसे देश कम हैं जैसे हिन्दुस्तान और अमरीका ।

जैसे हिन्दुस्तान और अमरीका देश हैं वैसे / ऐसे देश इस दुनिया में कम हैं।

3 उसका दिल वैसा (ही) है जैसा शेर का (होता) है ।

४ हर रोज़ धूप खा-खाकर धोबी की बेटी उतनी ही काली हो गई जितना (कि) कोयला (होता है) ।

५ तुम्हारा भाई वैसा नहीं है जैसे तुम हो ।

जैसे तुम हो वैसा तुम्हारा भाई नहीं है ।

६ अब उसे उतनी तनख़ाह नहीं मिलती होगी जितनी पहले मिलती थी ।

७ मेरी नाक वैसी ही है जैसी पिताजी की ।

८ उस समय उस की उमर उतनी (ही) होगी जितनी आप की (अब) है ।

९ जैसे लोग आप हैं वैसों को पेट भरने में क्या तकलीफ़ होगी ?

१० पता नहीं उसको अपने आप पर वैसी शरम क्यों आती है जैसी लड़कियों को (अपने आप पर) आती है ।

११ छी! जितनी गन्दी बातें उस गुंण्डों की (होती हैं) उतनी गन्दी बातें कभी नहीं सुनीं ।

छी! उतनी गन्दी बातें कभी नहीं सुनीं जितनी (गन्दी) (कि) उस गुंण्डे की होती हैं ।

१२ नूर जहान की आवाज़ में ऐसी मिठास नहीं है जैसी शहद में / की (होती) है ।

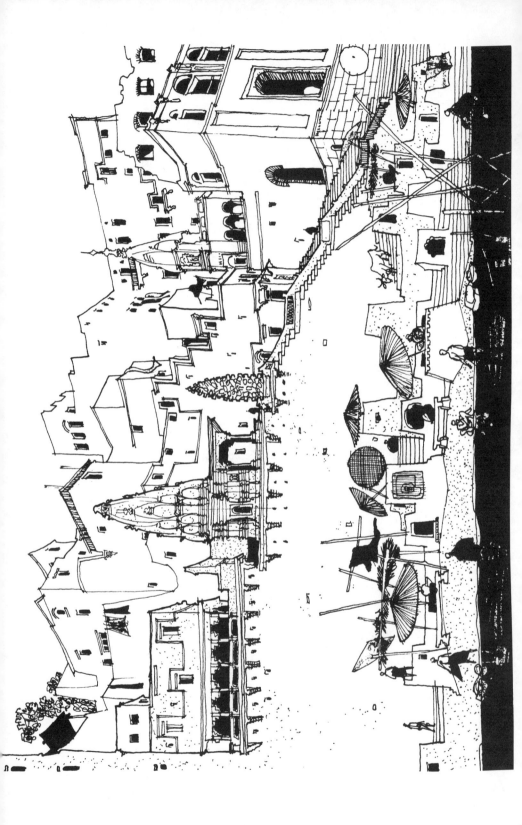

Chapter Twenty-four

24A. Compound verbs: meanings.

Chapter 8 shows how one may find the least-marked compound
form of nearly any verb in Hindi. In section 12A are described
some of the contexts in which one must not use a compound form.
It is natural to ask what is the difference in meaning between
the compound and non-compound forms of a given verb in contexts
where either form occurs. There is no formula that can be
mechanically used to decide when to use a compound verb and when
not to. Not enough is known about the meanings of the compound
verb to provide such instruction, even if there were space to
write it all down. Correct use of the compound verb is a matter
that is much more complex and subtle than learning the correct
use of the causative or of the subjunctive. It is something one
learns gradually, over the years, after hearing and seeing the
compound verb thousands of times and after making many mistakes
which, with a bit of luck, native speakers of Hindi will correct.
However, this is not to make an unfathomable mystery out of it.
There is a great deal one can learn by conscious attention, study
and practice.

First we will look at some general formulations of the dif-
ference in meaning between the compound and the simple verb.
Then we will examine how these differences are realized in con-
crete situations.

An action may be thought of as consisting of a number of
stages or phases. First is the stage of inaction, of intention
and preparation; then comes the stage of effort; then the consum-
mation of action leading to achievement, change or transition to
something new. In most general terms, using a compound verb al-
lows the mind to travel across the phases of an action. Using
the simple verb illuminates a single stage. (However, the choice
of when to let the mind travel fully through the phases of an

action and when not to is not a matter of simple whim. There is
remarkable agreement about when a full look is appropriate and
when a simple flash will do. This agreement is such that speak-
ers of Hindi are able to restore an author's choices to a doc-
tored text with a high degree of accuracy, provided they are able
to see the full context.)

If someone says विक्रान्त कमरे में आया in one's mind's eye one
sees Vikrant inside the room. But if one says विक्रान्त कमरे में
आ गया, this fairly simple picture becomes complicated or
deepened in some way. One may think of Vikrant as someone suc-
cessively outside and then inside the room. One becomes con-
scious of both the process and the result of Vikrant's passage
into the room. Or, depending on context or intonation, one may
come to know the speaker's attitude toward this event, that is,
how it changed him. Perhaps he was anxiously waiting for Vikrant
and was relieved by his arrival. Or perhaps he was quite happy
before Vikrant came and annoyed by his entrance.

Using the non-compound to express an action usually indicates
that the speaker is interested only in the result of the action.
That is why the simple verb occurs to express actions whose re-
sults are routine, predictable or at least not out of the normal:

आज सुबह मुझे आपका १८ नवम्बर का ख़त मिला ।
'Your letter of November 18 came this morning.'

To say मिल गया here might imply that I was unhappy to get it,
or that I had been anxiously waiting for it or that it had been
lost and I found it again. The mind becomes filled with possible
interpretations. Another example:

मेरा जनम उन्नीस सौ बयालीस में हुआ ।
'I was born in 1942.'

To use the compound हो गया here would have humorous effect: I
was born by mistake or without wanting to or after having waited

around (in heaven?) for a long time. Or after several attempts.
In short, using the compound forces one to entertain various
alternatives to my simply being born when I was.

Sometimes a non-compound is used not to record a result with-
out attention to the activity preceding it, but to record preced-
ing activity without attention to the result. In the following
the development of a family crisis is being referred to as the
sinking of a boat:

किसी ने (नाव) डुबाई ।   अब तो डूब गई ।   (गोदान 123)

'Somebody sank the boat. And now it has sunk.'

This is actually not an accurate translation. What the speaker
intends is that someone was engaged in the process of making the
boat sink. And, as a result of that, it has now sunk. He must
use a non-compound verb in the first sentence because at that
point he is concerned only with the process of sinking something.
It is in the second clause that he reveals the result. This re-
sult is seen as a transition (from being afloat to being sunk).
Hence the compound form डूब गई.

It is this ability of the non-compound verb to express pro-
cess without comment on result that is behind certain idioms in
Hindi that strike the speaker of English as contradictions:

मैं तसवीर बनाता हूं लेकिन तसवीर नहीं बनती । (film song)

'I (try to) make a picture but the picture doesn't make.'

उसको मैं ने कितना ही मनाया, वह नहीं मानी ।

'No matter how I persuaded her, she wouldn't come round.'

Had बना लेता हूं (or मना लिया) been used, then there would have
been a contradiction in saying तसवीर नहीं बनती (or वह नहीं मानी)
since the compound expresses the successful completion of the ac-
tion of making a picture (or persuading someone). Only the sim-
ple verb may express unsuccessful attempt.

Similar to unsuccessful action is action that does not lead

to change. For instance, the force of gravity can work without
visible effect:

पृथ्वी चांद को अपनी ओर खींचती है ।

'The earth attracts the moon toward itself.'

To put खींच लेती है here would summon the moon toward the earth,
an effect more like that of a magnet on iron filings:

चुम्बक लोहे के टुकड़े अपनी तरफ़ खींच लेता है ।
'A magnet draws pieces of iron to itself.'

Certain actions by their very nature do not lend themselves
to expression by compound verbs. Some of these, like चाहना and
प्यार करना 'to love' were discussed in section 12A as "statives."
Others, like खेलना 'to play', or तैरना 'to swim' may involve
vigorous activity but without leading to change or transition.
These rarely occur as compounds:

मैंने जी भरकर टेनिस खेल लिया है ।
'I've played tennis to my heart's content.'

Conversely, certain actions or events seem always to imply tran-
sition and to invite the kinds of interpretation that require
compound expression: भूल जाना, ऊब जाना and many antitransi-
tives appear compound unless there is some specific restriction
to prevent their doing so (see section 12A).

The compound verb emphasizes the action as such. Elements
in the sentence that qualify the action in such a way as to draw
attention away from it often prefer the simple verb:

भतीजी ने यह सफ़ा बड़ी मुश्किल से नक़ल किया ।
'My niece copied out this page with great difficulty.'

The interrogative and, of course, the negative, have this
effect. Other elements (यूं ही , आखिर , etc.) or even whole con-
structions promote the occurrence of the compound verb by focus-

sing attention on the action itself:

वह यूं ही कुएं पर बैठ गया ।

'He simply sat down on the well.'

मैं पैसे देने ही वाला था कि भिखारी ने अचानक मेरा पीछा छोड़ ही दिया । (V-ने ही वाला था कि ... CV)

'I was on the verge of giving (him some) money when all at once the beggar gave up the chase.'

हाथी ने उसे पीछे हटा दिया यहां तक कि वह आग में गिर गया ।

'The elephant drove him back, to the point where he fell into the fire.' (...यहां तक कि... CV)

In some situations attention to the successive phases of an action may seem too insistent, if not impertinent. For instance, when inviting someone to come in, to sit down, to eat something, it is more polite to use the simple verb:

आइये, साहब । बैठिये । हमारा अल्बम देखिये ।

'Come in, Sahab. Have a seat. Take a look at our album.'

Using the compound can add a measure of briskness to an outwardly polite आप-form.

एक मिनट ठहर जाइये । इंस्पेक्टर अभी आते हैं ।

'Just a minute, please! The inspector is on his way.'

In extreme situations, imperatives tend not to be compound:

बचाओ! बचाओ! 'Help! Save me!'

चोर पकड़ो! 'Stop thief!'

For more on the meanings of the compound verb, see Pořízka 1967-69 and 1972 and Hook 1974.

Drill 24A. Compound verbs: meanings.

Vocab. जवाब m 23 -- answer   बड़ी चीज़ f -- hot stuff, fox

Match the contexts with the compound or simple verb. Explain the appropriateness of your choice. Examples:

A पहुंचो - पहुंच जाओ

पहले दिल्ली ___ ! उसके बाद ही हम तुम्हें नौकरी दिलवाएंगे ।
मज़दूरो! किसानो! छात्रो! दिल्ली ___!

Aa: पहुंच जाओ because the context focuses attention on the completion of the first act as a precondition for the second.
Ab: पहुंचो is appropriate for shouted slogans.

B गिरता है - गिर जाता है

बरसात के दिनों में छत से पानी ___ ।
बाल्टी को अगर ज़्यादा भरा जाए तो पानी बाहर ___ ।

Ba: गिरता है for unremarkable, normal action. Bb: गिर जाता है suggests the inconvenience of undesired spilling.

१ बैठिये - बैठ जाइये

ए, चाचाजी! ___! हमें स्क्रीन दिखाई नहीं दे रहा!
___, चाचाजी। मैं बाबूजी को अभी बुलाती हूं।

२ जला - जल गया

उसका पैर अंगीठी से लग जाने से ___ मेरे नज़र डालने से नहीं ।
अंगीठी में कोयले भरते वक़्त उसका हाथ ___ ।

3 पढ़ा - पढ़ लिया

बूढ़े हो जाने पर रामायण हर रोज़ ___ करना ।
परीक्षा देते समय जवाब शुरू करने से पहले सवाल को पूरा ___ करना ।

४   चोरी हुई - चोरी हो गई

जब मैं छोटा था तब एक बार हमारे यहां ____ थी ।
आख़िर, सोफ़े की भी ____ थी ।

५   कटाए - कटा लिये

माता-पिताजी की शिकायतें लगातार सुननी पड़ीं ।   आख़िर, मैंने
जाकर बाल ____ ।
कल मैंने बाल ____ और शैम्पू भी करा लिया ।

६   अपने पास रखो - अपने पास रख लो

अगर उनके बच्चे भी आ रहे हों तो माचिस और कैंची जैसी चीज़ें
____ ।
अपने सुझाव ____ !

७   पकड़ा - पकड़ लिया

दोस्तों ने एक दूसरे का हाथ ____ और इकट्ठे बाज़ार में घूमते रहे ।
वह अभी अभी नदी के पुल तक पहुंचनेवाला था कि पुलिस ने
उसे ____ ।

८   खाओ - खा लो

यह मिठाई ____ ।   अच्छी बनी है ।
यह मिठाई ____ ।   पेट भर जाएगा ।

९   दिखाई दिये /दीं - दिखाई दे गये /गईं

ख़रगोश के टमाटर के पौधों के नीचे छिपने पर भी चील को उसके
कान ____ ।
हमारे मकान की जगह जलती हुई लकड़ियां ____ ।

१०   देती है - दे देती है

अरे यार, वह तो बड़ी चीज़ है और मुझे बहुत लिफ़्ट ____ ।
बाक़ी जनों को तो लिफ़्ट ____ ।   मुझे क्यों नहीं ?

Drill 24A. Key.

1a: बैठ जाइये gives a more peremptory tone to a command addressed
to a stranger. 1b: बैठिये is more appropriate for an older
relative who is perfectly willing to co-operate.

2a: जला, since the attention of the speaker is absorbed with the
how of the action rather than with the action itself. 2b: जल
गया would be normal (although intonation probably controls
the preferences here).

3a: पढ़ा. The speaker is inviting the addressee to read <u>in</u> the
Ramayana rather than through it. 3b: पढ़ लिया. Here both V-ने
से पहले and पूरा are promoting the compound form.

4a: चोरी हुई would be normal unless the speaker was waiting to
be robbed. 4b: चोरी हो गई agrees with the irony of आख़िर.

5a: कटा लिये with आख़िर suggests a prior period of resistance.
5b: कटाए subsumes the haircut under the larger act of barber-
ing which was rounded off with a shampoo.

6a: अपने पास रख लो suggests forethought and anticipation of ac-
cidents. 6b: रखो is appropriate to action without visible
effect (cf. पृथ्वी चांद को अपनी ओर खींचती है ।).

7a: पकड़ा is better, especially if grabbing the hand is seen as
a subsidiary part of the act of walking together. 7b: पकड़
लिया brings out both the anticipation of escape and the fear
of getting caught.

8a: खाओ because eating the candy is presented as good in itself.
8b: खा लो here because eating the candy is seen as a means
to some end.

9a: दिखाई दे गये, especially if the kite spots him in spite of the
rabbit's efforts to stay out of sight. 9b: दिखाई दीं, since
the flames are in plain sight of the former house-owners.

10a: देती है. The speaker is taking pleasure in the fact itself.
10b: दे देती है, in contrast, suggests the speaker's feelings
of frustration.

Exercise 24A. The compound verb: meanings.

In translating the following into Hindi use a compound and a non-compound form of each of these: सोना, चलना, रखना, बैठना, बजना, छूटना.

1. Boys! How long will you keep on making (this) racket? Go to sleep now, quick.
2. Girls! Don't put your stuff here. You will sleep in the room upstairs.
3. In the hands of an educated man like you, a gun fires with great difficulty.
4. Be careful (ध्यान से)! This gun goes off as soon as (V-ते ही) a hand touches (लगना) it.
5. Shopkeepers keep good (बढ़िया) merchandise separate from the bad (घटिया).
6. Grandfather keeps one seer of honey for himself. The rest he sells.
7. Sit comfortably (आराम से) for a while. It's only five o'clock. The train will leave at six.
8. It's already six o'clock. Take your seat inside. Otherwise the train will leave and you'll be left (रह जाना) behind.

Key.

१ बच्चो! तुम कब तक शोर मचाते रहोगे ? अब जल्दी सो जाओ।
२ बच्चियो! अपना सामान यहां मत रखो! तुम (तो) ऊपरवाले कमरे में सोओगी।
३ आप जैसे पढ़े-लिखे आदमी के हाथों में बन्दूक बड़ी मुश्किल से चलती है।
४ ध्यान से! यह बन्दूक हाथ लगते ही चल जाती है।
५ दूकानदार बढ़िया माल घटिया से अलग रखते हैं।
६ दादाजी एक सेर शहद अपने लिये रख लेते हैं। बाक़ी (तो) बेच देते हैं।
७ थोड़ी देर तक आराम से बैठो। पांच ही बजे हैं। गाड़ी तो छह बजे छूटेगी।
८ छह बज गए हैं। अंदर बैठ जाओ! वरना गाड़ी छूट जाएगी और तुम पीछे ही रह जाओगे।

24B. Inclusive imperatives.

In Hindi, when the speaker wishes to include himself in a command, he uses the subjunctive:

चलो, अब हम घर चलें।	'C'mon, let's go home now.'
हम कोई तरकीब निकालें ।	'Let's think of a solution.'

Since the speaker is included, this mood is used in asking for assent, too (see section 6A):

यहां से खिसक जाएं हम ?	'Shall we split this scene?'
अब थोड़ा आराम कर लें ?	'Shall we rest up a bit?'

The passive is very frequently used in such inclusives:

चलो, यार, आज रात पिक्चर देखी जाए, पिक्चर !
'C'mon, good buddy, let's take in a show tonight!'

तो मुन्नी को आज नई फ़्राक पहनाई जाए ?
'So shall we put Munni's new dress on (her) today?'

As an inclusive, this construction freely occurs with intransitives:

हम यहां बैठें।	यहां बैठा जाए।	'Let's sit here.'
हम जाएं अब ?	अब जाया जाए ?	'Shall we go now?'

It is possible to use the subjunctive of the antitransitive in the same way:

चलो, अब सामान बंध जाए।	'C'mon, let's pack the stuff now.'

But without context or an indication like चलो, the subjunctive of the antitransitive can apply to any person:

लारी कब तक लदे ?
'When shall I (you, he, we, they, etc.) load the truck?'

Drill 24B. Inclusive imperatives.

Use the subjunctive with the phrases in parentheses to complete short conversations between two persons. Examples:

A: मुन्नी आज कितनी सुन्दर लग रही है! (उसका फ़ोटो खिंचना) (खींचना)
B: उसका फ़ोटो खिंचे ? A: हां, खींचा जाए।

A: लगता है, आज पानी बरसकर ही रहेगा। (छाता लेना) (जल्दी घर लौटना)
B: तो छाता लिया जाए ? A: नहीं, जल्दी घर लौटा जाए।

१ भई, पेट बड़े ज़ोर से दर्द कर रहा है। (डाक्टर को बुलाना) (नौकर से बुलवाना)

२ कल हमें कमरा ख़ाली करना है। (दूसरा कमरा तलाश करना) (बीच पर ही सोना)

३ बाज़ार में घूमते-घूमते थक गई हो ? मैं तो थोड़ी धूप खा गया हूं। (अब घर जाना) (और घर जाकर लेटना)

४ आज मेरा आम का मन है। (बाज़ार से लेने चलना) (अपने पेड़ का ही चूसना)

५ ख़बरदार! इन फूलों में कांटे हैं। (क़ैंची से कटना) (और किसी क़िस्म के तोड़ना)

६ मुझे जाने क्यों इतनी भूख लगी है। (जलेबी जैसा कुछ मीठा बन जाना) (कबाब बनाना)

७ इस महीने घर का ख़र्च बहुत ज़्यादा हो गया है। (बच्चों को खिलाना-पिलाना बन्द करना) (तुम्हारा साड़ियां ख़रीदना बन्द कर देना)

८ देखा ? इस बीच पर हमारे अलावा कोई भी नहीं! (कपड़े उतारकर तैरना) (समुद्र की लहरों में खेलना)

Drill 24B. Key.

१ डाक्टर को बुलाया जाए ? हां, नौकर से बुलवाया जाए ।

२ तो दूसरा कमरा तलाश किया जाए ? नहीं, बीच पर ही सोया जाए ।

३ अब घर जाया जाए ? हां, और घर जाकर लेटा जाए ।

४ बाज़ार से लेने चला जाए ? नहीं, अपने पेड़ का ही चूसा जाए ।

५ तो कैंची से कटें ? नहीं, और किसी क़िस्म के तोड़े जाएं ।

६ तो जलेबी जैसा कुछ मीठा बन जाए ? नहीं, कबाब बनाए जाएं ।

७ तो बच्चों को खिलाना-पिलाना बंद किया जाए ? नहीं, तुम्हारा साड़ियां ख़रीदना बंद कर दिया जाए ।

८ कपड़े उतारकर तैरा जाए ? हां, समुद्र की लहरों में खेला जाए!

Exercise 24B. Inclusive imperatives.

Translate into Hindi using the subjunctive passive where possible.

1. My teacher is going to play the sarod now. Shall we stay (रुकना)? Or go home?

2. C'mon (चलो), let's get out of here! I'm allergic to junk (रद्दी) music.

3. Shall we finish these peanuts? I for one (मैं तो) am dying of hunger.

4. Let us go (बढ़ना) ahead at a very slow speed so that they won't notice (पता चलना) us.

5. By (V-कर) marrying them right away, let us preserve (बचाना) our honor at least (तो सही).

Key.

१ मेरे उस्ताद अब सरोद बजानेवाले हैं । रुका जाए ? या घर जाया जाए?

२ चलो, यहां से निकला जाए! मुझे रद्दी संगीत से ऐलर्जी है ।

३ यह मूंगफली ख़तम की जाए ? मैं तो भूख से मर रहा हूं (or मरे जा रहा हूं) ।

४ बहुत धीमी रफ़्तार से आगे बढ़ा जाए ताकि उन्हें हमारा पता न चले ।

५ उनकी शादी फ़ौरन करके अपनी इज़्ज़त बचाई जाए तो सही ।

Chapter Twenty-five

25A. The counter-to-fact.

In Hindi if a speaker wishes to talk about actions and event he knows not to have happened, he may use the counter-to-fact (CTF):

अगर ठाकुर ज़रा ध्यान रखता तो उसका राज़ न खुलता ।

'If the Thakur had been a little careful his secret would not have gotten out.'

Here the speaker knows that the Thakur was in fact not careful and that his secret did in fact come out.

The counter-to-fact is formed by replacing the ending that marks tense with the corresponding ending in −ता :

| तुम गए । | अगर तुम जाते... | (simple CTF) |
| 'You went.' | 'Had you gone...' | |

| तुम गए थे । | अगर तुम गए होते... | (perfect CTF) |
| 'You had gone.' | 'Had you gone...' | |

| तुम जा रहे थे । | अगर तुम जा रहे होते... | (progressive CTF) |
| 'You were going.' | 'Had you been going...' | |

| तुम रोज़ जाते थे । | अगर तुम रोज़ जाते (होते)... | (habitual CTF) |
| 'You went daily.' | 'Had you gone every day...' | |

Note the absence of ने in the simple CTF:

तुमने क्या किया ?   तुम क्या करते ?
'What did you do?' 'What would you have done?'

The negative is usually न (although नहीं is also used):

मैंने कुछ नहीं कहा।   मैं कुछ न कहती ।
'I said nothing.' 'I would not have said anything.'

The simple CTF of stative था may be होता or simply था, especially in a "then" clause:

अगर आप बिल्कुल कुशल से होतीं तो बहुत अच्छा होता । / था ।

'It would be nice if you were in perfect health.'

Of चाहिये it is चाहिये था:

मेरे बाल काटने से पहले तुम्हें कैंची तेज़ करनी चाहिये थी ।
'Before cutting my hair you should have sharpened the scissors.'

Since the counter-to-fact refers to events whose occurrence is excluded, we usually find it used in the past, since it is in the past that we can be most positive that something has not occurred. However, the CTF sometimes refers to the present and even to the future:

दीवानचन्द आज भी शाह दीवानचन्द होते । (प्यालियां टूटती हैं: 73)
'Divanchand would still be Lord Divanchand today.'

अगर मैं आपकी जगह होता तो अगले हफ़्ते जाता ।
'If I were you I would go next week.'

The counter-to-fact is frequently used in "if...then..." constructions:

अगर यह क़मीज़ रेशम की होती तो ठण्डे पानी में धुल जाती ।
'If this shirt were made of silk it would come clean in cold water.'

If such constructions refer to the past the simple CTF and the perfect CTF can be used interchangeably. Compare:

यदि तुमने प्रेम शब्द का प्रयोग न किया होता तो वह तुम्हारी बात ज़रूर मान लेता ।

यदि तुम प्रेम शब्द का प्रयोग न करतीं तो उसने ज़रूर तुम्हारी बात मान ली होती ।

'If you had not used the word "love" then he certainly would have gone along with what you said.'

However, there are contexts where the counter-to-fact acts as a kind of past subjunctive of desire (see 6A). In these cases only the simple CTF may be used:

आपको यह चाहिये कि ख़रीदने से पहले ही सोना तोल लें ।
'What you should do is weigh the gold before buying it.'

आपको यह चाहिये था कि ख़रीदने से पहले ही सोना तोल लेते ।
'What you should have done was to weigh the gold before buying it.'

क्या यह ज़रूरी है कि तुम भिखारी को पूरा एक रुपया दो ।
'Is it necessary for you to give the beggar a whole rupee?'

क्या यह ज़रूरी था कि तुम भिखारी को पूरा एक रुपया देते ?
'Was it necessary for you to give the beggar a whole rupee?'

Sometimes a difference in meaning (rather than a difference in tense) determines the choice of subjunctive or counter-to-fact:

स्त्रियां चाहती थीं कि पुरुष उनपर ज़ुल्म न करें ।
'Women wanted men not to be cruel to them.'

स्त्रियां चाहती थीं कि पुरुष उनपर ज़ुल्म न करते ।
'Women wished that men were not cruel to them.'

मैं अब भी उसे वह आदमी नहीं समझती जिसके साथ मैं पूरी ज़िन्दगी
काट {सकूं । / सकती । }

'I still don't consider him to be the man with whom I could {get / have gotten} through a whole lifetime.'

The CTF is often found with काश कि... 'If only...':

काश कि मैं यह भांप जाता !   'If only I had guessed this!'

Drill 25A. The counter-to-fact.

For each of the following, find the corresponding <u>if-then</u> sentence in the counter-to-fact. Examples:

उसे अपने मन की फ़्राक नहीं मिली। इसलिये उसका मूड ख़राब था।
अगर उसे अपने मन की फ़्राक मिल जाती तो मूड ख़राब न होता।

हमारी परीक्षा अगले हफ़्ते ली जा रही है। यह अच्छा नहीं है।
हमारी परीक्षा यदि अगले हफ़्ते न ली जा रही होती तो अच्छा होता।

१ आसमान में सूरज है। इसलिये हम धरती पर हैं।

२ गुण्डे ने घोड़े को टांग मारी। इसलिये तांगेवाला गुस्सा हुआ।

3 आज सवेरे से धूप निकली नहीं है। इसलिये हम तुम्हारे साथ नहीं चलेंगे।

४ तुम लड़ना पसन्द करते हो। इसलिये तुम पिटे।

५ बेटे, तू अपने आप पर डिपेंड नहीं करता। यह अच्छा नहीं।

६ वह हमारे पति का दोस्त था। इसलिये हमें इतना अफ़सोस हुआ।

७ वह इतनी सुस्त है कि उसने अब तक अपनी थीसिस पूरी नहीं की।

८ बन्दा ख़रगोश जैसे भाग गया। तभी हमारा पीछा छूट पाया।

९ दर्ज़ी ने सीते समय ज़रा भी ध्यान नहीं दिया। इसलिये पैंट बिना बटनों के बन गई।

१० भक्त लोग भगवान पर असली विश्वास नहीं करते थे। तभी उनपर संकट की यह घड़ी आई।

११ तू चांद पर थूक रहा था। तभी तेरे मुंह पर पड़ा।

१२ इस आदमी को सीधी लकीर खींचनी नहीं आती। इसी से अपने को इंजीनियर कहलवाने का हक़ नहीं रखता ?

१3 छबन के अंगूठे में चोट लगी। वह अपने आप कैंची तेज़ करने पर तुल गया था।

१४ साला हमसे मिलने से क्यों कतरा गया ? इसलिये कि उसने हमारा पैसा हज़म कर लिया ।

१५ इस दुनिया में हरेक इज़्ज़त से रह नहीं सकता । यह कितनी बुरी बात है !

Drill 25A. Key.

१ अगर आसमान में सूरज न होता तो हम धरती पर न होते ।

२ अगर /गुण्डा घोड़े को टांग न मारता// गुण्डे ने घोड़े को टांग न मारी होती / तो तांगेवाला गुस्सा न (हुआ) होता ।

3 अगर आज सवेरे से धूप निकली होती तो हम तुम्हारे साथ चलते ।

४ अगर तुम लड़ना पसंद न करते (होते) तो तुम न पिटते ।

५ बेटे, अगर तू अपने आप पर डिपेंड करता तो अच्छा होता ।

६ अगर वह हमारे पति का दोस्त न होता तो हमें इतना अफ़सोस न (हुआ) होता ।

७ अगर वह इतनी सुस्त न होती तो वह अब तक अपनी थीसिस पूरी कर लेती । (or ...उसने अब तक अपनी थीसिस पूरी कर ली होती ।)

८ बन्दा अगर ख़रगोश जैसे न भागता तो हमारा पीछा न छूट पाता ।

९ सीते समय अगर दर्ज़ी ज़रा भी ध्यान देता तो पैंट बिना बटनों के न बनती ।

१० भक्त लोग यदि भगवान पर असली विश्वास करते (होते) तो उनपर संकट की यह घड़ी न आती (or आई होती) ।

११ तू अगर चांद पर न थूक रहा होता तो तेरे मुंह पर न पड़ता ।

१२ अगर इस आदमी को सीधी लकीर खींचनी आती होती तो इसीसे अपने को इंजीनियर कहलवाने का हक़ रखता ?

13 अगर छबन अपने आप कैंची तेज़ करने पर न तुलता तो उसके अंगूठे में चोट न / लगती// लगी होती/ ।

१४ साला हमारा पैसा हज़म न करता तो हमसे मिलने से क्यों कतराता ?

१५ इस दुनिया में हरेक इज़्ज़त से रह सकता तो कितनी अच्छी बात होती!

Exercise 25A. The counter-to-fact.

Translate into Hindi.

1. It would be good if there were more sweetness in the Marathi (मराठी) language.

2. The government should have paid more attention to the question of land.

3. Who would have chased you away? Who was there who would have recognized you?

4. I wish (जी चाहना) that I had a daughter.

5. By the time the cane would have gotten ripe the elephants would have pulled up all the plants, so I didn't put (लगाना) any in.

6. My niece didn't think the Sardarji was a man whom she could have trusted for a whole (भर) lifetime (जन्म).

7. Was it so (ऐसा क्या) necessary that you celebrate my birthday before I got back?

Key.

१ अगर मराठी ज़बान में ज़्यादा मिठास होती तो अच्छा होता।

२ ज़मीन के सवाल पर सरकार (और) ज़्यादा ध्यान देना चाहिये था।
सरकार को चाहिये था कि वह ज़मीन के सवाल पर ज़्यादा ध्यान देती।

3 कौन तुम्हें भगा देता ? वहां कौन था जो तुम्हें पहचान लेता ?

४ जी चाहता है कि (or क़ाश कि) मेरे लड़की होती।

५ /गन्ने के पकने से पहले ही// जब तक गन्ना पकता/ हाथी सारे पौधे उखाड़ देते इसलिये मैंने (कोई पौधा) नहीं लगाया।

६ मेरी भतीजी नहीं सोचती थी कि सरदारजी ऐसे आदमी थे जिनपर (कि) वह जन्म भर के लिये भरोसा कर सकती।

७ ऐसा क्या ज़रूरी था कि तुम / मेरी वर्षगांठ// मेरा जनम दिन/ मेरे वापस /आने //लौटने/ से पहले मना लेते ?

25B. मानों and जैसे with the subjunctive. And सा .

In Hindi मानों or जैसे with the subjunctive renders English <u>as if</u> (मानों is slightly more formal than जैसे):

मुझे ऐसा लगता था जैसे मुझे प्रेम हो गया हो ।
'It seemed to me as if I were in love.'

बहू इस तरह हमारी शिकायत करती है मानों हम उसपर बड़ा ज़ुल्म करते हों ।
'Daughter-in-law complains about us as if we were being terribly cruel to her.'

Clauses beginning with जैसे or मानों are often keyed to their main clause with ऐसा, ऐसे or इस तरह:

वह मेरी तरफ़ ऐसे देख रहा था जैसे मैं उसका दुश्मन होऊं ।
'He was looking at me as if I were his enemy.'

Clauses in मानों or जैसे commonly occur in expressions of pretense:

मत दिखाओ जैसे तुम्हें परीक्षा की रिज़ल्ट पर ताज्जुब हो ।
'Don't pretend to be surprised at the examination results.'

वह बन रही है मानों उसे उस पुरुष से कोई मतलब न हो ।
'She's acting as if she had nothing to do with that man.'

When such clauses refer to the past, the indicative is used:

मानों आज शुक्रवार हो! मानों उस दिन तुम्हारी वर्षगांठ थी!
'As if today is Friday! As if that day were your birthday!'

Like many relative clauses in जैसे, "as if" clauses in जैसे can be reduced to postpositional phrases:

आप तो ऐसे रहते हैं जैसे कोई छोटे राजा हों ।
आप तो किसी छोटे राजा जैसे रहते हैं ।
'You live like (=as if you were) a little king.'

Postpositional जैसे can be further reduced to adjectival (जै)सा:

मेरा छोटे से छोटा काम तुम्हें ऐसा लगता है जैसे पहाड़ हो ।
मेरा छोटे से छोटा काम तुम्हें पहाड़ (जै)सा लगता है ।
'The least little thing I ask you to do seems like a mountain to you.'

मानों and जैसे can be used as independent hedges on a statement. As such they govern the indicative rather than the subjunctive:

आजकल दुनिया जैसे छोटी हो रही है ।
'Nowadays the world is as if shrinking.'

तुम मानों हिन्दुस्तानी मसालों के आदी हो गये हो ।
'You've become as it were addicted to Indian spices.'

सा is used in a similar way with nouns, adjectives, adverbs, even verbs:

मरीज़ के माथे पर दर्द की लकीरें सी दिखाई दीं ।
'Something like lines of pain appeared on the patient's brow.'

धीमी सी आवाज़ में वह मार्फ़ीन मांगने लगा ।
'In a somewhat faint voice he began to ask for morphine.'

एक जवान सी औरत उठ खड़ी हुई और उसने मेरी बात पर ज़बरदस्त एतराज़ किया ।
'A youngish woman got up and objected violently to what I'd said.'

अपनी बात ख़त्म करके मेरी तरफ़ देखा और मुसकरा सी दी ।
'When she was finished she looked my way and, it seemed, smiled.'

Notice that when सा is being used as a hedge it does not require the oblique form of noun which precedes. Compare:

पानी में शीशे सी चमक थी । (postpositional सा)
'The water had the gleam of a mirror.'

पानी में शीशा सा चमक रहा था ।   (सा as hedge)
'In the water was shining something like a mirror.'

With certain adjectives of degree सा intensifies rather than
attenuates the meaning:

तुम्हें इतनी सी बातों पर दोस्तों से यूं ही चिढ़ हो जाती है ।
'You get annoyed with your friends over the least little
things for no reason at all.'

हिन्दुस्तान में आम लोग अपने कुत्तों का ज़रा सा भी ख़्याल नहीं रखते ।
'In India ordinary people don't take care of their dogs at
all.'

मुझसे थोड़ी सी भी मिर्च बरदाश्त नहीं होती ।
'I cannot stand even a little bit of (chili) pepper.'

Drill 25B. मानों and जैसे with the subjunctive. And सा.

Convert the following double clauses into single ones, by
using मानों, जैसे , जैसा, जितना or सा. Examples:

तुम इस तरह बकवास कर रही हो जैसे तुम गधी हो ।
तुम गधी जैसे बकवास कर रही हो ।

मौत की ख़बर सुनने के बाद (कुछ ऐसा लगा) जैसे वह थक गया हो ।
मौत की ख़बर सुनने के बाद वह थक सा गया ।

१ क्या तुममें उतनी हिम्मत है जितनी कि उसमें है ?
२ ठण्ड लगकर उसकी नाक ऐसी लाल हो गई थी जैसे वह नाक नहीं,
   टमाटर हो ।
३ हज़ारों में भी कोई वैसा नहीं है जैसी तू है ।
४ (कुछ ऐसा लगता है) जैसे तुम्हारा स्वभाव बदल गया हो ।
५ ख़रगोश के उतने लम्बे कान शायद ही हों जितने तुम्हारे हैं ।
६ दो ही प्याले पीकर जैसी मेरी हालत हो जाती है वैसी और किसी की
   नहीं होती होगी ।

७ उनकी नौकरानी इस तरह तुमसे बातें करेगी जैसे (कि) वह भी मेमसाहब हो ।

८ ऊपरवाले कमरे में कुछ ऐसा बज रहा था जैसे सितार हो ।

९ इस किताब में कोई दूसरा शब्द उतना कठिन नहीं होगा जितना कि "सर्वशक्तिमान" है ।

१० अपनी इतनी तारीफ़ सुनकर ऐसा लगा जैसा उसे कुछ शरम लगी हो ।

११ उसकी आंखों में ऐसी चमक थी जैसी पानी में होती है ।

Drill 25B. Key.

१ क्या तुममें उस(के) जितनी हिम्मत है ?

२ ठण्ड लगकर उसकी नाक टमाटर जैसी लाल हो गई थी ।

3 हज़ारों में भी तुझ सा / जैसा (or तेरे जैसा) कोई नहीं है ।

४ तुम्हारा स्वभाव मानों बदल गया है । / बदल सा गया है । / बदला हुआ सा लगता है ।

५ ख़रगोश के कान तुम्हारे जितने लम्बे शायद ही हों ।

६ दो ही प्याले पीकर किसी और की हालत मेरी जैसी नहीं होती होगी ।

७ उनकी नौकरानी भी तुम से मेमसाहब जैसे / की तरह बातें करेगी ।

८ ऊपरवाले कमरे में (कुछ) सितार सा बज रहा था ।

९ "सर्वशक्तिमान" जितना कठिन कोई दूसरा शब्द इस किताब में नहीं होगा ।

१० अपनी इतनी तारीफ़ सुनकर उसे (कुछ) शरम सी लगी ।

११ उसकी आंखों में पानी (की) सी चमक थी ।

Exercise 25B. मानों and जैसे with the subjunctive. And सा.

Translate into Hindi. Use the subjunctive where appropriate.

1. As if you knew everything about it.

2. The patient's forehead felt as if it were on fire (जलना).

3. His childhood as if never ended.

4. Don't pretend you liked her coat. I won't believe (विश्वास) it.

5. You look as if you just (अभी-अभी) remembered something.

6. So now pretend you have nothing to do with us!

7. My head feels like someone is hitting (it) with a hammer.

8. Don't make like you're some big professor.

9. Downstairs (नीचे) they had something like a store; upstairs (was where) they lived, in just two rooms.

Key.

१ जैसे कि /इसके बारे में//इसको लेकर/ तुम्हें सब कुछ मालूम हो ।
२ मरीज़ का माथा ऐसा लगा / मानों// जैसे / जल रहा हो ।
3 उसका बचपन मानों कभी ख़त्म नहीं हुआ ।
४ ऐसे मत बनो जैसे कि तुम्हें उसका कोट पसंद आया हो । मैं विश्वास नहीं करूंगी ।
५ ऐसा लगता है जैसे कि तुम्हें अभी-अभी कुछ याद आया हो ।
६ तो अब ऐसे / बनो //दिखाओ / कि जैसे तुम्हें हमसे कोई मतलब न हो ।
७ ऐसा लगता है जैसे कि कोई मेरे सिर पर हथौड़ी मार रहा हो ।
८ ऐसे मत बनो जैसे कि तुम कोई बड़े प्रोफ़ेसर हो ।
९ नीचे /उनकी दुकान सी थी //उनका दुकान जैसा कुछ था / और ऊपर वे सिर्फ़ दो कमरों में रहते थे ।

Chapter Twenty-six

Review drill 26A. Focus: 11A, 16, 22A.

Vocab. मनमाने 2 -- in whatever way one pleases.

Decide whether the basic, the derived transitive, the anti-transitive or the causative best fits in the given context.

Example:

वह किताब ____ और दुसरी मुझे _____ । (पकड़ना)
वह किताब पकड़ो और दुसरी मुझे पकड़ाओ ।

१ मैं अभी बैठकर अपने हाथ से उसको पत्र ____ दूंगा । (लिखना)

२ साहब आप से एक ज़रूरी पत्र ____ चाहते हैं । (लिखना)

3 तुम सब जनी जाकर बाग़ में _____ और अपने छोटे भाई को भी ____ ! (खेलना; future imperative)

४ मुझ से अपना बेटा ____-कर तो देखो । दो ही दिन में मेरे साथ ____ -ने का आदी हो जाएगा । (खेलना)

५ घर जाते समय होरी को अपनी बेचारी गाय ____ । (याद आना simple past)

६ उस भिखारी का चेहरा मुझे चाचाजी की ____ रहा है । (याद आना)

७ भतीजी को फल ____ पसंद नहीं है पर भाभी ज़बरदस्ती ____ -ती है । (खाना)

८ मैं काफ़ी समय से अल्सर से बीमार हूं । डाक्टर अब मुझे केवल फल ____ रहा है । (खाना)

९ मालिक की यह पुरानी दीवार ____ की इच्छा थी । चार मज़दूरों को बुलाकर दीवार ____ को कहा । चारों दिन भर ____ की कोशिश करते रहे मगर दीवार उनसे न ____ पाई । (गिरना)

१० हर व्यक्ति अपने बच्चों को उन सब अच्छी चीज़ों का ____ चाहता है जिनका बचपन में उसने खुद ____ चाहा था । (एहसास करना)

११ तुम जाकर इंस्पेक्टर को सौ डालर का नोट खुद ____ दो और वह तुम्हारा चोर ____ देगा । (पकड़ना)

१२ यह दर्ज़ी है या सुस्त घोड़ा है ? दो महीने पहले सूट ____ के लिये उसके पास कपड़ा भेजा था पर आज तक उस से सूट ____ न सका ! (सीना)

१३ चूहा बिल्ली से पीछा ____ चाहता था मगर बिल्ली चूहे का पीछा ____ को तैयार नहीं थी । (छोड़ना)

१४ "हाय राम ! जाने कब इस बेवकूफ़ से पीछा ____ पाएगा ।" (छोड़ना)

१५ होली के दिन लड़कों को लड़कियों पर रंग ____ में बहुत मज़ा आता है और लड़कियां खुशी से अपने ऊपर रंग ____ लेती हैं । (डालना)

१६ जब भी देखो वह मेरे सिर पर अपना कोई-न-कोई काम ____ चाहता है । वह क्या राजा है जो मनमाने काम ____ रहे ? और मैं क्या उसका नौकर हूं जो ज़बरदस्ती ____ रहूं ? (लादना)

Review drill 26A. Key.

१ लिख दूंगा   २ लिखाना or लिखवाना   ३ खेलना; खिलाना

४ खिलवाकर; खेलने   ५ याद आई   ६ याद दिला रहा है

७ खाना; खिलाती है   ८ खिलवा रहा है   ९ गिरवाने (or गिराने) की इच्छा; गिराने को; गिराने की कोशिश; न गिर पाई   १० एहसास कराना; एहसास करना   ११ पकड़ा दो; पकड़वा देगा   १२ सिलवाने के लिये or सिलाने के लिये or सीने के लिये; सिल न सका   १३ छुड़ाना or छुड़वाना; छोड़ने को   १४ छूट पाएगा   १५ डालने में; डलवा लेती हैं   १६ लादना; लादता; लदता or लदा (हुआ) or लादे (हुए)

Review drill 26B, Focus: Chapters 6 and 9.

Convert the following two-clause sentences into one-clausers by using an infinitive as in the examples:

यह पक्का है कि उसका स्वभाव बदल जाएगा ।

उसके स्वभाव का बदल जाना पक्का है ।

मन होने लगा कि मास्टर की नक़ल करूं ।

मेरा मास्टर की नक़ल करने को मन होने लगा ।

१ यह मुमकिन है कि ऊनी कपड़े पहनकर भी आपको ठंड लग जाए ।

२ यही अच्छा है कि तुम लड़कियां जवानों के साथ न घूमो ।

3 भई, वे सचमुच यह चाहते हैं कि तुम ठीक हो जाओ ।

४ डाक्टर का यह कर्तव्य है कि वह कमज़ोर और बीमार लोगों की मदद करे ।

५ ड्राइवर इसके हक़ में नहीं है कि मेमसाहब मोटर चलाए ।

६ यह नामुमकिन है कि तुम्हें इतना पुराना मसाला तेज़ लगे ।

७ क्या यह ज़रूरी है कि सरकार हमेशा सेना के ज़ोर पर निर्भर करे ?

८ मैं यह अच्छा समझती थी कि मुझे भेजा नहीं गया ।

९ इससे पहले ही कि तेरा सामान बंधे बस छूट जाएगी ।

१० यह असंभव है कि वे इतना कम दहेज देकर लड़के को लड़की पसन्द कराएं ।

११ बरसात के दिनों यह मुश्किल है कि उसकी वेस्पा स्टार्ट हो पाए ।

१२ वे इसके हक़ में नहीं हैं कि तू यूं अकेली पहाड़ पर चढ़े ।

13 मेरी हमेशा कोशिश रहती है कि हर रोज़ बाग़ में एक घंटा दौड़ूं ।

१४ कंपाउंडर का सिर्फ़ यह काम है कि वह दवाएं बना दे, और कुछ नहीं ।

Review drill 26B. Key.

१   ऊनी कपड़े पहनकर भी आप को ठंड लग जानी मुमकिन है ।

२   तुम लड़कियों का जवानों के साथ न घूमना ही अच्छा है ।

३   भई, वे सचमुच तुम्हारा ठीक हो जाना चाहते हैं ।

४   कमज़ोर और बीमार लोगों की मदद करना डाक्टर का कर्तव्य है ।

५   ड्राइवर मेमसाहब के मोटर चलाने के हक़ में नहीं है ।

६   तुम्हें इतने पुराने मसाले का तेज़ लगना नामुमकिन है ।

७   क्या सरकार का सेना के ज़ोर पर हमेशा निर्भर करना ज़रूरी है ?

८   मैं अपना न भेजा जाना अच्छा समझती थी ।

९   तेरा सामान / तेरे सामान के   बंधने से पहले (ही) गाड़ी छूट जाएगी ।

१०   उनका इतना कम दहेज देकर लड़के को लड़की पसन्द कराना असम्भव है ।

११   उसकी वेस्पा बरसात के दिनों में स्टार्ट हो पानी मुश्किल है ।
उसकी वेस्पा का बरसात के दिनों में स्टार्ट हो पाना मुश्किल है ।

१२   वे तेरे यूं अकेली पहाड़ पर चढ़ने के हक़ में नहीं हैं ।

१३   हर रोज़ बाग़ में एक घंटा दौड़ने की मेरी हमेशा कोशिश रहती है।

१४   कम्पाउंडर का काम सिर्फ़ दवाएं बना देना है, और कुछ नहीं ।

Review drill 26C. Focus: 15B, 18A, 18B, 19A, 21B.

Vocab.   दामन m 2 -- sleeve (literary)
         बन्दा m 2 -- I (humble or polite)
         X की Y से मुलाक़ात होना -- for X to meet Y
         जान m 2 -- life; darling

Given the overall context, choose the most likely forms from
the alternatives presented in parentheses. Example:

केले _____ ख़राब हो गए ।   (पड़ते पड़ते, पड़ पड़कर, पड़े पड़े)
केले पड़े पड़े ख़राब हो गए ।

कल बाज़ार से _____ मुझे रास्ते में एक विदेशी मिला (लौटते हुए,
लौटे हुए, लौटे लौटे) ।   वह एक _____ कमीज़ पहने हुए था (फटती
हुई, फटी हुई, फटने वाली) ।   चेहरा कुछ हैरान _____ सा नज़र आया
(होता, हुआ, होनेवाला) ।   उसकी परेशानी _____ आंखें लगातार इधर
उधर घूम रही थीं (भरती, भरी, भरकर) ।   इस व्यक्ति ने मेरे पास
_____ मेरा दामन पकड़ लिया (आते, आए, आकर) ।   और धीमी
_____ आवाज़ में अपनी ज़िन्दगी बयान करने लगा (थकती, थकी, थकाई) ।

"बन्दे को इस जगह पहली बार _____ अब बारह साल हो गए हैं (आते,
आए, आकर) ।   यहां आकर एक _____ औरत से मुलाक़ात हुई (नाचती,
नाची, नाचनेवाली) ।   मुलाक़ात _____ उससे प्रेम हो गया (होते ही, हुई,
होकर) ।   पहले मेरी जान मुझसे _____ दिल से मिलती जुलती थी (खुलते,
खोले, खुले) ।   नाचते वक़्त मुझपर ही नज़र _____ नाचती थी (डालते
हुए, डालते डालते, डाले हुए) ।   सब के _____ मुझी पर मुसकराती थी
(देखते हुए, देखे, देखे देखे) ।   और बाद में अपने सोफ़े पर _____ मेरे
साथ मीठी बातें करती थी (लेटते, लेटते लेटते, लेटे हुए) ।   उन दिनों मैं
_____ हाथ से उसपर ख़र्च करता था (खुलते, खोले, खुले) ।   फिर एक
दिन मुझे उसका दरवाज़ा बन्द _____ मिला (करता हुआ, किया हुआ,
करके) ।   अंदर किसी और पुरुष की आवाज़ _____ सुनाई दे रही थी
(हंसते, हंसे, हंसकर) ।"

अब बेचारा ग़म के मारे _____ रुक गया (बोलते बोलते, बोले बोले, बोल बोलकर) । मैं कुछ कहना चाहता था लेकिन जाने क्यों _____ रह गया (कहते कहते, कहे कहे, कहनेवाला) । एक मिनट चुप _____ उसने अपना बयान फिर से जारी रखा (रहते, रहे, रहकर) ।

"मुझे उसके घर के सामने _____ दस साल हो गये हैं (फिरते फिरते, फिरे, फिरकर) । तरह तरह की मुसीबतों से परेशान _____ भी मुझ से यह जगह छोड़ी नहीं जाती (होते होते, हुए, होकर) । अपने ज़िन्दा _____ मैं यहीं खड़ा रहूंगा (रहते, रहे, रहकर) । अपने प्यार का दरवाज़ा मैं _____ ही छोडूंगा (मरते, मरे, मरकर) ।"

यह _____ मैंने ऊपर देखा (सुनते हुए, सुने, सुनकर): दरवाज़ा मेरे ही घर का था ।

Review drill 26C. Key.

First paragraph: लौटते हुए; फटी हुई; हुआ; भरी; आकर; थकी.

Second paragraph: आए; नाचनेवाली; होते ही; खुले; डालते हुए or डालते डालते; देखते हुए; लेटे हुए; खुले; किया हुआ; हंसते.

Third paragraph: बोलते बोलते; कहते कहते; रहकर.

Fourth paragraph: फिरते; होकर; रहते; मरकर.

Last paragraph: सुनकर.

Review drill 26D. Focus: 6A, 11B, 15A, 15B, 18A, 19A, 21B, 23A, 23B, 25A.

Convert non-finite forms into full clauses with finite verbs in them. Pay special attention to the choice of mood. Examples:

प्राध्यापक हमारी आज परीक्षा लेने से मना कर रहे हैं ।
प्राध्यापक मना कर रहे हैं कि वे हमारी परीक्षा आज नहीं लेंगे ।

मालिक ने मुझे इस पत्र का जवाब देने से मना किया ।
मालिक ने मुझे मना किया कि तुम इस पत्र का जवाब मत दो ।
मैं इस पत्र का जवाब न दूं ।

१ रोज़ सुबह मरीज़ का थोड़ा-बहुत चलता रहना ठीक ही है, न ?

२ हिमालय की बड़ी बड़ी चट्टानों से उतरते हुए दीदी को ज़रा सी भी चोट नहीं आई ।

३ उनके यहां पिछली दीवाली पर कोई दुर्घटना हो जाने की याद तो है ...

४ क्यों बे! उनके सामने बेवकूफ़ बनने की तुझको क्या ज़रूरत थी ?

५ राजा का कर्तव्य गिरे हुओं को उठाना है ।

६ (अब मई का महीना है ।) जी भर कर आम चूसने को जी करता है ।

७ बुख़ार को ज़ोर पकड़े हुए दो-तीन दिन हो गये होंगे ।

८ जी, मेरी आपसे उस व्यक्ति का नाम दुबारा न लेने की प्रार्थना है ।

९ उसकी साली की ख़ूबसूरत शकल बेचारे की नज़र को चुंबक जैसे अपनी ओर खींचती रहती थी ।

१० चील के दिखाई देते ही ख़रगोश छिप जाता तो बच जाता ।

११ उसका चेहरा गुस्से के मारे जलते कोयले जितना लाल हो गया था ।

१२ पीछे हटनेवाले जवान आगे बढ़नेवालों को मैदान छोड़कर भाग जाने पर उकसा रहे थे ।

१३ दीदी, तुम्हारे इस अंधेरे कमरे में यूं पड़े पड़े तबीयत कैसे सुधरेगी ?

१४ अपने पूजा करनेवालों पर आप को इतना भरोसा नहीं करना चाहिये था ।

१५ तुम्हें दुनिया की हर चीज़ अनुभव कर लेने की इतनी जल्दी क्यों ?

१६ मैं इस किताब के अन्त तक पहुंचते-पहुंचते तंग आ गया था ।

Review drill 26D. Key.

१ यह ठीक ही है, न, कि रोज़ सुबह मरीज़ थोड़ा-बहुत चलता रहे ?

२ जब दीदी हिमालय की बड़ी-बड़ी चट्टानों से उतर रही थी तब उसे ज़रा सी भी चोट नहीं आई ।

3 यह याद तो है कि उनके यहां पिछली दीवाली पर कोई दुर्घटना हो गई थी...

४ क्यों बे! तुझको क्या ज़रूरत थी कि उनके सामने बेवकूफ़ बने ?
बनता ?

५ राजा का यह कर्तव्य है कि वह गिरे हुओं को उठाए ।

६ जी करता है कि जी भर कर आम चूसूं ।

७ अब दो-तीन दिन हो गये होंगे जब से बुख़ार ने ज़ोर पकड़ा है ।

८ जी, मेरी आपसे प्रार्थना है कि आप उस व्यक्ति का नाम दुबारा न लें ।

९ उसकी साली की ख़ूबसूरत शकल बेचारे की नज़र को अपनी ओर (ऐसे) खींचती रहती थी जैसे चुंबक (खींचता है) ।

१० ज्यों ही
जैसे ही चील दिखाई दी त्यों ही
वैसे ही (अगर) ख़रगोश छिप जाता तो बच जाता ।

११ उसका चेहरा गुस्से के मारे उतना लाल हो गया था जितना जलता कोयला ।

१२ पीछे हटनेवाले जवान आगे बढ़नेवालों को उकसा रहे थे कि वे मैदान छोड़कर भाग जाएं ।

१3 दीदी, जब तक तू इस अंधेरे कमरे में यूं पड़ी रहोगी (तब तक) तबीयत कैसे सुधरेगी ?

१४ आपको यह चाहिये था कि उन (लोगों) पर इतना भरोसा न करते जो आपकी पूजा करते थे ।

१५ तुम्हें इतनी जल्दी क्यों है कि दुनिया की हर चीज़ अनुभव कर लो ?

१६ जब तक मैं इस किताब के अन्त तक पहुंचा तब तक मैं तंग आ गया था ।

Review drill 26E. Focus: 12A, 24A.

Vocab. अनिष्ट m -- bad thing   जीजा (invar) -- sister's husband
      तबाह होना -- to be ruined   फेरना -- (here) to pat, bless
      मौसा m (invariant) -- mother's sister's husband

Below are given (slightly adapted) excerpts from Mohan Ra-
kesh's one-act play प्यालियां टूटती हैं. Try to restore the author's
choices of compound versus non-compound verb on the basis of the
discussion in 12A and 24A.

अ १ माधुरी: लो एक और प्याली /टूटी//टूट गई/ ।

   २ मीरा: तो क्या /हुआ//हो गया/ ? प्यालियां / टूटती//टूट जाती/ ही
       रहती हैं ।

   ३ माधुरी: जब एक-के बाद-एक इस तरह प्यालियां /टूटती//टूट जाती/
       हैं तो ज़रूर कोई-न-कोई अनिष्ट /होता//हो जाता/ है ।

   ४ मीरा: प्याली /टूटी//टूट गयी/ यही अनिष्ट है ।

   ५ माधुरी: साठ रुपये का सेट /आया//आ गया/ था, तबाह /हुआ//हो
       गया/ ।

   ६ मीरा: पुरानी चीज़ तबाह /हो//हो जाए/, तभी तो नयी /आती//
       आ जाती/ है ।   नया /आएगा//आ जाएगा/ ।

आ १ मीरा: मिस्टर और मिसेज़ मेहता को किस समय /आना//आ जाना/
       है ? साढ़े पांच बजे, न ?

   २ माधुरी: और पांच दस /हुए//हो गये/ हैं ।

   ३ मीरा: अभी पांच दस ही तो /हुए//हो गये/ हैं ।   तुम इतनी नर्वस
       /होती//हो जाती/ हो कि बस...

इ १ पम्मी: ममी, वे उधर /आए//आ गए/ हैं, वे... ।

   २ माधुरी: मिस्टर और मिसेज़ मेहता /आए//आ गये/ ?

इ ३ पम्मी : नहीं, ममी, मिस्टर और मिसेज़ मेहता नहीं आए । वे / आए //
आ गये / हैं ... स्यालकोट वाले मौसा जी ।

    ४ माधुरी : दीवानचन्द ?   ...मीरा, मैं तुमसे क्या / कह // कह दे / रही
थी ?

    ५ मीरा : क्या ?

    ६ माधुरी : कि मेरे हाथ से प्यालियां टूट रही हैं तो ज़रूर कुछ-न-कुछ
/ होगा // हो जाएगा / ।

    ७ मीरा : जीजा दीवानचन्द के / आने // आ जाने / में ऐसी कौनसी बात है,
दीदी ?

ई १ दीवानचन्द : ज़रा पम्मी को / बुलाओ // बुला दो / ।   जाते हुए
उसके सिर पर हाथ / फेरूं // फेर दूं / ।

    २ माधुरी : पम्मी उधर कहीं होगी !   शायद नौकर से चीज़ें / लगवा //
लगवा ले / रही हो ।

    ३ मीरा : मैं आपकी तरफ़ से उसके सिर पर हाथ / फेरूंगी // फेर दूंगी / ।

    ४ दीवानचन्द : अच्छा-अच्छा !   सिर पर हाथ / फेरना // फेर देना / और
बहुत - सा प्यार / देना // दे देना / ।

Review drill 26E. Key.

अ : १ टूट गई   २ हुआ; टूटती   ३ टूटती; होता   ४ टूट गयी

    ५ आया; हो गया   ६ हो; आती; आ जाएगा

आ : १ आना   २ हो गये   ३ हुए; हो जाती

इ : १ आए   २ आ गये   ३ आए   ४ कह   ६ होगा   ७ आने

ई : १ बुला दो; फेर दूं   २ लगवा   ३ फेर दूंगी   ४ फेरना; देना

Glossary: Hindi - English

This glossary contains both the vocabulary introduced in this book and that assumed from the first year. Most items are listed with a figure that indicates their frequency per 100,000 words as given in the Central Hindi Institute's word-count (हिन्दी की आधारभूत शब्दावली). The higher the number, the more frequent the word. Definitions followed by the letter "A" are of those items assumed to be known to the student (see Appendix A). Those introduced in this book are followed by "addresses" indicating the sections in which they occur ("d" = drill, "dd" = discussion drill, "x" = exercise). Idioms are listed under their semantically most important components.

अंगीठी f 8	brazier, hibachi. 15B, 19B, d22B, d24A.
अंगूठा m 4	thumb. d9A, d9B, x14A, x18B, d25A.
अंग्रेज़ m 2	Englishman. A.
अंग्रेज़ी f 2	English. A.
अंत m 30	end. 13A, x14B, d16A, x18A, 26D.
अंदर 36	inside. A.
X के अंदर	inside X. A.
अंधेरा m 31; adj	darkness. A. dark. 18A, 26D.
अकेला 34	alone. A.
अक़्ल (अक़ल) f 4	intelligence. 17B, x23A.
अक्सर 28	often. A.
अख़बार m 23	newspaper. d19A, d19B, d21A.
अगर 131	if. A.
अगला 22	next. A.
अचानक 24	suddenly. 12A, 20A, x21B, 24A.
अच्छा 119	good. A.
X को Y अच्छा लगना	for X to like Y. d2A, 4C, x4C, d5B, 6A, 7B, d9B, d12A, 15A, 20B, d21B, d22A.
V-ना अच्छा है	it is good to V. d15A, 20B, 26B.

अनिवार्य 2   compulsory; inevitable. d15A, x15A, d16A, d22A.

अनुभव m 34   experience.

    X (का) अनुभव करना   to experience X. 17B, x17B, 26D.

अपना 815   see 5B.

     अपना आप   reflexive pronoun. 19B, 21A, d25A.

     अपने आप   by oneself. 19B, d19B, x19B, d25A.

अफ़सोस m 2   sorrow. 4C, x4C, d6A, x6A, x10A, 17B, x18B,
                     d25A.

   V-ने का अफ़सोस करना to be sorry to have V-ed. d17B, d22A.

   X पर अफ़सोस करना   to be sorry about X. 21A, d21A.

   X को V-ने का अफ़सोस है   X is sorry to have V-ed. 9B, x9B.

अब 325   now. A.

अबे 1   appellatory particle implying intimacy or
                     contempt. d1B, x2A, d9A, d17A.

अभिमान m 7   pride.

   (X पर /का) अभिमान करना/होना   to be proud (of X). 21A,
                     d21A, d22B.

अभी 155   right now. A.

अमरीकन mf   American. A.

अमरीका   America. A.

अम्मां f 2   mother; Mom. 6A, d6A, 16, d17B, d19B, d22A.

अरे 7   hey! A.

अलग 52   apart; separate. 21B, x24A.

अलावा, X के   besides X. A.

अल्लाह m 2   Allah. d18A, 22B, x23A.

अल्सर m 2   ulcer. 26A.

असंभव 13   impossible. d15A, d17B, 20B, 26B.

असली 12   true, genuine. 13D, d14B, d17A, d18A, d18B,
                     19B, 20A, d22B, d25A.

अस्पताल m 15   hospital. d8, d10A, d12A, d14B, d17A.

आंख f 94   eye. 10A, x10A, d12B, d16A, 19B, x19B, 20B,
                     20D, d25B, 26C.

     आंखें फोड़ना   to ruin one's sight. d16A, d22B.

आंधी f 2   dust storm. 4C, x4C, 7A, d8, d14A, x15B, 20B.

आंसू m 36   tear. 15B, d16A, 20A, 25B.

आख़िर m 30   end. d14B, 20A, d22B.

आख़िर   finally. 4A, x5B, 13C, 17B, 18B, d18B, d21A, 24A, d24A.

आग f 31   fire. 13A, 15B, x18A, d23B, 24A.

आगे 60   ahead, forward. A.

आज 96   today. A.

आजकल 29   nowadays. A.

आदत f 25   habit. x6A, d16A, d17A, 20E, d21A.

आदमी m 128   man. A.

आदी mf 3   addict.

X का आदी   addicted to X. 25B. used to X. 26A.

आधा (adj)   half. 7E, 20E, x21A.

आना 770   to come. A.

X को (V-ना) आना   for X to know (how to V). A.

आप 99   you; oneself. A.

आपस में   among themselves. d15B, d16A, 20B, x23A.

आम 2   general. A.

आम तौर पर   in general. A.

आम m 7   mango. 2B, 7E, 10B, d14B, 19A, 19B, d19B, d21B, x22A, d24B, 26D.

आया f 2   ayah, nanny. 10A, x10A, x11A, d12A, 20E, 21A.

आराम m 28   rest, relief. 2B, d12B, d16B, x18A, 19A, 20D, d21B, x24A, 24B.

आराम-कुर्सी f 2   easy chair. 4A, 18B, d21A.

आवाज़ f 43   sound; voice. x16, d18B, 20E, d21B, x23B, 25B.

आसमान m 11   sky. d14B, 15B, 20B, d22B, d25A.

आसान 23   easy. A.

आसानी f 19   ease. A.

आसानी से   with ease, easily. A.

इंजन m 2   engine. x2A, d4A, d15B, 22A.

इंतज़ाम m 13   arrangement. A.

X का इंतज़ाम करना to arrange (for) X. A.

इंतज़ार m 17   wait. A.

    X का इंतज़ार करना   to wait for X. A.

इंस्पेक्टर m 2   police chief. 17B, 19B, x19B, d22A, 24A.

इकट्ठा 7   together. A.

इच्छा f 47   desire. d6A, d8, d12B, d14A, d21A, 26B.

    X की V-ने की इच्छा होना for X to desire to V. 11B, d11B,
                             x11B, 13D, x18B, 26A.

    इच्छाएं मारना   to repress one's desires. d9B, 18B, 20B.

इज़्ज़त f 25   honor. 23A, x24B, d25A.

इतना सा   such a small, trifling. 19B, 20A, 25B.

इधर 45   in this direction. A.

    इधर-उधर   here and there. x15B, d18B, 26C.

इरादा m 13   intention. A.

    V-ने का इरादा करना to intend to V. 11B, 20C.

    X का V-ने का इरादा होना for X to intend to V. 11B,
                             d11B, 20C, x21A.

इलाज m 23   treament, remedy. d22A.

    X का इलाज   cure for X. d14B, d16A, x21A, d21B.

इसलाम m 2   Islam. x23A.

इसलिये 28   therefore. A.

इस्तेमाल m 9   use.

    X (का) इस्तेमाल करना/होना to use X/for X to be used.   17B,
                             d17B, 20E, d22B, x23A.

उकसाना, V-ने पर   to put someone up to V-ing. 23A, d23A, 26D.

उखाड़ना 6   to pull up (by the roots). d16B, 19B, x25A.

    उखड़ना 4   antitransitive to उखाड़ना . d16B, 19B.

उचित 2   fitting. d21B.

    V-ना उचित है   It's best to V. d15A, d16A, 20A.

उठना 76   get up; rise. d9A, 11A, 13B, 13C, 22A.

उठवाना   see उठाना .

उठाना 58   to raise, lift; get someone up. 2A, x2A, 11A,
                             13B, 13C, 14B, 17A, d17A, d21B, 22A, 26D.

उठना	antitransitive to उठाना. 17A, d17A.
उठवाना 3	causative to उठाना. 22A.
उतना 49	that much; correlative to जितना. A.
उतरना 49	to get down, descend. x3A, 4C, x6A, d8, 11A, x11A, d12A, x14A, x17A, 20D, 21B, x21B.
उतारना 33	to take down/off. 9B, 11A, x11A, d17A, 20B, d24B.
उता रू होना, V-ने पर	to be all set to V. 23A, d23A, x23A.
उधर 45	in that direction; correlative to जिधर. 2A, x2A. see इधर-उधर.
उमर f 32	age. 5B, x6B, d8, d9B, d10B, d12A, d12B, 13E, 15A, x18B, x23B.
उस्ताद m 10	teacher (often of music). d9A, d10A, d11B, d12B, x17B, 22A, x24B.
ऊंचा 59	high. 7E, 13D, x18A, d23B.
	high class. 20A.
ऊन m 7	wool. d16B, x21B.
ऊनी 7	woolen. 22A, 26B.
ऊपर 47	above; upstairs. d2A, x4C, 13C, 13E, d14A, d17A, 26C.
ऊपर से	what's more. 13A.
ऊपरवाला m 2	(the man) upstairs. 12B, d17A, d21A, x24A.
ऊबना / ऊब जाना	to get bored. 24A.
V-ते V-ते / V-V-कर ऊब जाना	to get sick of V-ing. 19A, d19A, x19A, 20A.
एक दूसरा	one another. 13A, 15B, d22A.
एक लगाना, X के	to give X a punch. 10A, 13C, x15A, 23A.
एकड़ f 8	acre. 10A, 13E, x16, d21A.
एडिटर m 2	editor. d19A, 26D.
एतराज़ m 2	objection. 10A, d10A, x14A, d17A.
X पर/से एतराज़ करना/होना	to object to X. 21A, d21A, 25B.
एहसास करना, X का	to experience X. 17B, d18B, 20A, 26A.
ऐलर्जी f 2	allergy. 10A.

X को Y से ऐलर्जी होना for X to be allergic to Y. d6B, x6B, 7A, d10A, x18A, x24B.

ऐसा 248	such a. A. ऐसे. thus, in this way. A.
ऐसी की तैसी!	stuff and nonsense! 20A.
ऐस्प्रो f 1	brand of aspirin popular in India. d4C, x5A, 7B, d8, d12B, 18B, 22B.
ओर f 73	direction. x2A, d5B, 7A, x8, x12A, d16A, x16, 24A.
और 1916	and; another; else. A.
औरत f 76	woman. A.
कंडक्टर m 2	conductor. x15A.
कंपाउंडर m 2	pharmacist. 18B, d22A, 26B.
कई 26	many. A.
कटना	see काटना.
कटना	(slang) to avoid someone. 19B.
कटवाना/कटाना	see काटना.
कठिन 17	difficult; unlikely. d15A, 23B, d25B.
कतराना, V-ने से	to avoid V-ing. 23A, x23A, d25A.
कपड़ा m 58	cloth. A. कपड़े. mpl clothes. A.
कप्तान m 2	captain. 13B, d17B, 20E, 21A, x22A.
कब 71	when. A. कब का. for ages. 21B.
कबाड़ा m 1	rubbish, junk. 9B, 10A, 11B, x14A, 20E, 21B.
कबाब m 2	kabob. 8, d11A, 14A, d19B, d24B.
कभी 143	sometime; ever. A. कभी-कभी. sometimes. A.
कम 68	less. A. कम से कम. at least. A.
कमज़ोर 21	weak. d18A, 19B, d19B, x19B, 26B.
कमरा m 49	room. 1A, d1A, x1A, x2A, 4C, d4C, 7A, d8, 10A, 13A, 13E, 18A, 20B, d22A, x24A, x25B.
कमाल m 2	amazement; amazing thing. d17A, x17A, d23A.

V-कर कमाल करना to astound with one's V-ing. 20A.

क़मीज़ f 13	shirt. 2B, d2B, d6A, x15B, 21B, d22B, 25A, 26C.
करना 1390	to do, make. A.

करवाना / कराना	causatives to करना. A.
कर्तव्य m 19	duty. d9B, d10A, d11B, x11B, 13D, 20A, d21A, 26B, 26D.
कल 34	tomorrow; yesterday. A.
कल्पना f 2	idea, concept. d21B.
X (की) कल्पना करना	to conceive (of) X. d17B, x19B.
कविता f 3	poem, poetry. 14A, d19A, 23B, 26D.
कस्टमवाला m 2	customs agent. x11A, 13C, d16B, d18B, d19A.
कहना 1020	to say. A.
कहलवाना	causative to कहना. d25A.
कहां 160	where. A.
कहानी f 40	story. d9A, 11A, d11A, 13A, 13C, x14B, d16A, d16B, d17A, d21B.
कहीं 145	somewhere. A.
कांटा m 6	thorn. 2A, x4C, x8, d12B, x19B, d24B.
का 7000	's; possessive postposition. A.
काटना 51	to cut. 14A, 16, d17B, 18B, d19B, 22A. to spend (time). 25A.
कटना	antitransitive to काटना. 16, 18B, d23A, d24B.
कटवाना / कटाना	causatives to काटना. 22A, d24A.
कान m 28	ear. d23B, d24A, d25B.
काफ़ी 39	enough. A. coffee (f). 11B, d12B.
काम m 111	work. A. X का V-ने का काम होना for X to have the job of V-ing. 11B, dx11B, 13D, d18B, 26B.
काला 26	black. A.
काश कि...	If only... 25A, x25A.
कितना 107	how much, many. A.
किताब f 27	book. A.
किधर 10	which way. A.
किनारा m 35	edge, shore. A.
क़िला m 6	fort. A.
किसान m 13	farmer. 9B, x9B, d11B, x12A, 13E, d14A, 15A, 17B, x17B, d18B, d24A.
क़िस्म f 6	type, kind, sort. d2A, d4C, x6B, 7A, x10A,

	d16B, d17A, 20B.
क़िस्मत f 5	fate. 12B, d17B, d25A.
कुआं m 1	well. d3A, x5A, d6A, 7A, x9B, x10A, x14A, x17B, d19B, 24A.
कुछ 290	something. A.
कुछ भी	anything at all. d6A, x11B, x14B, d17A, d21A.
कुटना, कुटवाना	see कूटना.
कुत्ता m 32	dog. 1B, x2A, d6B, x6B, 7D, d8, 12B, d16B, x17A, d19B, 25B.
कुत्ती	bitch. d9B, d11A, 20B, 20E.
कुर्सी f 28	chair. 4A, 10A, 11A, d11A, 16, 19B.
कुशल mf 2	good health. d9A, d17B.
कुशल से होना	to be in good health. 25A.
कूटना 1	to pound. 16, 18B, 19B, d22A.
कुटना 1	antitransitive to कूटना. 16, x16, 19B.
कुटवाना	causative to कूटना. d22A.
केला m 5	banana. 4A, d5A, 6A, d14B, d16A, 26C.
केवल 40	only. d3B, x4C, d6A, x10A, x12A, x18B, 26A.
क़ैंची f 3	scissors. d23B, d24A, d24B, 25A, d25A.
कैमेरा m 1	camera. A.
कैसा 87	what kind of. A.
कैसे 175	how. A.
को 1367	to; (in)direct object postposition. A.
कोई 851	someone, anyone. A.
कोई भी	anyone at all. d9A, d9B, d12B, x19B, d24B.
कोट m 13	coat. 13B, 20D, 22A.
कोठी f 11	detached house. A.
कोतवाल m 1	chief of police (pre-British). d14A, 17B, d21A, 22A.
कोयला m 8	coal. x23B, d24A, 26D.
कोशिश f 47	effort. A.
V - ने की कोशिश करना	to try to V.
कौन 233	who. A. कौनसा which. A.
क्या 605	what; interrogative marker. A.

क्यों 310   why. A. well! say! (interpellative particle). d12B, 13C, d16B, d17A, 18A, 26D.

क्लास mf 2   class. A.

खड़ा 160   standing. A.

ख़त m 11   letter. d17B, d19A, 19B, 20E, x22A.

ख़तम 23   finished. A.

     ख़तम करना / होना   to finish/be finished. A.

ख़बर f 21   news. A.

     X की ख़बर लेना   to deal with X; fix X but good. 22A.

     ख़बरदार 2   careful. d24B.

     X से ख़बरदार रहना   to beware of X. 23B.

ख़रगोश m 3   rabbit. d23B, d24A, d25A, d25B, 26D.

ख़राब 17   bad. A.

ख़रीदना 31   to buy. A.

ख़र्च m 2   expense. d24B.

     X पर ख़र्च करना   to spend on X. 20E, 21A, x21A, 26C.

     X पर ख़र्च होना   to be spent on X. 20E.

खाना 303   to eat; food. A. antitransitive to खिलाना. 13B.

     खिलवाना 2   causative to खाना. 26A. causative to खिलाना. 26A.

     खिलाना 27   to feed (derived transitive to खाना). 7B, d9A, d9B, 11A, d11B, 16, d17A, 20E, d24B, 26A.

ख़ाली 27   empty. A.

     ख़ाली करना   to empty. d11B, x11B, 13D, x14A, 17B, d24B.

ख़ास 26   special. A. ख़ास तौर पर especially.

खिंचना   see खींचना.

खिड़की f 34   window. A.

खिलवाना / खिलाना   see खाना or खेलना .

खिसकना 6   to slip away, split. x19A, 20D, 24B, 25A, 26D.

खींचना 37   to pull, drag, draw; take (a picture). d2B, 6A, dd8, d10B, x12A, 14B, 16, d16A, 18B, d19B, x19B, x21B, 24A, d24B, d25A, 26D.

     खिंचना 5   antitransitive to खींचना. 16, d16A, x16, d19B,

	x19B, d24B.
ख़ुद 56	(one)self. A.
खुला 2	open. A.
खुले दिल से	openly, without reserve. 26C.
खुले हाथ से	generously. 26C.
ख़ुश 24	pleased, happy. x9A, 10B, d11B, x12A, d18B, d21A, d23B, 26B.
ख़ुशी f 17	pleasure. A.
X को V-कर / V-ते ख़ुशी होना	for X to be happy to V. x18A, x19A, d23A.
ख़ूब 46	a lot. d10B, 14A, 16, d16B, 18B, d22B.
ख़ूबसूरत 9	beautiful. 21B, x21B, 26D.
खेत m 44	field. 10A, d10A, d12A, 13A, 15B, d17A, d21A.
खेलना 39	to play. A.
खिलाना	derived transitive to खेलना. 26A.
खोलना 45	to open. dd8, x9B, 12A, 16, d16A, d17A, d22B.
(दिल) खोलकर	heartily; unreservedly. 18B.
खुलना	antitransitive to खोलना. 2B, 6A, 16, d16A, d17A, 21A, 21B. (see also under खुला.)
ख़याल m 44	idea, thought. A.
X का V-ने का ख़याल होना	for X to intend to V. 11B, 13D, d21A.
X का ख़याल रखना	to take care of X. d12A, 12B, d17B, d21A, 25B.
गंदा 44	dirty. d19B, x21A, x23B.
गणेश-चतुर्थी f 2	Ganesha-Chaturthi. 22A, 22B.
गधा / गधी m/f	ass, dolt; donkey. 10B, d14B, 23B, d25B.
गन्ना m 2	sugar cane. 10A, x10A, x12A, 14A, d16B, x18A.
ग़म m 2	sorrow. 13A, 13C, d14A, d16A, d17B, 22B.
गरम 25	hot. d17A, x18A, 19B, 21A, d23B.
गर्मी f 21	heat. A.
गला m 47	neck. A.
गवाना	see गाना.
गांव m 83	village. A.

गाड़ी f 39   car, train. A.

गाना 34   song; to sing. x1A, 2A, x2A, d4A, 7B, d8,
                              d11A, x11B, x18A, 20A, d22A.

   गवाना   causative to गाना. 22A, d22A.

गाय f 74   cow. 2A, 3A, x3B, 7E, d8, d14A, d17B, 19B,
                              20A, d25B, 26A.

गाली f 34   swear word, cuss word. d11B, d17B.

  X को गाली देना   to swear at X. 8, x10A, d12A, x14B,
                              18A, d21A.

गिरना 50   to fall. A.

  गिरवाना   causative to गिरना. 22A.

  गिराना 2   to knock down; drop (derived transitive to
                              गिरना). d11A, 16, d19B.

गीत m 13   song. d22A.

गुंडा m 1   hooligan, hoodlum. d3A, x6B, 7A, x10A, 13B,
                              d14A, d17A, 17B, d18A, d25A.

गुस्सा m 33   anger. 9B, 20A, 26D.

  गुस्सा (adj)   angry. d9A, 13E, d18B, d25A.

  X को Y पर गुस्सा आना   for X to get angry at Y. 11A, d11A,
                              x11A, x18B, 21A, 23B.

  X को गुस्सा दिलाना   to make X angry. 11A, d11A, x11A, 21A.

  X को गुस्सा है   X is angry. d9A.

घण्टा m 39   hour. A.

घटिया 2   of inferior grade, bad. d14B, d16A, x18A,
                              x24A.

घड़ी f 18   moment. d4A, x5A, 5B, x9B, 10B, 20B, d25A.
                              watch. 2B, d4A, x6A, 10B, d11A, 15B, 21A.

घर m 122   house, home. A.

  घरवाली f 2   wife (rustic). 4A, d6A, 7E, 13B, x18A, 21B.

घूमना 39   to go on a walk. A.   to spin; go about. d11A.

  घुमाना 16   derived transitive to घूमना . d11A.

घोड़ा m 45   horse. d2B, 7E, 13B, x17A, d21A, d25A.

चखना 2   to taste. 19A, d19A, 21B, d21B.

चचेरी बहन f 2   cousin (father's brother's daughter). x14B, d16A, 21B.

चट्टान f 2   cliff; boulder. x5A, 6B, d12A, x15B, d17A, 26D.

चढ़ना 49   to climb. d17A, d19A, 20D, d21A, d23A, 26B.

   चढ़ाना 6   to offer (to gods). 21B, d22B.

चमक f 5   glitter. 25B, d25B.

चमकना 32   to shine, sparkle. 13B, 15B, d15B, d16A, 19B, x22A, d22B, 25B.

   चमकवाना   causative to चमकाना. x22A.

   चमकाना 1   derived transitive to चमकना. 13B, d16A.

चलना 525   to walk, go. A. see चलाना 'to fire'.

   चलवाना 1   causative to चलना. to have (someone) walk. 22A.

   चलाना 35   derived transitive to चलना. to drive; run (something). A.

चला जाना   to go away. 1B, x4C, 7A, 8, d11B, 18B, 22B.

चलाना   to fire (a gun). d17A, 23A.

   चलना   antitransitive to चलाना. to be fired . d17A, x24A.

चांद m 9   moon. d5A, 7E, 8, d8, d9B, 11B, d14B, x16, d22B, d23B, 24A, d25A, 26B.

चाचा m 34   uncle, father's brother. x14B, d16A, 21B, d24A, 26A.

चाय f 64   tea. d1B, x2A, d2B, 5A, x10A, 14B, 15A, 16, 20A, 20E, x22A.

चाहना 131   to want. A.

चाहिये 58   is needed. A.

   X को Y चाहिये   X needs Y. A.

   X को V-ना चाहिये X should V. A.

चिट f 2   note, chit. d18B, 20A, d21A.

चिढ़ f 2   annoyance.

   X को Y से चिढ़ है   X is annoyed with Y. d5B, x5B, 6B, 7B, d8, d9A, 21A, 25B.

चिल्लाना 47   to shout, scream. d4C, x5A, 7B, d8, x11B, 13D, 15B, 17A, x21B, 22A, 22B.

चीज़ f 59   thing. A.

    बड़ी चीज़   (slang) hot stuff; fox. d24A.

चीन m 2   China. d5A, x6B, d9B, 11B, d19A, 20B, 21A.

    चीनी f   Chinese. 3A, d3B, x18A, 21B, 22A.

चीनी f 12   sugar. x6B, x8, d9B, d22A.

चील f 1   kite. d23B, d24A, 26D.

चुंबक m 2   magnet. 24A, 26D.

V चुकना 58   to have already V'ed. A.

चुप 59   silent. 13D, d17A, d21B.

    चुप रहना   to keep quiet, shut up. 6A, d14B, d16B, x19B, 26C.

चूसना 2   to suck. 8, d8, d9A, d9B, x18B, d24B, 26D.

चूहा m 6   mouse, rat. 7E, x14B, d15B, 18B, 19B, 22A, d22B.

चेहरा m 54   face. 7E, x8, d11B, x12A, d18A, x21B, 23B, 26A, 26C, 26D.

चोट f 11   injury.

   X को चोट आना   for X to be hurt. 4C, x4C, x5B, 7B, 7C, 15A, 26D.

   X को (or X के) चोट लगना   for X to get hurt. 5B, x5B, d12A, d17A, 20B, d25A.

चोर m 26   thief. d6B, x10A, 12A, 15B, d15B, 17B, d18A, x19B, 20E, 24A.

चोरी f 20   theft. dd8, d15B.

   X (की) चोरी करना to steal. 18A, d18A, x19B, 21B.

   X (की) चोरी होना to be stolen. x19B, d24A.

छत f 21   roof. A.

छपना   see छापना.

छाता m 3   umbrella. 12B, d14A, 20A, x21B, d24B.

छात्र m 23   student. d10B, d11A, d11B, d12A, 13C, d14A, 14B, d15B, x15B, d18A, 20B, d21A, 22A, x22A, d22B, d24A.

छाना / छा जाना 34   to cover, spread over. 15B, 20B, d21B.

छापना 8   to print. 16, d16B, d19B, d21A.

   छपना 7   antitransitive to छापना. 16, d16B, x16, d19B.

   छपाना 3   causative to छापना. d23A.

छिपना 34   to hide. 21B, d24A, 26D.

   छिपाना 28   derived transitive to छिपना. 21B, d22B.

छींकना 3   to sneeze. 3A, x3A, 7E, 18A, d23A.

छी !   ech! exclamation of disgust. d9A, d17A, 20E.

छुट्टी f 26   vacation, break. A.

छुड़वाना / छुड़ाना   see छोड़ना.

छूटना 31   to leave. d2B, x24A, 26B. see छोड़ना.

छोटा 42   small. A.

छोड़ना 71   to give up; to leave behind; to release. A.

   V- ना छोड़ना   to quit V-ing. 4A, d4A, 14B, 20E.

   V- कर छोड़ना   to be certain to V. d19A, x19A.

   छूटना 31   antitransitive to छोड़ना. 16, d17A, 20E,
                                 x24A, 26A.

   V- कर छूटना   to get by with V-ing. 20C.

   छुड़वाना /छुड़ाना   causatives to छोड़ना. d25A, 26A.

जगह f 64   place. A.

जनम, जनमदिन   see जन्म.

जना m (जनी f)   person; people ("classifier"). 8, 12A, 13C,
                                   d14A, 14B, d21A, d24A, 26A.

जनाब m 1   Sir. d9A, d16B, 20C, 21A.

जन्म m 32   birth. d5A.   lifetime. x25A.

   जनमदिन   birthday. x25A.

   जन्म लेना   to take birth. x9A, d9B, 15A, 18B, 20C.

   X का जन्म होना   for X to be born. d17B, 24A.

जब 245   when. A.

   जब तक   so long as. 14B, d14B, 15B, d15B, x15B,
                                   d17B, 20A, 26D.

   जब तक   by the time that. 14B, d14B, 15B, d15B, x15B,
                                   d17B, 20A, 20B, 26D.

जब तक... न...   until. 14B, d14B, d15B, d17B, 19A, 20A.

जब भी   whenever. x17B, 26A.

ज़बरदस्त 2   very strong, violent. 25B. unbeatable; accom-
                 plished. d21A. special, mind-blowing. 22B.

ज़बरदस्ती f 6   (by) force. d18A, 23A, 26A.

ज़बान f 23   tongue. d22B, d23B.

ज़बान   language. 23B, x25A.

जमना 8   to freeze. A.   to set. 12A, x15A, 20A,
                 d21B.

जमा 29 (invariant adjective)   together. A.

    जमा करना   to gather, put together in one place. A.

    जमा होना   to gather, come together in one place. A.

ज़मीन f 43   land; ground. 10A, x10A, d12A, 13A, 13E,
                 x16, d19B, 21B, x25A.

ज़रा 70   a little, a bit. A.

    ज़रा-सा (adj) the least little, trifling. 25B, 26D.

ज़रूर 51   certainly. A.

    ज़रूरत f 47   necessity. A.

    ज़रूरी 17   necessary. A.

जलना 31   to burn. d16A, 21B, d24A, 26D.

    जलाना   derived transitive to जलना. 13A, d16A, 21B.

जलेबी f 2   pretzel-shaped sweet. d17A, 20B, d24B.

जल्दी f 38   haste, speed. A.

    जल्दी करना   to hurry. A.

    X को V-ने की जल्दी है   X is in a hurry to V. x5B, 9B,
                 d9B, x9B, 13E, d18B, 26D.

जवान 48   young. x14B, d16A, x18B, 25B.

    जवान m 7   troop(s), G.I. 21A, 22A, 26B, 26D.

जवाब m 2   answer. d24A, 26D.

जान f 25   life. d18A, d22B.   darling. 26C.

जानना 88   to know. A.

    V-ना जानना   to know how to V. A.

    जान-बूझकर   on purpose. d9B, x14A, 18B, 19B.

    जाने 75   (I don't) know, (God only) knows. d17A,

	x19B, d24B, 26A, 26C.
जाना 1145	to go. A.
जारी रखना	to continue; resume. d14B, d16A, 26C.
जारी रहना	antitransitive to जारी रखना . d16A.
ज़िन्दगी f 22	life. d9B, d10A, 13A, 13E, 16, 17B, 20D, 25A, 26C.
ज़िन्दा (invariant adjective)	alive. x15B, d17B, 26C.
जितना 77	as much (as). 2A, 7D, 8, d9B, x11A, x17A, d17B, 23B, d23B, x23B, 26D.
जी m 28	soul; respectful particle of address; Sir. A.
जी भरकर	to one's heart's content. 24A, 26D.
(X का) V-ने को जी करना (for X) to feel like V-ing. 11B, 13E, d18B, 26D.
(X का) V-ने को जी चाहना (for X) to feel like V-ing. d11B, 13D, 20A, x25A.
ज़ुकाम m 1	a cold.
X को ज़ुकाम होना for X to have a cold. d2A, 4C, x6A, 7A, d8, 10A, 11A, 15A, d21A.
ज़ुकाम कराना	derived transitive to ज़ुकाम होना . 11A, d21A.
ज़ुल्म m 2	cruelty.
X पर ज़ुल्म करना to be cruel to X. 21A, d21A, 25A, 25B.
जेब f 26	pocket. 2B, d2B, d5A, 7A, d8, d11A, d17B, d21A, x21B, d22B, d23A.
जैसा 66	similar to. A.
जैसे 123	as, like. A.
X (के) जैसा /जैसे like X. 23B, d23B, x23B, d24A, x24A, d24B, d25A, 25B, d25B.
जैसे ही... वैसे ही... as soon as. 15B, x15B, x18A, 20B, 26D.
जो 557	who, which. A.
ज़ोर m 46	strength, force. 18B, d21B, 26B.
ज़ोर पकड़ना	to pick up, increase. d18A, d22B, 26D.
ज्ञान m 17	knowledge. d11B, 13D, d16A, d22B.
ज़्यादा 38	more; too much. A.

ज्यों ही... त्यों ही... as soon as...   15B, x15B, d16A, x18A,
                                        20B, 26D.

X से टकराना 10   to collide with X, run into X.   2B, x5A, 6B,
                     d8, d12A, 13D, x15B, d21A.

टमाटर m 2   tomato. 23B, d24A, d25B.

टांग f 5   leg. x17A. टांग मारना to kick. d25A.

टिकट m 7   stamp; ticket. A.

टीका m 2   tika (caste-mark). x14A, x16, x17A, d21B.

टुकड़ा m 23   piece. x21B, 22A, 23A, 24A.

टूटना   see तोड़ना.

टूरिस्ट m 2   tourist. 9B, x9B, 10B, 13C, x15A.

टेलीफ़ोन m 8   telephone, telephone call. A.

टैक्सी f 2   taxi. A.

ट्रिप f 2   trip. d17A.

ठण्ड f 2   cold season. d23B.

     X को ठण्ड लगना   for X to catch cold; catch a chill.
                     15B, 18B, d25B, 26B.

     ठण्डा 24   cold. d10B, 20A, 21A, d23B, 25A.

ठहरना 28   to stop, wait. A.   to turn out to be. d21A.

ठाकुर m 1   Thakur (a title). x17B, 20D, d21A, 25A.

ठीक 61   OK. A.

     ठीक करना   to fix. d1B, x2A, d4A, d5B, d9A, 15A, d19B.

     X का V-ना ठीक रहना/होना   to be OK for X to V.
                     d15A, 26D.

डकार mf 3   burp.

     X को डकार आना   for X to burp; feel like burping. x5A,
                     11A, x19A, d21B, 23A.

     X को डकार दिलाना to help X burp, burp X. 11A, x19A.

     डकार मारना   to burp. d9B, 20D.

डर m 33   fear. d6B, 7D, d17A, 17B, 20A, 23A.

     X (के) V-ने का डर होना for X to be liable to V. 15A, x15A,
                     18B, 20B, 20D, d23A.

     X को Y से डर लगना for X to be afraid of Y. 6B, x6B,
                     7A, d12A, 18A.

(Y से) डरना — to fear (Y), be afraid (of Y). d8, d11A, d12A, 15A, 23A, x23A.

V-ते (हुए) डरना — to be afraid of V-ing. 18A, d18A, d19A, 23A, x23A.

डलवाना — see डालना.

डाकू m 8 — dacoit, highway robber. d17A, d23A.

डाक्टर m 30 — doctor. x14B, 20E, x21A, d22A, 26A, 26B.

डालना 53 — to throw, pour. A.

डलवाना — causative to डालना. d22B, 26A.

X पर डिपेंड करना — to depend on X. d21A, d25A.

डुबाना — see डूबना.

डूबना 21 — to sink. d9B, 11A, d17B, 20B, 20E, x21B, 24A.

डुबाना 2 — derived transitive to डूबना. 11A, x14A, 20A, 20E, 24A.

ड्राइवर m 2 — driver. 7B, d11A, x11A, x15A, d17A, 20B, 20E, 21A, 21B, 26B.

तंग 3 — tight; bothered.

V-ते V-ते/V-V-कर तंग आना/आ जाना — to get sick of V-ing. x19A, 21B, d21B, 26D.

तक 61 — up to, until. A.

तकलीफ़ f 11 — difficulty; pain. 10A, d12A, d12B, d17A, 20A, x23B.

तनख़ाह (तनख़्वाह) f 4 — salary. x14B, 20E, x21A, x23B.

तब 51 — then. A.

तबाह होना — to be ruined. 26E.

तबीयत f 13 — health; mood. 14B, 18A, d18B, 20D, x21A, 26D.

तभी 38 — only then. 6A, 12B, 13E, 16, d18B, x19A, 20A, 20D, d25A.

तरकीब f 3 — stratagem. d16A, x19A, 24B.

तरफ़ f 70 — direction. A.

तरह f 111 — way, manner. A.

तलवार f 15 — sword. 13B, d19B, x22A.

तलाश f 7 — search. d21A, x21B.

X (की) तलाश करना to look for X. d14A, d17B, x17B, 18B,
          20A, d24B.

तवा m 2   a round flat iron plate for cooking chapatis
          on. 7E, 15B, d17B, x18A, d22A.

तसवीर f 32   picture. d2B, 7E, d10B, 14B, x19A, 24A.

तांगा m 13   tonga. d2B, 6A, 13B, 21A, 22A.

   तांगेवाला m 2   tonga driver. 13B, d25A.

ताक़त f 4   strength, power. x9B, 10A, x10A, 13D, 17B,
          d17B, 18B, d19A, 20B, x21A.

ताकि 7   so that...(governs subjunctive). d14A, x16,
          d22A, 22B, d22B, x24B.

ताज्जुब m 14   surprise. 10B, d16A.

   X को Y पर ताज्जुब होना for X to be surprised at Y. d21A,
          25B.

   X को V-ते (हुए) / V-कर ताज्जुब होना for X to be surprised
          to V. x18A, 20D.

तारा m 7   star. d14B, d16A, d21B, d22B.

तारीफ़ f 8   praise. d22A, d25B.

   X की तारीफ़ करना to praise X. d18A, 22A, 22B, x23A.

तुम 49   you. A. तुम्हारा 280 your. A.

तुलना, तुलवाना see तोलना.

   V-ने पर तुलना / तुल जाना to make up ones mind to V. 23A,
          d23A, d25A.

तू 165   you (intimate or contemptuous). A.

   तू-तड़ाक से बोलना to speak using तू (rather than तुम or
          आप. 1B, x2A, x6A, 7A, d9A, d23A.

   तू-तड़ाकपन m 1 crudeness. d8, x19A, d21A.

   तेरा 77   your. A.

तेज़ 36   fast. A. sharp. 25A, d25A. hot. 22B,
          26B.

तेरा   see तू.

तैयार 62   ready. A.

   V-ने को/पर तैयार होना to be ready to V, willing to V. 3B,
          d3B, d6A, 7D, d9B, d11B, 13E, 20A, 20B, d23A.

तैयार करना — to prepare. A.
तैयार कराना — derived transitive to तैयार होना in the meaning of 'to be willing to V'. 11A, 13B, x19A.
तैयारी f 10 — readiness. A.
तैरना 8 — to swim; to float. d17B, 18A, 19A, 21B, x21B, d24B.
तो 2533 — contrastive particle; then. A.
तो सही — will you! at least! if nothing else! d17A, d17B, x19B, x22A, x24B.
तोड़ना 31 — to break. x14A, 16. to change (money). 12A. to pick (flowers). 19B, x19B, d24B.
टूटना 41 — antitransitive to तोड़ना. 10B, 15B, x15B, 16, d16B, 19B, x19B, 26E.
तुड़वाना/तुड़ाना — causatives to तोड़ना. x22A.
तोलना 6 — to weigh. d16B, d19B, 25A.
तुलना 2 — antitransitive to तोलना. d16B, d19B.
तुलवाना 2 — causative to तोलना. x22A.
त्याग m 7 — renunciation.
X (का) त्याग करना — to give up, abandon X. x15B, 17A, 17B, d17B, 20A.
त्योहार m 8 — holiday. A.
थकना 24 — to get tired. 17A, 18B, d18B, x19A, x21B, d24B, 26C.
थूकना 5 — to spit. 3A, d3A, x3A, x6B, d8, d9B, x15A, d18B, d25A.
थोड़ा 49 — a little. A.
थोड़ा-बहुत — more or less; somewhat. d16A, 26D.
थ्योरी f 2 — theory. 10A, d11B, d17B.
दफ़्तर m 20 — office. A.
दरवाज़ा m 61 — door; gate. d12A, d14A, x14A, 21A, d21A, 21B, 22A, 26C.
दर्ज़ी m 3 — tailor. 21B, 22A, d25A, 26A.
दर्द m 22 — pain. 4C, x5A, d6A, 7B, 10A, d14A, 15A,

x18A, x21A, d24B, 25B.

दवा f 18 medicine. d3A, x6B, 7A, d14A, x14B, 18A, 18B, 20E, 22A, d22A, 26B.

दही m 3 yoghurt. 12A, x15A, 16, 20A, d21B.

दहेज m 3 dowry. d19B, 20D, x23A, 26B.

दांत m 2 tooth. x18B, 19B, x23A, d23B.

दादा m 39 father's father. d12A, 13A, d15A, 16, x24A.

दान m 6 donation.

X (का) दान देना to donate X. d17B, 20C.

दाम m 11 price. x3A, 4C, 6A, 7A, x8, d12A, d14A, d16A, x18A, d22A.

दामन m 2 sleeve (literary). 26C.

दामाद m 2 son-in-law. d9A, 13B, x16, d21A.

दावत f 3 dinner party. A.

दिक़्क़त f 2 difficulty. d12B, d14A, d16B, 17B, 20E, d21B.

दिखाई देना see देखना.

दिखाना 56 to show. A.

दिखाना जैसे ... to pretend that... 25B.

V-कर दिखाना to show (one can V). 19A, x19A, 20A, 21B.

दिन m 131 day. A.

दिमाग़ m 26 brain. x12A, 13E, d14A, 17B, d18A, 20D, d22B, 23B.

दिल m 61 heart, mind. d16B, 20A, 20C, 23B, d23B, x23B.

खुले दिल से see खुला.

दिल खोलकर see खोलना.

दिलचस्पी f 11 interest. A.

दिलवाना/दिलाना see देना.

दिल्ली f 2 Delhi. A.

दीदी f 2 term of address: elder sister. d8, 11A, 14A, 17B, 19B, 20E, d21A, 26D.

दीवार or दीवाल f 27 wall. A.

दीवाली f 2 Diwali. d14B, d16A, 26D.

दुकान f 46   shop. A.

   दुकानदार m 5   shopkeeper. d12A, d12B, 16, 18B, x18B, d22A, x22A, x24A.

दुनिया f 50   world, universe. d15B, d16A, x19B, 23A, x23A, x23B, d25A, 25B, 26D.

दुबारा 3   a second time, again. 18B, d22B, d23A.

दुर्घटना f 5   accident. 12A, x12A, 13A, x15A, 19A, d19A, 26D.

दुश्मन m 5   enemy. x17B, d19A, 19B, 21A, 25B.

दूध m 36   . milk. 2B, 3A, x3A, x5A, x10A, 10B, x11A, 13C, d16B, d17A, x17A, x18A, 19B, d21B, d23B.

दूर f 44   far away. A.

दूरबीन f 2   telescope. 11B, 13E, x16, x19B, d21B.

दूसरा   second; other. A.

देखना 560   to see. A.

   V-कर देखना   to try (V-ing). 19A, d19A, x19A, d21B.

   X को दिखाई देना   to be visible to X. d14B, 16, d16A, x16, x19B, 20D, d21B, d24A, 25B, 26D.

देना 800   to give. A.

   दिलवाना/दिलाना causatives to देना. 22A, 22B, d24A.

देर f 64   delay, lateness. A.

   X को देर होना   for X to be late. 4C, d11A.

   X को देर कराना   to make X late. d11A, x18A.

देवता m 22 (plural = देवता)   deity, god. x9A, d9B, d18B, 20E, 21B, d22B, x23A.

देश m 92   country, nation. 5B, x6B, d9B, d11B, x14A, d18A, d21B, d22B, d23A, x23B.

   देशभक्त m 1   patriot. d18A, 19B, 21A, d22B.

दो शब्द   a note, a line or two. d9A, d17B.

दोपहर f 17   afternoon. A.

दोस्त mf 21   friend. 1A, 2A, x2A, d3A, d4C, x4C, d6A, x10A, 12B, d12B, 13D, d15B, x17B, 20B, 23A, d25A, 25B.

दौड़ना 75   to run. x17A, 18A, x21B, d22B, 26B.

  दौड़ f लगाना   to jog. d22B.

द्वारा, X (के)   by X. 14A, 17A, x21B, d21B, 22A, d22B.

धरती f 4   the earth. 15A, 20C, d25A.

धीमा 13   faint; slow. 19B, x24B, 25B, 26C.

धुलना/धुलवाना/धुलाना   see धोना.

धूप f 23   sunlight. A.

  धूप खाना   to be exposed to the sun. 23B, d24B.

  धूप निकलना   for the sun to come out. 9B, d11B, x11B, 15A, 15B, d25A.

  धूप सेंकना   to bask in the sun. x21B.

धोना 26   to wash. d3A, d9A, 16, 19B, 20D, d22A.

  धुलना 4   antitransitive to धोना. 16, 19B, 25A.

  धुलवाना/धुलाना 2   causatives to धोना. 22A, d22A.

धोबी m 6   washerman. A.

ध्यान m 65   attention. x24A. meditation.

  X की तरफ़ ध्यान देना   to mind X; to watch X. x18A.

  (X पर) ध्यान देना   to pay attention (to X). d12A, d14A, d25A, x25A.

  ध्यान रखना   to be careful. 25A.

  ध्यान लगाना   to meditate. 20D, 22B.

नम्बर m 2   number. A.

न 1266   not, no. A.

नक़ल f 4   copy.

  X (की) नक़ल करना to make a copy of X. 17B, x17B, 24A.

  X की नक़ल करना to imitate X. 17B, 19A, 26B.

  X (की) नक़ल कराना causative to X (की) नक़ल करना. x22A.

नचाना   see नाचना.

नज़र f 103   gaze, glance. x12A, x16, d22B, d23B, 26D.

  X को नज़र आना to be visible to X. d17A, d21A, 26D.

  (X को) V-ता (हुआ) नज़र आना to appear (to X) to be V-ing. d18A, x18A, d19A, 26C.

X पर नज़र डालना to glance at X. dd8, x14A, 15B, 21A, 24A,
                26C.   to give X the evil eye. dd8.

X को Y की नज़र लगना for X to get the evil eye from Y (and
                suffer the consequences). d22B, d24A.

  नज़र लगाना   to give the evil eye. d22B.

नदी f 37   river. 15B, 18A, 21B, x21B, d24A.

नमाज़ f 2   Namaz, Muslim prayer.

  नमाज़ पढ़ना   to say Namaz. 18A, d19A, 22B.

नया 62   new. A.

नहीं 505   not, no. A.   नहीं तो otherwise. A.

नाक f 16   nose. 7E, 10A, x10A, d21B, d22B, d23B, d25B.

नाचना 19   to dance. d9A, d11A, 14B, d17A, 26C.

  नचाना 2   derived transitive to नाचना. d11A, 18B, 20D.

नाम m 108   name. 1A, d2A, x2A, d3A, d4C, d6B, 7D, etc.

  X का नाम   the word X. 23A, x23A.

  X का नाम लेना   to mention X; implicate X. dd8, d9B, x14A,
                x15A, d17A, 26D.

नामुमकिन 1   impossible. 6A, d15A, 20B, 21A, 26B.

नाराज़ 9   angry. d5B, 6B, d6B, 7B, 13E, x15A, x18B, 21A.

नारियल m 3   coconut. 2B, d2B, 7E, x15B, 22A, 22B.

नाव f 8   boat. x5B, 7E, d9B, x9B, d14A, d17B, 18A,
                18B, 20E, 24A.

निकलना 120   to emerge. A. to go by (of dates). d14B.

  X से निकलना   to get out of X. x24B.

  X से आगे निकल जाना to pass X. 12A, 18A.

निकालना 67   to take out. A.

निगलना 2   to swallow. 8, d8, 9B, 11A, 15A, 18B,
                d21B, 22B.

निर्भर 12   dependent.

  X पर निर्भर करना   to depend on X. 21A, d21A, 25A, 26B.

नीचे 28   down, underneath. 21A.

  X के नीचे   under X. 6A, 21B, d24A.

नीला 19   blue. A.

ने 1350   ergative marker. A.

नोट m 2 (bank)note. d9A, x11A, 12A, d22A, x22A.
नौकर m 61 servant. A.
  नौकरानी f 1 maidservant. 16, x18B, d25B.
  नौकरी f 22 job. 6A, d6A, 13A, 13D, x15B, 20A, d23A, d24A.
पण्डित m 2 pandit, traditional scholar. d1B, x2A, x4C, 7B, x8, d9B, d11B, 13B, 15B, d17A, d17B, d18A, d22B, 23B.
पकड़ना 56 to catch. 8, d8, x11A, d15A, 15B, 16, 18A, d18A, 20E, 21B, x21B, 22B, d24A, 26A, 26C.
  पकड़वाना 2 causative to पकड़ना. 26A.
  पकड़ाना 2 derived transitive to पकड़ना. 11A, x11A, 20E, 26A.
पकना 5 to ripen. d21B, x25A.
  पका 2 ripe. 19B.
पकौड़ा m 1 pakaura, vegetable fritter. d2A, x3A, d6A, 7B, d11A, 17A, d19A, d23B.
पक्का 22 definite; complete; inveterate. d6A, 12B, 19B.
  V-ना पक्का होना to be certain to V. 15A, x15A, 20B, d22A, 26B.
पड़ना 240 to fall. A.
  X को V-ना पड़ना for X to have to V. A.
पढ़ना 54 to read; study. A.
  पढ़ा-लिखा educated. 21B, x24A.
  पढ़ाना derived transitive to पढ़ना, teach. A.
पता m 8 address. A.
  X को Y का पता है X knows of Y. A.
  X को Y का पता चलना for X to find out about Y. 6A, x6B, 13E, x15B, 17B, 18A, 20C, 20D, x24B.
  पता करना to enquire; find out. 20C, d22A.
पति m 66 husband. x2A, x5A, d6B, 7D, d8, d12A, x12B, d14A, 21A, d23A, d25A.
पत्थर m 32 stone. 7A, 15A, x15B, d21B, x21B, d23B.
  पत्थर मारना to throw stones. d19B.

पत्नी f 60   wife. 6A, d6B, d8, 10A, d10B, 11B, d12A,
                     13A, d14A, x14A, d15A, 21A, d22A, d23A.
पत्र m 48   letter. x1A, 1B, x2A, 3A, d3A, 7D, dd8, x9A,
                     12A, 15A, d16B, 17B, d19B, d21A, 26D.
पर 1250   on. A.
                     but. 11B, 13E, 15A, 16, d16A, 17B, 21A, 26A.
परसों 9   two days ago; two days from now. A.
परीक्षा f 9   exam. d12A, x12B, 13C, x14A, d21A,
                     d22B, 25B.
   परीक्षा देना   to take an exam. d3A, x5A, d6A, 7D, x10A,
                     d15A, 20B, d22A, d24A.
  X की परीक्षा लेना to examine X, give X an exam. d3A, 7B, d8,
                     d9A, 17B, d25A, 26D.
परेशान 24   distressed; harassed. 10B, 13C, 14B, d19A,
                     d21A.
   परेशानी f 18   trouble. d10A, 13A, 15A, 17B, 20D, 26C.
  X को V-ने की परेशानी है X has the bother of V-ing. d12A,
                     18B, x22A.
पसन्द करना   to like. x5A, 7C, 7D, d8, x14A, x15A, 17B,
                     d25A.
  X को Y पसन्द आना for X to like Y. d2B, x5B, 6A, x15A,
                     23B.
   पसन्द कराना   derived transitive to पसन्द करना. 11A,
                     13B, 18B, 26B.
  X को Y पसन्द है X likes Y. A.
पहचानना 31   to recognize. 8, d8, 11A, d12A, 13C,
                     14A, 15A, x15B, 20D, x25A.
पहनना 40   to put on, wear. A.
   पहनवाना   causative to पहनना. 22A.
  X को Y पहनाना to dress X in Y (derived transitive to
                     पहनना). 13B, 24B.
पहला 2   first. A.
   पहले 67   at first. A.

X के पहले	before X. A.
पहाड़ m 19	mountain. 13D, 15B, x16, d17A, d17B, d23B, 25B, 26B.
पहुंचना 61	to arrive. A.
पहुंचाना 37	derived transitive to पहुंचना. to deliver. 11A, d14A, 19B, d21A.
पाना 51	to obtain; to find; to manage to (V). A.
पानी m 88	water. A.
पानी बरसना	see बरसना.
पार करना 41	to cross. 15B, 21B, x21B, d22B.
पास 85	nearby. A. X के पास near X. A.
पिछला 24	last. A.
पिटना	see पीटना.
पिता m 78 (plural = पिता)	father. d3B, d4C, x4C, 7B, x8, 13C, d15A, x23B, d24A.
पिलवाना / पिलाना	see पीना.
पीछा m 3	pursuit. d25A.
X का पीछा करना	to chase X. d19A.
X का पीछा छोड़ना	to give up chasing/harassing X. d23A, 24A, 26A.
पीछे 65	back; behind. 7D, x8, 9B, d21B, 24A, x24A, 26D.
पीटना 22	to beat. 16, d16B, d17B, d19B, d23A.
पिटना 2	antitransitive to पीटना. 16, d16B, d19B, d25A.
पीना 58	to drink. A. antitransitive to पिलाना. x17A.
पिलवाना	causative to पिलाना. 22A, d22A.
पिलाना	derived transitive to पीना. 11A, x11A, 13C, x17A, 20E, 22A, d24B.
पीला 12	yellow. A.
पुजारी m 4	priest. 13C, 15A, d18B, 20D, d21A, 22A, 22B.
पुराना 44	old (of inanimates and abstracts). A.
पुरुष m 63	man (as opposed to woman). d18B, 21A, x23A, 25A, 25B, 26C.

पुल m 19   bridge. 15B, x21B, d24A.

पुलिस f 36   police. d3B, x3B, x5A, d8, 11A, 12A, 18A,
                     19B, 21A, d24A.

X से पूछना 2   to ask X (a question). d4C, d5B, 6A, d6B,
                     7B, dd8, x11B, 14A, d17A, d21A.

पूजा f 12   worship; puja.

    X की पूजा करना to worship X; to try to get on the good side
                     of X. d18B, x23A, 23B, 26D.

पूरा 57   full, complete. 6A, d6A, 7E, 14B, d14B, d15B,
                     18B, 19A, 20A, 20E, x21B, x22A, 23A, x23A, etc.

पृथ्वी f 13   earth (in the astronomical sense). x9A,
                     x12A, d16A, 18B, 24A, 26B.

पेट m 29   stomach. d9B, d11B, 15A, d18B, 19B, x23B,
                     d24B.

पेड़ m 39   tree. d12A, x12A, 19B, d23B, d24B.

पैदल 5   on foot. 22B, d22B.

पैर m 53   foot. 10A, d12A, x15B, d17A, d17B, d24A.

पैसा m 9   paisa, money. A.

पौधा m 2   plant. 19B, d24A, x25A.

प्यार m 32   love. 7B, 7D, d10A, x10A, d18A, 26C, 26E.

    X से प्यार करना to love X. 12A, x19A, 22B.

    X को Y से प्यार होना for X to love Y. d5A, d5B, 6B, x8,
                     9A, 21A, d21A.

प्याला m 17   cup (for liquor). d25B.

    प्याली f 2   cup (for tea, coffee, etc.). 10B, 19B,
                     22A, 26E.

प्रतीक्षा f 8   waiting.

    X की प्रतीक्षा करना to wait for X. 9B, x9B, 12B, x12B,
                     d14A, 17B, d17B, x18B, 20B.

    V-ने की प्रतीक्षा में होना to be waiting for X. x15A, 21B, 26B.

प्रयुक्त करना   to use. 17B, x17B, 20E, d21B.

X (का) प्रयोग करना to use X. 17B, d17B, x17B, 25A.

प्राध्यापक m 1   professor. d9B, d11B, d12A, d17B, d21A, 26D.

प्राप्त 26   acquired.

    प्राप्त करना   to obtain. dd8, d9B, d11B, 13D, 15A, 16A, d19B, 20C, 23A.

    प्राप्त होना   antitransitive to प्राप्त करना. d16A, x16, d19B, 20C.

प्रार्थना f 21   prayer.

    प्रार्थना करना   to pray. d18A.

    X को Y से V-ने की प्रार्थना होना   for X to beg Y to V. 13D, d14A, 26D.

प्रेज़िडेंट m 2   president. d19A, d22B.

प्रेम m 43   love. d19B, 25A, 25B, 26C.

    प्रेमी m 9   lover. d16B, 21A.

    प्रेमपत्र m 2   loveletter. d16B, 21B.

प्लेटफ़ार्म m 6   platform. d9B, 16, d18B.

फटना   see फाड़ना.

फ़रलांग m 2   1/8 mile. 19A, d22B.

फ़र्क़ m 3   difference. 21B.

फ़र्श m 9   floor. x3A, x6A, d8, x14A, 21A.

फल m 18   fruit. A.

फाड़ना 10   to tear, rip. 16, x17A, 20E.

    फटना 21   antitransitive to फाड़ना. x15B, 16, x17A, 19A, 20E, 26C.

फ़िदा 1   infatuated.

    X पर फ़िदा होना to be madly in love with X. 2A, x4C, 7B, x8, d12B, x18B, 21A.

फिर 305   again. A. फिर भी even so. A.

फिरना 12   to move about. d15B, d16A, 26C. see फेरना.

    मारा मारा फिरना to wander aimlessly. 22B.

फ़िल्म f 3   film, movie. 3A, d4A, d15A, x19A, 20D, x23B.

फ़ुर्सत f 12   leisure. d9A, 10A, x10A, 10B, x19B, 23A.

फूटना   see फोड़ना.

फूल m 48   flower. 2A, x3A, x4C, x8, d10B, d12B, 19B,

	x19B, x21B, d22B, d24B.
फेरना 8	to move (something) in a circle. 26E.
फिरना	antitransitive to फेरना.
फोड़ना 2	to break, burst. 16, d16A, d18A, 19B.
आंखें फोड़ना	to strain one's eyes. d16A, d22B.
फूटना 2	antitransitive to फोड़ना. x15B, 16, d16A, 19B.
फ़ोन करना	to telephone. d3A, x5A, 7A, d12A, 18A, 20A.
फ़ौरन 28	immediately. d9A, 11B, 13D, 14A, d16B, 19B, d21A, x24B.
फ़्राक f 3	dress. x21B, 24B, d25A.
बंगला f 9	Bengali (language). 22B, 23B.
बंटना	see बांटना.
बन्द 58	closed. A.
बन्द करना	to close. A.
बन्द करवाना / बन्द कराना	causatives to बन्द करना. 22A.
V-ना बन्द करना	to cut out / stop V-ing. 3B, x9A, 13C, 15B, d15B, d23A, d24B.
बन्द होना	to stop, to go out of order. d12A, 20A.
बन्दा/बन्दी m/f 3	guy/gal. 17A, d24A, d25A.
बन्दा m 2	I (polite or humble). 21A, 26C.
बन्दूक़ f 10	gun. 14B, d17A, 23A, x24A.
बंधना/बंधवाना	see बांधना.
बकवास f 2	nonsense. x9A, d9B, 13C, d16B, 20A, d25B.
बचना	see बचाना.
बचपन m 17	childhood. 13A, d16A, d22B, 26A.
बचाना 28	to save; rescue. A.
बचना 42	to be left. A. antitransitive to बचाना. 26D.
V-ते V-ते बचना	to almost V. 19A, d19A, x23A.
बच्चा m 126	boy, child. A.
बच्ची f 2	girl, daughter. 2A, 2B, x3A, d4C, 7B, d10B, d11A, 15A, 16, x19A, d21A, x24A.

बजना 40   to ring; strike (X o'clock). A.   see बजाना.

बजे 38   o'clock. A.

बजाना 20   to play (an instrument), to make something sound. A.   to delay (until X o'clock). d11A, d21B.

बजना   antitransitive to बजाना. d25B.

बटन m 3   button. d25A.

बड़ा 115   big. A.

बड़ी चीज़   hot stuff, fox, dish. d24A.

बढ़ई m 2   carpenter. 16A, 19A, x19B, 20E, d22A.

बढ़ना 2   to increase, grow. d12A, x14B, d16A, d19A. to advance. x24B, 26D.

बढ़ाना 2   derived transitive to बढ़ना. 13D, d16A, d22B.

बढ़िया (invariable adj) 3   excellent, of superior quality. 14A, d14B, d16A, x24A.

बताना 96   to tell. A.

बदलना 32   to change. A.

बदलना   antitransitive to बदलना. 16, d25B, 26B.

बदलवाना   causative to बदलना. d22A, x22A.

बनाना 70   to make. A.

बनना 79   antitransitive to बनाना. A.

बनना (जैसे)   to pretend (as if...), act (as if...) 23B, 25B, 26D.

बनियान f 2   undershirt. A.

बयान m 3   description; account. 26C.

X (का) बयान करना   to describe X. 17A, d17B, 26C.

बरतन m 11   pot. dd8, d11B, d16B, 18B, 23A.

बरदाश्त f 2   toleration.

बरदाश्त करना   to tolerate. d16B, 20A, d21B.

X को / से Y बरदाश्त होना   for Y to be tolerable to X. d16B, 21A, 25B.

बरसना 7   to rain down, shower.

पानी बरसना   to rain. d3A, 3B, x3B, 7C, 9B, d14B, 15A,

	15B, x15B, d24B.
बरसात f 2	rainy season. A.
बर्फ़ f 7	snow, ice. A.
बल्कि 14	but, rather. 13E, x16, x17B, 20D, d21A.
बस f 2	bus. x5A, 5B, 12B, x15A, 21B, x21B, d23A.
बस 41	just, only; enough. x11B, 13D, 13E, d14B, 17A, d18B, d21B.
बस करना	to desist, cease; knock off (from work). d9A, d17A.
बहन f 54	sister. A.
बहना 28	to flow; run (of noses). d21B, d22B.
बहुत 100	very; a lot. A.
बहू f 69	daughter-in-law. 4C, d6B, 11B, d18B, 20E, 21A, 25B.
बांटना 6	to divide. 16, x18B, 20E, d21B.
बंटना 2	antitransitive to बांटना. 16, 17B, 20E, d21B.
बांधना 44	to tie up; pack. 14A, d14A, 16, 17A, x17B, d22A. to put on (a sari). 21B.
बंधना	antitransitive to बांधना. 16, 17A, 24B, 26B.
बंधवाना	causative to बांधना. 22A.
बांस m 11	bamboo. 16, d17B, 18B, 22A.
बाक़ी 29	rest, remaining. 12A, x12A, d12B, 13C, 22A, x24A.
बाग़ m 9	garden. d18B, 22A, 26B.
बाज़ार m 37	market. A.
बाज़ारू 2	vulgar; see मूतना.
बात f 91	thing said. A.
बात करना	to talk; have a conversation. A.
बाद (में) 42	later, afterward. A.
X के बाद	after X. A.
बादल m 7	cloud. 15B, d16A, 20B, d21B.
बाप m 38	father (non-honorific). A.

बाबा m 2   respectful term for gurus and other father figures. 22A.

बाबूजी m 3   Father; Sir (term of address). d4A, 6A, d6A, d19A, 20C, 21A.

बायां 26   left. A.

बार f 61   time, occasion. A.

X के बारे में   about X. A.

बाल m pl 34   hair. 14B, x15B, x19A, 22A, d23B, d24A, 25A.

बाल्टी f 2   bucket. dd8, d16B, 19B, 20D, d24A.

बाहर 75   outside. A.

बिकना / बिकवाना   see बेचना.

बिठाना / बिठवाना   see बैठना.

बिजली f 27   electricity; lightning. 9B, 10A, x10A, d14B, d15A, 15B, d15B, 21A.

बिना X का   not having X, X-less. d22B.

X के बिना   without X. d16A, d17A, x17A, 20A, x24A, d25A.

बिलकुल 69   completely. 15A, 16, 23B, 25A.

बिल्ली f 11   cat. d6B, x6B, 7D, 7E, d8, x14B, 18B, 21B, 26A.

बिस्कुट m 2   cookie. d2B, 15A, 20A, 20E.

बीच m 1   beach. d24B.

X के बीच   amidst X. d21B.

बीमार 28   sick. 17A, x21A, 26A, 26B.

बुख़ार m 7   fever. d3A, 4C, x5A, x10A, 18B, 26D.

X को बुख़ार आना   for X to get a fever. d18A, d19A, 20D, d22B.

बुनना 6   to knit, weave. 16, d16B, x19B.

बुनना   antitransitive to बुनना. 16, d16B, x21B.

बुरा 61   bad. A.

X को बुरा लगना   for X not to like; to seem bad to X. 1B, d6A, 7D, 13E, 17B, 20B, d22A.

बुलाना 36   to call, invite. A.

बुलवाना 4   causative to बुलाना. d24B.

बूढ़ा 43   old (of animates). d2A, 3A, 4C, d8, d12A,

	15B, d17A, 18A, d18B, x18B, x21A, x21B, d24A.
बे !	see अबे. 13C, 18A.
बेचना 24	to sell. 2B, 3A, x3A, x5B, 7E, d8, d14A, 16, d16B, x18A, 18B, 19B, d19B, x24A.
बिकना 5	antitransitive to बेचना. 16, d16B, x16, 19B, d19B, x21B.
बिकवाना 2	causative to बिकना . 22A.
बेचारा 44	poor, helpless. d22A, d22B, 23A, 26A, 26C.
बेटा m 47	son. 1B, x2A, 3A, x8, d10B, 13C, x18B, 20B, d22A, d22B, d25A.
बेटी f 23	daughter. d1B, x2A, d2B, d8, d9B, x11A, 11B, d12B, 13C, d16B, 20C, d21B.
बेवकूफ़ mf 4	fool. x12B, d14A, x16, x19A, 26A, 26D.
बैठना 145	to sit down. A.
बिठवाना 2	causative to बिठाना. 22A.
बिठाना 14	derived transitive to बैठना . to seat. 11A, d11A, d14A, 20D.
बोतल f 1	bottle. 10B, d10B, 11B, d11B, 12A, x14A, d18A, 19B, 20E.
बोलना 465	to speak. A.
ब्राह्मण m 2	Brahman. d17B, 20C, d21A.
भई mf 2	informal term of address; Man! 6A, d6A, 12B, 16, d16B, d17A, d21B, d24B, 26B.
भक्त m 2	devotee. 15A, 18B, d18B, 20A, 22A, d25A.
भगवान m 54	God. d1B, x2A, 7B, d11A, d12B, d17A, x19B, d25A.
भगाना	see भागना.
भतीजी f 2	niece (brother's daughter). 22B, 24A, x25A, 26A.
X भर	all X long. d19A, 20A, 22B, d22B, x25A, 26A.
X भर का	an X(full) of. d11B, d16A.
भरना 120	to fill; to be filled. dd8, x9B, 16, d16B, 18B, d18B, 19B, x23B, d24A.

भरोसा m 3   trust, belief.

     X पर/का भरोसा   faith, belief in X. 21A, x21A, x25A, 26D.

भांग f 3   bhang, pot, marijuana. d22A, 23A.

भांपना 3   to guess. 8, d8, x10A, 11A, d12A, x19A, 20C, 25A.

भाई m 73   brother. A.

भागना 65   to run; flee. d2B, 6A, 11B, d11B, 14B, x14B, 15B, d15B, x15B, x18A, d18B, 20E, x21B, d25A.

     भगाना   derived transitive to भागना. to chase away. 12B, 13B, d19A, 20E, x25A.

भाभी f 28   elder brother's wife. 18B, x19B, d21B, d22B, 26A.

भारत m 2   India. A.

भिखारी m 3   beggar. d2B, 6A, 10B, 14B, 24A, 25A, 26A.

भी 135   too, also. A.

भीड़ f 67   crowd. d15B, d16A, d18B, 20D, d23A, d23B.

भूख f 5   hunger. 23A, d24B, x24B.

भूलना / भूल जाना   to forget. A.

भेजना 43   to send. dd8, d9A, 12A, 13B, 15A, 16, d23A.

भैया m 2   Brother. x9A, 13D, 14A, d16A, d16B, 17B, 20D.

मंजना/मंजवाना   see मांजना.

मकान m 41   house, building. A.

मगर 13   but. 4A, 6A, 10B, 20A, 23B.

मचाना   see शोर.

मज़दूर m 11   laborer. A.

     मज़दूरी f 2   (daily) labor; wages for labor. A.

मजबूर 9   helpless; compelled, forced. d22A.

     V-ने पर मजबूर करना   to force (someone) to V. 23A, d23A, x23A.

     V-ने से मजबूर करना   to prevent (someone) from V-ing. 23A.

मज़ा m 2   fun.

X को मज़ा आना   for X to have fun.   18A, d18A, x18A, 26A.

मज़ाक़ उड़ाना (X का) to make fun (of X).   12B, x12B, 13D, x14B,
                    20C, d22B.

मतलब m 27   meaning. A.

    X को Y से मतलब होना   for X to have to do with Y.   6B, x6B,
                    d21A, 25B.

मदद f 18   help, assistance.

    X की मदद करना   to help X.   d12B, x12B, 13D, d17B, 20A,
                    26B.

मन m 88   mind, heart.   13E, 20D.

    X का V-ने को मन करना   for X to feel like V-ing.   11B,
                    d11B, 20D, x21A.

    X का V-ने को/का मन होना for X to feel like V-ing.   11B,
                    d11B, x11B, 13D, 13E, 18B.

    मन लगाकर   diligently; seriously.   14B, x14B, 21A,
                    d22B.

    X के मन का   after X's heart, that X really wants.   d19B,
                    d22B, d25A.

    X का Y का मन है   X feels like (having) Y.   12B, d24B.

    मनमाने 2   as one pleases, arbitrarily.   26A.

मनना   see मनाना.

मनवाना   see मानना.

मना 8   prohibited.

    X को/का V-ना मना होना for X to be forbidden to V.   d8,
                    d9B, 13E, d15A, 20A.

    V-ने से मना करना   to refuse to V.   23A, 26D. X को V-ने से
                    मना करना to forbid X to V. d23A, x23A, 26D.

मनाना 8   to persuade.   11A, 13B, 16, d16B, 24A.

    मानना 2   antitransitive to मनाना.   8, 13B, d18B,
                    23B, 24A, 25A.

मनाना 4   to celebrate.   16, d16A, d16B, 18A, x19B,
                    d22B, x25A.

    मनना 1   antitransitive to मनाना.   16, d16A, x19B.

मरना 51 — to die. dd8, d10B, 11A, d15A, 19A, d19A, 20D, d21B, x23A, x24B.

X पर मरना — to be crazy about X. 21A, d21A.

मरीज़ mf 14 — patient. 19A, 21B, d22A, 25B, 26D.

मशहूर 4 — famous. A.

मसाला m 2 — spice. 6A, dd8, d10B, x16, 25B, 26B.

मस्जिद f 2 — mosque. A.

महंगा 2 — expensive. A.

महरी f 2 — kitchen-maid. x3A, 4C, d6A, 10A, d11B, 18B, 19B, 20B, 21A, d22A, 23A.

महसूस करना — to feel, experience. 17B, 18A, d18A, x18A, d19A, 20A, 20C.

X को महसूस होना — for X to feel, experience. 15B, 18A, x18A.

महाराजा m 2 — emperor. 9B, x9B, x10A, d14A, d19B, 21A, x23A.

महाराज — very respectful (or ironic) term of address: My good Sir. d21A.

महीना m 39 — month. A.

मां f 68 — mother. A.

मां-बाप 2 — parents. A.

मांगना 45 — to ask for (something). d2B, 4C, x5A, x6B, 7E, d8, d11B, 13C, 13D, d21A, 25B.

मांजना 2 — to scrub, scour. 15B, 16, d16B, 18B, d22A, 23A.

मंजना 1 — antitransitive to मांजना. 16, d16B, 19B.

मंजवाना 1 — causative to मांजना. d22A.

माचिस m 1 — matches. d2B, 10A, 13A, x15A, d24A.

माता f 21 — mother. x3A, d3B, 7B, d8, d10B, d14A, 21A.

माथा m 10 — forehead. 25B, x25B.

मानना 75 — to respect; admit. A. (see also मनाना.)

मनवाना 2 — causative to मानना. d23A.

मान लेना — to suppose; imagine. d14B, d23B.

मानों 2 — as if. 25B, d25B.

मामला m 13 — affair. d9B, x11B, x12B, 13D, x14A, x15A,

17B, 18B, d19A, x19A, 20A, 22A.

मायका m 1 — (a married woman's) parents' home. d1B, x2A, d6A, 7B, d8, 13B, d17B, 20E.

मारना 111 — to strike, beat; kill. dd8, d9B, 11A, 14A, 18B. to strike with; throw. 18B, 19A, 19B. to loot. d17A, d23A.

मारा-मारा फिरना — to wander aimlessly. 22B.

X के मारे — because of X. d17A, d18A, 26C, 26D.

मार्फ़ीन m 2 — morphine. 25B.

माल m 10 — goods, merchandise. d12A, 14A, d14A, x18A, 20B, d23A, x24A.

मालिक m 28 — owner. 7E, 13B, 13D, 15B, d21A, 26A, 26D.

माली m 2 — gardener. 10A, d10A, x10A, d12A, 21A.

मालूम 51 — known. A.

X को मालूम होना — for X to know; to seem to X. A.

मास्टर m 2 — school-teacher. d11A, 13C, 14B, d17A, 17B, x22A, d23A, 26B.

मिठाई, मिठास — see मीठा.

मित्र mf 50 — friend. d1A, x2A, x4C, 7B, x8, 13D, 15A, d21A.

मिनट m 20 — minute. A.

मिर्च f 3 — (chili)pepper. 22A, 22B, 25B.

मिलना 325 — to meet; to be gotten; to be available. A.

X से मिलना-जुलना — to look like X.; to meet with X. d5B, 6B, d6B, 7B, 7E, d9B, 15B, 26C.

X से Y मिलाना 5 — to introduce Y to X; to mix Y with X. A.

X को V-कर Y मिलना — for X to get Y out of V-ing. 19A, d19A, x19A, 20C.

मीठा 14 — sweet. A.

मिठाई f 17 — candy, sweets. d9A, 13C, x16, 20E, d24A.

मिठास f 3 — sweetness. 23B, x23B, x25A.

मुंह m 77 — mouth. 8, x14A, d17A, x18B, d21A, 23A.

X के मुंह पर — to X's face. 8, 13D, x14A, 18A, d21A.

मुताना — see मूतना .

मुन्ना m 1	baby. 3A, x5A, 7B, d8, d17A, x18A, x18B, 20E, d21A, d21B.	
मुन्नी f 1	baby-girl. d4C, 7B, 9B, d11A, x19A, 20B, 20E, d21A, 24B, d24B.	
मुमकिन 2	possible. 6A, d6A, d15A, x15B, 26B.	
X की Y से मुलाक़ात होना	for X to meet Y; for X to make Y's acquaintance. 26C.	
मुश्किल 26	hard, difficult. A.	
V-ना मुश्किल	unlikely to V. 15A, 20B, 26B.	
मुश्किल f	difficulty. 17A, 24A, x24A.	
मुसलमान mf 2	Muslim. A.	
मुसीबत f 16	misfortune. d16A, d16B, 23A, 26C.	
मुसकराना 45	to smile. 8, 13C, x16, 21A, x21B, 22A, 25B, 26C.	
मूंगफली f 2	peanut. d10A, 11B, 20A, x24B.	
मूतना 1	to pee, piss (बाज़ारू). 3A, d6B, 7B, d8, x14A, 20E.	
मुताना	derived transitive to मूतना . 20E.	
में 2483	in. A.	
मेज़ f 24	table. 9B, 10A, 14A, 21A, d21A, 21B.	
मेमसाहब f 2	memsahib. 10B, d10B, 19B, d25B, 26B.	
मेरा 355	my. A.	
मेहरबानी f 2	kindness, grace. A.	
मैं 920	I, me. A.	
मैदान m 14	field, (playing) field. 18A, d22B.	
मैनेजर m 3	manager. d22A.	
मोज़ा m 2	sock. A.	
मोटर f 42	automobile. 2B, 4A, x5B, d15B, 19A, d19B, d23B, 26B.	
मोटा 24	fat; thick, coarse. 14A, x14A, 17A, x17A, x17B, x23B.	
मोती m 6	pearl. d22A, d23B.	
मौजूद 3	present. 14B, d14B, x14B, x15B, 20A, d21B.	
मौत f 10	death. d12B, 13C, 16, x18B, 21A, x23A.	

मौसम m 5   weather. A.

यदि 9   if. 25A, d25A.

यह 1336   this; he, she, it. A.

   यही कोई   approximately. 10A, 13E, d16B, d21A.

यहां 100   here. A.   X के यहां at X's place. A.

   यहां तक कि...   so much so that...; with the result that...
                     24A.

   यहीं   right here. A.

या 25   or. A.

याद f 43   memory. 5B, x6B, x12A.

   X को Y (की) याद आना   for Y to come to X's mind; for X to
                     recall Y. d8, d10B, 12B, 13E, d17B, x17B,
                     22A.

   X को Y की याद दिलाना   to remind X of Y. 11A, d11A, d12B,
                     x12B, 13B, 13C, 14A, 22A, 26A.

   याद दिलवाना   causative to याद दिलाना. 22A.

   X को Y (की) याद होना   for X to remember Y. 11A, d11A,
                     13B, d17B, 26D.

यार m 3   friend (slang). 12B, 20A, 23A, d24A, 24B.

यूं 36   in this way. 15A, 18A, d18B, x18B, 20A,
                     21B, 26B, 26D.

   यूं ही   by accident, without any special purpose,
                     casually. x11B, 18B, 21A, 24A, 25B.

रंग m 31   color; paint. A.

रखना 180   to put, place. A.   to have. 10A, x10A,
                     13D, x21A, d25A.

   रखवाना   causative to रखना 'to put'. 22A.

रद्दी 3   lousy, junky. x19A, 20E, x24B.

रफ़्तार f 3   speed. d22B, x24B.

रस्सी f 7   rope. 14A, d14A, 15B, x17B, 18B, d19B.

रहना 560   to stay. A.

   V-कर रहना   to certainly V; to be bound to V. d19A, x19A,
                     20C, d24B.

V-ता रहना   to keep V-ing. A.

V-ते V-ते रहना/ रह जाना to almost V. 19A, d19A, x19A,
                          d23A, 26C.

राखी f 2   thread tied around man's wrist by his sister
                  as a symbol of her dependence. d22A.

राज़ m 3   secret. 9A, x15B, d16A, 19A, x19A, 25A.

राजा m 88   king. 7E, 13B, x18B, d19B, x23A, 25B, 26A,
                  26D.

राज़ी 14   willing. x19A.

V-ने पर/को /के लिये राज़ी होना   to agree to V. 23A, x23A.

रात f 60   night. A.

रानी f 23   queen. 14A, d15A, x18B, d19A, d22A.

रामायण m 1   the Ramayana. d1B, x2A, x8, x14A, x18B,
                  d21B, d22B, d24A.

रास्ता m 34   road. A.

रिक्शावाला m 2   rickshaw puller, pedaler or driver. d11A,
                  d21A.

रिज़ल्ट m 2   (examination) result. 13C, x14A, d21A,
                  d22B, 25B.

रुकना 71 intr.   to stop. A.

V-ते V-ते रुकना   to nearly V; hold off from V-ing. 23A.

रुपया m 116   rupee. A.

रुलाना   see रोना.

रूप m 58   form. 20C.   beauty. d21B.

रेकार्ड m 1   record. 22A.

रेल f 5   railroad. A.

रेशम m 3   silk. x21B, d23B, 25A.

रोकना 41 trans.   to stop. d1B, x2A, d6A, d8, x9B, d17A.

X को V-ने से रोकना to stop X from V-ing. 23A, d23A.

रोज़ m 38   day; daily. A.

रोटी f 29   bread, chapati. 21B.   livelihood. 23A.

रोना 56   to cry, weep; howl. d2B, x3A, d4C, x6B, 7B,
                  8, d9B, d11A, 13B, 13C, d15B, d16B, x18A,
                  20B, 21A, d21B.

रुलाना 2	derived transitive to रोना. d11A, d16B, 20E.
लम्बा 33	long, tall. A.
लकड़ी f 31	wood. A.
लकीर f 3	line. x19B, d25A, 25B.
लगना 230	to stick; to take (time, money). A. see लगाना. also see under अच्छा and बुरा.
V-ने लगना	to begin to V. A.
X को लगना	to seem to X. 7B, 17A, d18A, d21A, 21B, x21B, 23A, d23A, x23B, d24B, 25B, d25B, 26B.
X को/के लगना	for X to get hurt, hit. 18B, 20D, d21A.
लगातार 5	continuously. 14B, x18B, d24A, 26C.
लगाना 67	to apply, put on. A. to plant. x25A.
X के एक लगाना	to give X a punch. 10A, 13C, x15A, 23A.
लगना	antitransitive to लगाना. x16, x17A, 18B, x24A.
लड़का m 66	boy, son. A.
लड़की f 31	girl, daughter. A.
लड़ना 43	to fight. 6B, d6B, x6B, 7B, 7D, d8, d11B, d15B, d16A, d17B, 20B, x23A, d25A.
लड़ाई f 34	fight. 22A.
लहर f 16	wave. 6B, x6B, 7D, d11A, d15A, 22B, d24B.
लादना 7	to load. d14A, d17A, 19B, 22A.
लदना 8	antitransitive to लादना. d17A, 19B, 22A, 24B.
लदवाना 2	causative to लादना. 26A.
लदा 2	laden. 19B.
लाना 120	to bring. A.
ले आना	compound form of लाना. d5B, 7B, 8, d8, d14A.
लारी f 3	truck. 12A, d14A, 18A, 24B.
लाल 28	red. A.
लिखना 74	to write. A.

लिखवाना/लिखाना causatives to लिखना. 22A, 26A.

लिफ़ाफ़ा m 2 envelope. d1B, x2A, 7D, d8, x9A, x17B, d23A.

X को लिफ़्ट f देना to encourage the attentions of X; to respond to X (slang). 23B, d24A.

X के लिये for X. A.

लेकिन 340 but. A.

लेटना 14 to lie down. x15B, 21B, d24B, 26C.

लेना 685 to take. A.

ले आना see लाना.

ले जाना to take away. A.

X को लेकर about X. 13D, d16A, d19A.

लोग m pl 49 people. A.

लोहा m 10 iron. A.

लौटना 40 to return. A.

वक़्त m 58 time. A.

वजह f 15 reason. A. X की वजह because of X. A.

वरना 6 otherwise. 9A, x24A.

वर्षगांठ f 1 birthday. 14A, d16B, x25A, 25B.

वह mf 3233 he, she, it; that. A.

वहां 77 there. A. वहीं 14 right there. A.

वापस 32 back. A.

वाला -er. A.

विचार m 53 thought, idea, opinion. 9A, d9A, 10A, x10A, d17B, 20D, d23B.

X का V-ने का विचार होना for X to plan to V. 11B, d11B, x11B, 13D, x21A.

विदेशी mf 16 foreigner. d17B, 19A, d22B, 26C.

विश्वास m 60 belief. 12B, d12B, x12B, d17B, x19B, 20D.

X पर/का विश्वास करना/होना to believe in X. 12B, d12B, d17B, x19B, 20D, 21A, x21A, d25A.

वेस्पा f 1 Vespa (a motorscooter popular in India). 10A, 15A, 17A, 26B.

वैसे correlative to जैसे. A.

वैसे तो   actually. x12A, x15A, d16A, x17A, x21A.

व्यक्ति m 44   individual. d19A, 26A, 26C, 26D.

शक m 5   doubt; suspicion. d6A, d15A.

    X को Y पर/का शक होना   for X to doubt Y. d10A, x10A, d12A, d21A, x21A.

शकल f 4   face; appearance. d6B, 8, x8, d9B, d10A, 15B, x18B, 20D, d23B, 26D.

शब्द m 36   word. d4C, d9B, 13C, 14A, x15B, 17B, 25A. see दो शब्द.

शरम f 13   shame, embarrassment.

    X को Y पर शरम आना/होना/लगना   for X to be ashamed of Y. 21A, x21A, x23B, d25B.

    X को V-ते शरम आना   for X to be ashamed to V. 18A, d18A, x18A, d23A.

शहद m 3   honey. 23B, x23B, x24A.

शहर m 34   city. A.

शादी f 39   marriage; wedding. d10B, 11A, 16, d16A, d16B, x19A.

    X से शादी करना   to marry X. 6B, d6B, x6B, d8, d9B, d10B, 11B, d11B, x18B, d19A, 20D, x24B.

शाम f 30   evening. A.

शायद 28   maybe. A.

   शायद ही   hardly, likely. 17A, d19B, d25B.

शाह m 2   shah, king. 21A, d21B, 25A.

शिकायत f 18   complaint. 13A, 21A, x21A, d24A, 25B.

    X को Y से शिकायत होना for X to have a complaint about Y. 6B, d6B, x6B, x10A, d12B, d14A, d17B.

शीशा m 7   mirror. x15B, x17A, 20D, d21A, 25B.

शुरू m 56   beginning. A.

   X शुरू करना   to begin (to) X. A.

   X शुरू होना   for X to begin. A.

शेर m 7   tiger; lion. 10A, d11B, x12A, 14B, x17B, d18B, d19A, 23B, x23B.

शोर m 22   noise, racket.

शोर मचाना	to make noise, keep up a racket. 14B, x15B, d18A, d23A, x24A.
संकट m 10	peril, danger. d1B, x2A, d4A, d8, d9B, d15A, d25A.
संगीत m 8	music. d11B, d12A, d12B, x17B, x21A, 22A, x24B.
सन्तरा m 2	tangerine; "orange". A.
संभव 10	possible. d15A, x15A, d15B, 20B, d21A.
संभालना 44	to take care of; balance. 21B, d21B.
संस्कृत f 17	Sanskrit. 10B, 21A, d23A, 23B.
सकना 185	to be able to. A.
सच m 43	truth; true. A.
सचमुच 28	really. d2B, 6A, 10B, d19A, 21A, 26B.
सड़क f 43	street. A.
सफ़ा m 2	page. x22A, d22B, 24A.
सफ़ेद 23	white. A.
सब 375	all, every. A.
समझना 222	to understand. A.
X को Y समझना	to consider X a Y. 7E, d9A, 13C, 20B, 25A, 26B.
समझाना 39	derived transitive to समझना. to explain. 13B, 16A, 20E, d21B.
समय m 69	time. x5B, d18A, 21A, x23B, 26A, 26B.
V-ते समय	while V-ing. x5B, 15B, d15B, d21A, x22A.
समुद्र m 31	ocean. 22B, d22B, d24B.
समेटना 2	to gather, collect. 16, 18B, 19B, d21A.
सिमटना 3	antitransitive to समेटना. 16, 19B.
सरकार f 26	government. 2B, 6A, 13D, d18A, x21A, x25A, 26B.
सरकारी 16	governmental. A.
सरदार m 12	chieftain; used to address or refer to Sikhs. d1B, x2A, d4A, d6B, 7B, x10A, d12B, 13C, d18B, x25A.
सरोद f 2	sarod. d4A, 4C, 6A, 13D, x24B.

सर्वशक्तिमान 1   all-mighty. d1B, x2A, d4A, d8, 18B, 20D,
                                 d25B.

सवाल m 21   question. 10A, x11B, 13E, 14A, d17A, d21A,
                                 d24A.

   X का सवाल   matter of X, problem of X. d9B, 13B, x16,
                                 x25A.

सवेरा m 36   morning. d16A, d25A.

   सवेरे 2   in the morning. x22A, d22B.

सस्ता 6   cheap. A.

सही 27   true; correct. d12A, 13B, 14B, 17B, x18B,
                                 d23A. see under तो for तो सही.

सहेली f 2   (a woman's) woman-friend. x12B, 13C, x15A,
                                 d17B, d21A, d23A.

सांस f 28   breath; sigh.

  सांस छोड़ना   to breathe one's last. 6A.

  सांस भरना   to take a deep breath; to heave a sigh. dd8,
                                 d14A, d17A, 18B, 20D, 22B.

सा 118   like; as if; -ish. 23B, d23B, x23B, 25B,
                                 d25B, x25B, 26C.

साइकिल f 5   bicycle. d16B, d18B, 20B.

साड़ी f 56   sari. 12B, d12B, d21A, 21B, d23A, d24B.

साथ 160   along. A.

  X के साथ   with X. A.

  X का साथ देना to accompany X. 12B, x14A, d17B, 23A.

साफ़ 44   clean; clear. x16, x19B.

  साफ़ करना   to clean. d1A, x2A, x6A, d8, x9B, d11B,
                                 x14A, 15B, x17A, d18B, d21B.

  साफ़ रखना   to keep clean. d6A, x6A.

  साफ़ होना   antitransitive to साफ़ करना. x16, x17A.

सामने 111   in front. A.

  X के सामने   in front of X. A.

सामान m 32   stuff; luggage. A.

सारा 81   all, entire. A.

साल m 58 — year. A.

साला m 2 — wife's brother. x12B.

साली f 2 — wife's sister. d8, x19A, d22B, 26D.

साला /साली — bastard/bitch; (as adj) damned. d1B, x2A, 7B, d8, d9A, d11A, 13B, d15A, d17A, d23A, d25A.

साहब m 2 — boss; master; Sir. d2B, d6A, d11A, x11B, 12A, 14A, 14B, d14B, 20A, d21A, d21B.

सिंकना — see सेंकना.

सिखवाना, सिखाना — see सीखना.

सिगरेट f 27 — cigarette. A.

सिगरेट पीना — to smoke a cigarette. 3B, 4A, x4C, 12A, 13C, d17A, d23A.

सितार m 3 — sitar. 2B, x5B, 14A, d25B.

सिनेमा m 24 — movie. A.

सिपाही m 33 — soldier; policeman. d10A, d11B, 13B, 13D, x17B, 18B, 21A, 22A, d22A, x22A, 26D.

सिमटना 3 — to shrink (in fear). 19B. see समेटना.

सिर m 92 — head. d4C, x5A, d10A, 19A, d19B.

सिरदर्द m 2 — headache. 13A, 18B, x21A.

X पर सिर मारना — to knock oneself out over X. dd8, d9B, 11B, x11B, 21A.

सिर्फ़ 18 — only. 10B, 13A, x18B, d19B, 26B.

सिलना, सिलवाना, सिलाना — see सीना.

सीखना 32 — to learn. A.

सिखवाना — causative to सीखाना. 22A.

सिखाना — derived transitive to सिखना. to teach. 4A, d4A, 11A, d11A, 13C, x14A, 22A.

सीट f 1 — seat. 10A, 16, 20B.

सीधा 19 — straight. x19B, d25A. straightforward. d22B. simple. d23B.

सीधे — straight ahead. A.

सीना 2 — to sew. x15B, 16, d16B, x17A, 21B, 22A, d25A, 26A.

सिलना 2   antitransitive to सीना. 16, d16B, x17A, 26A.
सिलवाना/सिलाना   causatives to सीना. 22A, 26A.
सुन्दर 66   beautiful. 7E, x12A, x17A, x18B, 23B, d24B.
सौंदर्य m 2   beauty. 14B, d16A, x19B, 20B, d21A.
सुख m 34   happiness. 17B, d18B, 20A, 23A.
सुझाव m 26   suggestion. 10A, d10A, x11B, d17A, x21A,
                   d24A.
सुधारना 3   to improve. 14A.
   सुधरना 5   antitransitive to सुधारना. 14B, 18A, 26D.
सुनना 284   to hear, listen. A.
   X को सुनाई देना   to be audible to X. 16, x16, 18A, d19A,
                   20E, 26C.
   सुनाना 34   derived transitive to सुनना. to tell, relate.
                   d21B, 22B.
सुबह f 82   morning. A.
सुलवाना, सुलाना   see सोना.
सुस्त 3   lazy. 23A, d25A, 26A.
सूट m 3   suit. 21B, 26A.
सूरज m 13   the sun. x12A, 15B, 20B, d25A.
सेंकना 2   to warm (a part of the body). 15B, 16, 19B.
   धूप सेंकना   to bask in the sunlight. x21B.
   सिंकना 2   antitransitive to सेंकना. 16, 19B.
से 2144   from; with. A.
सेना f 7   army. 9B, x9B, d12B, 13B, 15B, x17B, d19B,
                   26B.
सेर m 8   seer; kilogram. x1A, x3A, x8, 10B, 13C,
                   x14A, d16B, x24A.
सोचना 61   to think. A.
   V-ने की सोचना   to think of V-ing. 9B, x9B, d11B, 13D,
                   d21A.
सोना m 34   gold. d16B, d17B, x18B, d19B, 20E, 25A.
सोना 51   to sleep. x3A, 5A, 6A, 7B, 11A, d11A, x11A,
                   x12A, 13B, 13E, x14B, 21B, 22A, x24A.

सुलवाना 2   causative to सुलाना. 22A.

सुलाना 2   derived transitive to सोना. 11A, d11A, x11A, 13B, d14A, 22A.

सोफ़ा m 3   sofa. d24A, 26C.

सौंदर्य   see सुन्दर.

स्कूल m 28   school. A.

स्क्रीन m 1   screen. 16, d21A, d24A.

स्टार्ट करना 1   to start. d15B, 17A, 22A.

     स्टार्ट करवाना / स्टार्ट कराना   causatives to स्टार्ट करना. 22A.

     स्टार्ट होना   antitransitive to स्टार्ट करना. 17A, 26B.

स्टेशन m 20   station. A.

स्तोत्र m 2   stotra. 15B, d16A, d21B.

स्त्री f 84   woman. d18B, 20D, 21A, x23A, 25A.

स्वभाव m 2   nature, character. d18B, 20D, d22B, d25B, 26B.

हंसना 71   to laugh. 8, d11B, 13B, x15B, x18A, 18B, 20D, 21A, d22B, 26C.

     हंसकर   easily, without effort. d22B.

     X को हंसाना   derived transitive to हंसना. d13B, x19A.

हक़ m 5   right; privilege. 10A, x10A, 13B, 17B, d25A.

     V-ने के हक़ में होना   to be in favor of V-ing. d15A, x17B, 26B.

हज़म करना   to digest. 8, d17A.   to misappropriate, embezzle. 14A, d25A.

     हज़म होना   antitransitive to हज़म करना. d17A, d17B, x19B.

     हाज़मा m 2   digestion. d17B, d21B.

हटना 30   to move back; retreat. 1B, x2A, 7D, x8, 9B, 13B, d15A, x16, 26D.

     हटाना 29   derived transitive to हटना. 13B, 14A, d14A, 15A, 20D, 24A.   to remove. 20D.

हथौड़ी f 3   hammer. 19A, 19B, d22A.

हफ़्ता m 4   week. A.

हम 475   we, us. A.   हमारा 190   our. A.

हमेशा 14   always. A.

हर 49 — each, every. A.

  हरेक — each and every. 4B, 10A, d16A, d16B, d25A.

हरा 13 — green. A.

हवा f 141 — wind, air. A.

हाज़मा m 2 — see हज़म.

हाथ m 84 — hand. 1B, x2A, 10A, d11A, x11A, 13A, 13C, 15B, d17A, 19B, 21B, x21B, 22B, x23B, d24A, 26C, 26E.

  अपना हाथ रोकना — to stay one's hand. dd8, x9B, d17A.

हाथी m 9 — elephant. 7E, 10A, 13B, x23B, 24A, x25A.

हाय 7 — oh! ah! (exclamation of pain) 20a, 26A.

हाल m 3 — health; state. A.

हालत f 22 — condition. 17A, d18B, 21A, d25B.

हिन्दी f 2 — Hindi. A.

हिन्दुस्तान m 1 — India. 4C, 5A, 17A, 20C, d21A, x23B, 25B.

  हिन्दुस्तानी 1 — Indian. 25B.

हिन्दू mf 2 — Hindu. A.

हिम्मत f 14 — courage; nerve. 10A, d10A, d12A, 13C, d25B.

  X की V-ने की हिम्मत होना — for X to have the courage to V. 13D, d17A, 20A.

ही 1233 — emphatic particle; only, just. A.

हुक्म m 9 — order. 9B, x9B, 13D, d14A, 21A.

हेड m 1 — headmaster. d10A, 11B, d12A, 13C, 18A, x19A.

हैरान 7 — appalled. d19A, 21A, 26C.

होटल m 24 — hotel. A.

होना 10183 — to be, become. A.

  होनेवाला — future. d22B.

होली f 2 — Holi. d18A, d22A, d22B, 26A.

Glossary: English - Hindi

The purpose of this glossary is strictly limited: it is to help students find the Hindi equivalents of only those English words and expressions that appear in the translation exercises. Of these it includes most of the items whose Hindi equivalents are assumed to be known to the student before he begins this book as well as those introduced in it. Where a Hindi equivalent involves knowledge of a phrase or of a structure too long or complex to fit easily into this glossary's four-column format the student is directed to the proper item in the Hindi-English glossary to obtain complete information. For example, under "to intend" the student is directed to look up इरादा in the Hindi-English glossary where the full structural equivalent of "for X to intend to V" is given.

to be able	सकना, पाना	already	see चुकना
about X	X के बारे में	always	हमेशा
accident	दुर्घटना f	amazing	see कमाल
acre	एकड़ f	among X	X के बीच
actually	वैसे तो	to anger X	see गुस्सा दिलाना
address	पता m	anything	कुछ, कुछ भी
affair	मामला m	to apply	लगाना
to be afraid	see डर	to arrange	see इंतज़ाम
after X	X के बाद	army	सेना f
again	फिर, दुबारा	to arrive	पहुंचना
age	उमर, उम्र	as if	जैसे, मानों
to agree to V	see राज़ी or तैयार	as much as	उतना... जितना...
		as soon as	जैसे ही...(वैसे ही...) ज्यों ही...(त्यों ही...)
ahead	आगे	ashamed	see शरम f
all	सब, सारा	to ask X	X से पूछना
Allah	अल्लाह m	to ask for	X से कुछ मांगना
allergic	see ऐलर्जी	Aspro	ऐस्प्रो f
alone	अकेला	attention	see ध्यान

to attract	खींचना
ayah	आया f
baby	मुन्ना, मुन्नी
bazaar	बाज़ार m
beautiful	सुन्दर
beauty	सौन्दर्य m
because of X	X की वजह
before X	X के पहले
to begin X	X शुरू करना
to begin to V	V-ने लगना
to believe	see विश्वास
big	बड़ा
birth	जन्म (जनम) m
to take birth	जन्म लेना
birthday	जनमदिन m, वर्षगांठ f
a bit	ज़रा
boat	नाव f
book	किताब f
boss	साहब m
both	दोनों
bother	दिक़्क़त f, see परेशानी
bottle	बोतल f
boy	बच्चा, बेटा
bridge	पुल m
to bring	लाना
brother	भाई m
brother-in-law	साला m
burp, to burp	see डकार
bus	बस f
but	लेकिन, मगर
to buy	ख़रीदना
candy	मिठाई f
cane	गन्ना m
captain	कप्तान m
car	गाड़ी f, मोटर f
carpenter	बढ़ई m
cat	बिल्ली f
to catch	पकड़ना
to celebrate	मनाना
be celebrated	मनना
certainly	ज़रूर
to chase away	भगाना
child	बच्चा m
childhood	बचपन m
China	चीन m
Chinese	चीनी f
clean	साफ़
to clean	साफ़ करना
to be cleaned	साफ़ होना
to keep clean	साफ़ रखना
cloth	कपड़ा m
clothes	कपड़े mpl
coat	कोट m
cold	see ज़ुकाम
to come	आना
to come back	वापस आना, वापस लौटना
to come down	उतरना, कम होना
complaint	see शिकायत
copy	नक़्ल (नक़ल) f
to copy	see नक़्ल करना
conductor	कंडक्टर m
country	देश m
courage	हिम्मत f
cow	गाय f
to crash into X	X से टकरा जाना

crazy	see फ़िदा
to cross	पार करना
to cry	रोना
daughter	बेटी f
day	दिन m
day after tomorrow	परसों
death	मौत f
desire	इच्छा f
to die	मरना
difficulty	मुश्किल f
direction	तरफ़ f, ओर f
dirty	गन्दा
to divide	बांटना
to do	करना
doctor	डाक्टर m
dog	कुत्ता m
door	दरवाज़ा m
doubt	शक m
to doubt	see शक
down	see उतरना
dowry	दहेज m
to be drawn	खिंचना
dress	फ़्राक f
get dressed	कपड़े पहनना
to drink	पीना
driver	ड्राइवर m
to drive out	निकालना
to drown	डूबना
in earnest	मन लगाकर
earth	पृथ्वी f
to eat	खाना
educated	पढ़ा - लिखा
electricity	बिजली f
elephant	हाथी m
else	और
emperor	महाराजा m
end	अन्त m
engine	इंजन m
to enjoy	see ख़ुशी, see मज़ा
ever	कभी
every	हर
every day	रोज़
everybody	सब लोग mpl
everyone	हरेक
exam	परीक्षा f
eye	आंख f
face	चेहरा m, मुंह m, शकल f
to fall	गिरना
far	दूर
farmer	किसान m
father	पिता (formal) बाप (familiar)
in favor of	see हक़
to feed (milk)	(दूध) पिलाना
to feel	see अनुभव, see महसूस, see लगना
fever	बुख़ार m
field	खेत m
to fight	लड़ना
to fill	भरना
film	फ़िल्म f
to find	पाना
to find out	see पता
to finish	ख़त्म करना
fire	आग f

to fire	चलना (guns)
to fix	ठीक करना
to flee	भागना
to float	तैरना
floor	फ़र्श m
flower	फूल m
fool	बेवकूफ़ m
for X	X के लिये
to force	see मजबूर
forehead	माथा m
to forget	भूलना, भूल जाना
free time	फ़ुरसत f
friend	मित्र m, दोस्त m
fun	see मज़ाक़
gardener	माली m
for X to get	X को मिलना
to get back	पीछे हटना
to get down	उतरना
get X down	X को उतारना
get dressed	कपड़े पहनना
to get X out	X को निकालना, X को हटाना
to get mad	see गुस्सा
to get out	निकलना
to get ripe	पकना
girl	लड़की f, बच्ची f
girlfriend	सहेली f
to give	देना
glance	नज़र f
to go	जाना
to go ahead	आगे बढ़ना
to go away	चला जाना
to go down	कम होना, गिरना
God	राम m, भगवान m
god	देवता m (invar)
gold	सोना m
good	अच्छा
goonda	गुंडा m
government	सरकार m
grandfather	दादाजी mpl
great	बड़ा
to be ground	कुटना, पिसना
to guess	भांपना
gun	बंदूक f
hair	बाल mpl
half	आधा
hammer	हथौड़ी f
hand	हाथ m
to stay one's hand	see अपना हाथ रोकना
to be happy	see ख़ुशी
head	सिर m
headache	सिरदर्द m
headmaster	हेड m
health	तबीयत f
help	मदद f
to help X	X की मदद करना
hey!	ए, अबे
high	ऊंचा
Hindi	हिन्दी f
to hit	मारना
to hold on	पकड़ना
home	घर m
honey	शहद m
honor	इज़्ज़त f
hooligan	गुंडा m
hot	गरम
hotel	होटल m

hour	घण्टा m
house	घर m, मकान m
how	कैसे
hunger	भूख f
to be hurt	see चोट
to hurry	see जल्दी
husband	ख़ाविन्द m, पति m
if	अगर
India	हिन्दुस्तान m
inside	अन्दर
inspector	इन्स्पेक्टर m
intelligence	अक़्ल अक़ल f
to intend	see इरादा
to invite	बुलाना
Islam	इसलाम m
job	काम m
just (only)	केवल
to keep	रखना
kind	क़िस्म f, तरह f
king	राजा m
kitchen maid	महरी f
to knit	बुनना
to knock one-self out	see सिर मारना,
to know	जानना; see पता or see मालूम
lady of the house	घरवाली f
land	ज़मीन f
language	ज़बान f
large	बड़ा
make X late	see देर कराना
to laugh	हंसना
make X laugh	X को हंसाना

to learn	सीखना
to leave	छूटना
leg	टांग f
to let X V	X को V-ने देना
letter	ख़त m
liable to V	see डर
like	see X के जैसा
to like	see पसन्द, see अच्छा लगना
to listen	सुनना
little	छोटा
a little	ज़रा
to live	रहना
look	नज़र f
to look	देखना
take a look	नज़र डालना
a lot	बहुत
lousy	घटिया
love	प्यार m, प्रेम m
to love	see प्यार
to make love	प्रेम करना
luggage	सामान m
mad	गुस्सा, नाराज़
to get mad	see गुस्सा, see नाराज़
to be made	बनना
maidservant	नौकरानी f
to make	बनाना
to make like	ऐसे बनना जैसे...
man	आदमी m, पुरुष m
mango	आम m
Maratha	मराठा m
marriage	शादी f
to marry X	X से शादी करना

matches	माचिस m
matter	मामला m
maybe	शायद
meaning	मतलब m
medicine	दवा f
to meet	मिलना
memory	याद f
merchandise	माल m
milk	दूध m
moment	घड़ी f
money	पैसे mpl
moon	चांद m
morning	सवेरा m, सुबह f
mother	माता f (formal)
	मां f (informal)
mother's place	see मायका m
mouse	चूहा m
to move	चलना
to move back	हटना
music	संगीत m
Muslim	मुसलमान m/f
name	नाम m
near X	X के पास
necessary	ज़रूरी
to need	see ज़रूरत
new	नया
niece	भतीजी f
nose	नाक f
(bank) note	नोट m
now	अब
nowadays	आजकल
to be obtained	प्राप्त होना or मिलना

office	दफ़्तर m
old	
inanimates	पुराना
animates	बूढ़ा
omnipotent	सर्वशक्तिमान
once	एक बार
only	केवल, सिर्फ़
to open	खोलना
or	या
order	हुक्म m
other	दूसरा, बाक़ी
otherwise	नहीं तो, वरना
pakaura	पकौड़ा m
pandit	पंडित m
parents' home	see मायका m
patient	मरीज़ mf
to pay attention	see ध्यान
peanut	मूंगफली f
peasant	किसान m
people	लोग mpl
perhaps	शायद
peril	संकट m
to phone	फ़ोन करना
picture	तसवीर f
to plan	see इरादा
	see विचार
plant	पौधा m
platform	प्लेटफ़ार्म m
to play	खेलना (sports)
	बजाना (music)
pocket	जेब f
police	पुलिस m
possible	सम्भव, मुमकिन

to praise	see तारीफ़	right away	फ़ौरन
to pretend	ऐसे बनना जैसे...	to get ripe	पकना
as if...	ऐसे दिखाना जैसे...	road	रास्ता m, सड़क f
price	दाम m	roof	छत f
to be printed	छपना	room	कमरा m
professor	प्रोफ़ेसर mf	rope	रस्सी f
to be proud	see अभिमान	to run	दौड़ना
to pull up	उखाड़ना	rupee	रुपया m
to put	रखना	salary	तनख़्वाह f
to put on	लगाना	sardar	सरदार m
to be put on	लगना	sarod	सरोद f
queen	रानी f	to say	कहना
question	सवाल m	to scream	चिल्लाना
quick	जल्दी	to search for	see तलाश
quiet	चुप	take a seat	बैठना
to keep quiet	चुप रहना	secret	राज़ m
racket	शोर m	to see	देखना
make a racket	शोर मचाना	to seem	see लगना or नज़र
to rain	(पानी) बरसना	seer	सेर m
to raise	उठाना	to sell X	X बेचना
Ramayana	रामायण m	to sell	बिकना
to reach	पहुंचना	separate	अलग
to read	पढ़ना	servant	नौकर m
to be ready	see तैयार	to set	जमना
to recognize	पहचानना	to sew	सीना
red	लाल	to be sewn	सिलना
to remember	see याद	shop	दुकान f
to remind	see याद	shopkeeper	दुकानदार m
to respect	मानना	to show	दिखाना
the rest	बाक़ी	side	किनारा m
result	रिज़ल्ट m	since X	X से
to return	लौटना	to sing	गाना
right	हक़ m	sir	साहब m
right	ठीक से	sister-in-law	भाभी f

to sit	बैठना
sitar	सितार m
to sleep	सोना
slow	धीमा
small	छोटा
to smile	मुसकराना
to smoke	(सिगरेट) पीना
to sneeze	छींकना
so	इतना
so that	ताकि
so X as	उतना X जितना
to be sold	बिकना
soldier	सिपाही m
some	कुछ
somebody	कोई
sometimes	कभी कभी
son	बेटा m
son-in-law	दामाद m
son of a bitch	साला m
song	गाना m
sorrow	अफ़सोस m
to be sorry	see अफ़सोस
sort	क़िस्म f
speed	रफ़्तार f
to spend	see ख़र्च
spice	मसाला m
to spit	थूकना
spoiled	ख़राब
stamp	टिकट m
to be standing	खड़ा होना
to stay	रहना
still	फिर भी
stone	पत्थर m

to stop	रुकना
to stop X	X को रोकना
store	दुकान f
storm	आंधी f
story	कहानी f
street	सड़क f
strength	ताक़त f
student	छात्र m
stuff	सामान m
such (adj)	इतना, ऐसा
to suck	चूसना
suddenly	अचानक
sugar	चीनी f
suggestion	सुझाव m
sun(light)	धूप f
sun to come out	धूप निकलना
sure	अनिवार्य, पक्का
to be sure	see पक्का
be surprised	see ताज्जुब
be suspicious	see शक
to swear	गाली देना
sweetness	मिठास f
sword	तलवार f
to take	लेना
to take away	ले जाना
take a look	नज़र डालना
to talk	बोलना, बातें करना
tavaa	तवा m
taxi	टैक्सी f
tea	चाय f
tea-stall	चाय की दुकान f
teacher	उस्ताद m, मास्टर m
to tear	फाड़ना

telescope	दूरबीन f
to tell	कहना
thick	मोटा
thief	चोर m
to think	सोचना, see ख़्याल
to think of	see ख़्याल, see सोचना
thorn	कांटा m
thought	विचार m
thumb	अंगूठा m
ticket	टिकट m
to tie	बांधना
tiger	शेर m
tika	टीका m
time	वक़्त m, समय m
to get tired	थकना, ऊबना
today	आज
tomorrow	कल
too (much)	ज़्यादा
tooth	दांत m
to be torn	फटना
tourist	टूरिस्ट m
toward X	X की तरफ़, X की ओर
town	गांव m
train	ट्रेन f, गाड़ी f
trash	कूड़ा m, कबाड़ा m
tree	पेड़ m
true	असली
trust	भरोसा m, विश्वास m
to trust	see विश्वास, see भरोसा
umbrella	छाता m
under X	X के नीचे
to understand	समझना
unlikely	कठिन, मुश्किल
upstairs	ऊपर
use	इस्तेमाल m, प्रयोग m
to use	see इस्तेमाल, see प्रयोग
very	बहुत
very little	बहुत कम or बहुत थोड़ा
Vishnu	विष्णु m
to be visible	दिखाई देना, दिखना, नज़र आना
to wait	ठहरना
to wait for	see इंतज़ार, see प्रतीक्षा
to wander	घूमना
to want to V	V-ना चाहना, see इच्छा
watch	घड़ी f
water	पानी m
wave	लहर f
way	तरह f
weak	कमज़ोर
wear	पहनना
wedding	शादी f
to weigh	तोलना
well	कुआं m
a while	थोड़ी देर
whole	सारा, पूरा
why	क्यों
wife's sister	साली f
woman	औरत, स्त्री
wood	लकड़ी f
wool	ऊन m

word	नाम m
to work	काम करना
world	दुनिया f
to worship	see पूजा
to write	लिखना
year	साल m
yesterday	कल
yoghurt	दही m
young	जवान

Appendix A

Assumed Vocabulary

What follows is a list of the basic Hindi vocabulary items that this book assumes the student will have learned during his first year of study. With a few exceptions it consists of all the items common to the sets introduced in Fairbanks and Misra's Spoken and Written Hindi, Gumperz and Rumery's Conversational Hindi-Urdu (two volumes, Devanagari edition) and M.A.R. Barker, et al's A Course in Urdu (three volumes). Not listed here are the integers from one to one hundred, the names of the days of the week and the names of the months. These, too, are assumed to be part of the knowledge the second year Hindi student will bring with him.

The numbers following each item derive from the percentages of incidence given in हिन्दी की आधारभूत शब्दावली (Agra: Central Institute of Hindi, undated) which have been multiplied by 1,000 for greater ease in reading.

अंग्रेज़ी	f	English
अन्दर	36	inside
अंधेरा	m 31	darkness
अकेला	34	alone
अक्सर	28	often
अगर	131	if
अगला	22	next
अच्छा	119	good
अपना	815	see 3B
अब	325	now
अभी	155	right now
अमरीकन	mf	American
अमरीका		America
अरे	7	hey!
अलावा		
X के अलावा		besides X
आगरा		Agra
आज	96	today
आजकल	29	nowadays
आदमी	m 128	man
आना	770	to come
आप	75	you
आप	24	oneself
आम	2	general
आसान	23	easy
आसानी	f 19	ease
इन्तज़ाम	m 13	arrangement
X का इन्तज़ाम करना		to arrange (for) X
इन्तज़ार	m 17	wait
X का इन्तज़ार करना		to wait for X
इकट्ठा	7	together

इतना 310	so, so much	
इधर 45	this way	
इरादा m 13	intention	
इसलिये 28	therefore	
उतना 49	that much	
एक	a, one	
ऐसा 248	such a	
ऐसे 248	in this way	
और 1916	and; another	
औरत f 76	woman	
कई 26	many	
कपड़ा m 58	cloth	
कपड़े m 58	clothes	
कब 71	when	
कभी 143	sometime	
कम 68	less	
कम से कम	at least	
करना 1390	to do, make	
कराना 40	to have done	
कल 34	tomorrow, yester-day	
कहना 1020	to say	
कहां 160	where	
कहीं 145	somewhere	
का 7000	's	
काफ़ी 39	enough	
काम m 111	work	
काला 26	black	
कि 900	that (+ clause)	
कितना 107	how much, many	
किताब f 27	book	
किधर 10	which way	
किनारा m 35	edge, shore	
क़िला m	fort	
कुछ 290	something	

कैसा 87	what kind of	
कैसे 175	how	
को 1367	to	
कोई 851	someone, anyone	
कोठी f 11	detached house	
कोशिश f 47	effort	
V- ने की कोशिश करना	to try to V	
कौन 233	who	
कौनसा ?	which	
क्या 605	what; interrogative marker	
क्यों 310	why	
क्लास mf ?	class	
खड़ा 160	standing	
ख़तम 23	finished	
ख़तम करना	to finish	
ख़तम होना	to be over	
ख़बर f 21	news	
ख़याल m 44	idea, thought	
ख़राब 17	bad	
ख़रीदना 31	to buy	
खाना 303	to eat; food	
ख़ाली 27	empty	
ख़ास 26	special	
ख़ास तौर पर	especially	
खिड़की f 34	window	
ख़ुद 59	(one)self	
खुला ?	open	
ख़ुशी f 47	pleasure	
खेलना 39	to play	
ख़्याल	see ख़याल	
गर्मी f 21	heat	
गला m 47	neck	
गांव m 83	village	

गाड़ी f 39 car, train
गिरना 50 to fall
घण्टा m 39 hour
घर m 122 house, home
घूमना 37 to go on a walk
चलना 525 to walk, go
चलाना 35 to drive
चाहना 131 to want
चाहिये 58 is needed
चीज़ f 59 thing
चुकना 58 to already
छत f 21 roof
छुट्टी f 26 vacation, break
छोटा 42 small
छोड़ना 71 to leave behind
जगह f 64 place
जब 245 when
जमना 8 to freeze
जमा 29 together
  जमा करना to gather
  जमा होना to be gathered
ज़रा 70 a little, a bit
ज़रूर 51 certainly
ज़रूरत f 47 necessity
ज़रूरी 17 necessary
जल्दी f 38 haste, speed
  जल्दी करना to hurry
जानना 88 to know
जाना 1145 to go
जी 28 sir
  जी हां yessir
जैसा 66 as, like
जो 557 who, which
ज़्यादा 38 more; too much
टिकट mf 7 stamp; ticket
टेलीफ़ोन m 8 telephone, call
टैक्सी f 2 taxi
ठहरना 28 to stop
ठीक 61 OK
डालना 53 to throw, pour
डेढ़ one and one half
ढाई two and one half
तक 61 up to, until
तब 51 then
तरफ़ f 70 direction
तरह f 111 way, manner
तुम्हारा 280 your
तेज़ 36 fast
तैयार 62 ready
तैयारी f 10 readiness
  तैयारी करना to prepare
त्योहार m 8 holiday
थोड़ा 49 a little
दफ़्तर m 20 office
दावत f ? dinner party
दिखाना 56 to show
दिन m 131 day
दिलचस्पी f 11 interest
दिल्ली f Delhi
दीवार f 27 wall
दुकान f 46 shop
दूर f 44 far away
दूसरा second
देखना 560 to see
देना 800 to give
देर f 64 delay, lateness
दोपहर f 17 afternoon
धूप f 23 sunlight

धोबी m 6	washerman
नम्बर m 2	number
न 1266	not, no
नया 62	new
नहीं 505	not, no
नहीं तो	otherwise
निकलना 120	to emerge
निकालना 67	to take out
नीला 19	blue
ने 1350	ergative marker
नौकर m 61	servant
पड़ना 240	to fall
पढ़ना 54	to read, study
पढ़ाना 8	to teach
पता m 8	address; know
पर 1250	on
परसों 9	2 days off/ago
पसन्द होना 33	to like
पहनना 40	to put on, wear
पहला	first
पहले 67	at first
X के पहले	before X
पहुंचना 61	to arrive
पहुंचाना 37	to deliver
पाना 51	to obtain; can
पानी m 88	water
पास 85	nearby
X के पास	near to X
पिछला 24	last
पीना 58	to drink
पीला 12	yellow
पुराना 44	old
पैसा m 9	paisa, money
पौन	one quarter

पौने	less a quarter
फल m 18	fruit
फिर 305	again
फिर भी	even so
बन्द 58	closed
बन्द करना	to close
बचना 42	to be left
बचाना 28	to save
बच्चा m 126	boy, child
बजना 40	to ring
बजाना 20	to play
बजे 38	o'clock
बड़ा 115	big
बताना 96	to tell
बदलना 32	to change
बनना 79	to be made
बनाना 70	to make
बनियान f 2	undershirt
बरसात f 2	rainy season
बहन f 54	sister
बहुत 100	very; a lot
बर्फ़ f 7	snow, ice
बाज़ार m 37	market
बात f 91	thing said
बात करना	to talk
बाद (में) 42	later, afterward
X के बाद	after X
बादल m 7	cloud
बाप m 38	father
बायां 26	left
बार f 61	time, occasion
बारे	
X के बारे में	about X
बाहर 75	outside

बिठाना 14	to seat
बीमार 28	sick
बुरा 61	bad
बुलाना 36	to call, invite
बैठना 145	to sit down
बोलना 465	to speak
भाई 73	brother
भी 135	too, also
भूल जाना 62	to forget
मकान m 41	house, building
मज़दूर m 11	laborer
मतलब m 27	meaning
मनाना 8	to persuade
मशहूर 4	famous
मस्जिद f 2	mosque
महंगा 2	expensive
महीना m 39	month
मां f 68	mother
मां-बाप	parents
मानना 75	to agree, obey
मालूम 51	known
मालूम होना	to know; seem
मिनट m 20	minute
मिलना 325	to meet; get
मिलाना 5	to introduce; mix
मीठा 14	sweet
मुश्किल 26	hard, difficult
मुसलमान mf	Muslim
में 2483	in
मेरा 335	my
मेहरबानी f	kindness, grace
मैं 920	I, me
मोज़ा m 2	sock
मौसम m 5	weather
यह 1336	this; he, she, it
यहां 100	here
X के यहां	at X's place
यहीं 18	right here
या 25	or
रंग m 31	color
रखना 180	to put, place
रहना 560	to stay
रात f 60	night
रास्ता m 34	road
रुकना 71	to stop
रुपया m 116	rupee
रेल f 5	railroad
रोज़ m 38	day; daily
लम्बा 33	long, tall
लकड़ी f 31	wood
लगना 230	to stick; begin
लगाना 67	to apply
लड़का m 66	boy, son
लड़की f 31	girl, daughter
लाना 120	to bring
लाल 28	red
लिखना 74	to write
लिये	
X के लिये	for X
लेकिन 340	but
लेना 685	to take
ले जाना	to take away
लोग mpl 49	people
लोहा m 10	iron
लौटना 40	to return
वक़्त m 58	time
वजह f 15	reason
X की वजह	because of X

वह	mf 3233	he, she, it; that
वहां	77	there
वहीं	14	right there
वापस	32	back
वाला		-er
शहर	m 34	city
शाम	f 30	evening
शायद	28	maybe
शुरू	m 56	beginning
शुरू करना		to begin (tr)
शुरू होना		to begin (intr)
सन्तरा	m 2	tangerine
सकना	185	to be able to
सच	m 43	truth; true
सड़क	f 43	street
सफ़ेद	23	white
सब	375	all, every
समझना	222	to understand
सरकारी	16	governmental
सस्ता	6	cheap
साथ	160	along
X के साथ		with X
सामने	111	in front
सामान	m 32	stuff; luggage
सारा	81	all, entire
साल	m 58	year
साहब	m ?	master; sir
सिनेमा	m 24	movie
सीखना	32	to learn
सीधे	13	straight ahead
सुनना	284	to hear, listen
सुनाना	34	to tell, relate
सुबह	f 82	morning
से	2144	from; with

सोचना	61	to think
स्कूल	m 28	school
स्टेशन		station
हज़ार		one thousand
हफ़्ता	m 4	week
हम	475	we, us
हमेशा	14	always
हर	49	each, every
हरा	13	green
हवा	f 41	wind, air
हाल	m ?	condition
हिन्दी	f	Hindi
हिन्दू	mf	Hindu
ही	1233	emphatic particle
होटल	m 24	hotel
होना	10183	to be, become

Appendix B

Assumed Structures

What follows is an index of the structures that this book assumes the student will have learned in two regular terms of Hindi. (It is adapted from van Olphen's list on pages 204-206 of Language Testing and Criteria for Linguistic Proficiency in South Asian Languages, Proceedings of the Austin Conference, May 1973, edited by Edgar Polomé, Andrée F. Sjoberg and Herman H. van Olphen and published by the Dept. of Oriental and African Languages and Literatures, University of Texas at Austin.) The numbers under the letters M, S, G, and F will guide the student to the relevant pages of the following works:

G: Gumperz, John J. and June Rumery, Conversational Hindi-Urdu, Volume I. Delhi: Radhakrishna Prakashan. 1967. (This is the later, Devanagari, edition.)

F: Fairbanks, Gordon H. and Bal Govind Misra, Spoken and Written Hindi. Ithaca, N.Y.: Cornell University Press. 1966.

M: McGregor, R.S., Outline of Hindi Grammar. Oxford: Clarendon. 1972.

S: Southworth, Franklin C., The Student's Hindi-Urdu Reference Manual. Tucson: University of Arizona Press. 1971.

	EXAMPLE	M	S	G	F
Masculine nouns	केला, फल, धोबी, देवता	11	39	20	17
Feminine nouns	लड़की, मेज़, चिड़िया	2	39	55	17
Adjectives	अच्छा, भारी, काफ़ी, सुन्दर	7	53	29 55	20
Demonstratives	यह , वह	8	44	141	65
Personal pronouns	मैं, तुम, वह, हम, आप, वे	11	43	87 128	61
Honorifics	शर्माजी अच्छे हैं ।	12	43	87	93
Forms of होना to be	हूं, है, हो, हैं, था, थे, थी	16	75	22 210	19

	EXAMPLE	M	S	G	F
Present habitual	बोलता है ।	18	80	133	10
Past habitual	बोलता था ।	18	80	212	222
Present progressive	बोल रहा है ।	19	96	172	90
Past progressive	बोल रहे थे ।	20	96	212	242
Past	हम गये ।	23	85	268	205
Present perfect	हम गये हैं ।	24	86	-	206
Past perfect	हम गये थे ।	25	87	-	241
Subjunctive	काफ़ी पियें ?	25	65	340	129
Future	कल आऊंगा ।	27	72	293	78
Presumptive	आया होगा ।	27	65	377	227
Emphatic particles	ही , भी	27	138	308	160
Postposition से _from_	कहां से हो ?	30	133	88	4
Postposition से _since_	कब से ?	30	133		
Postposition से instru- mental	चाकू से	30	133		
Postposition में _in, among, for_	घर में, उन लोगों में, कितने में मिलेगा ?	31	134	88	163
Postposition पर _on, at_	घर पर	31	134	88	
Postposition तक _until_	आज तक	32	135	188	
Zero postposition	क़िले जाना , उन दिनों	32	135	312	
Compound postpositions	के ऊपर , के बारे में	34	136	349	315
Verb conjunction	ले (कर) आना , पी कर	38	166	304	
Familiar imperative	चलो । लो । बोलो ।	40	70	131	19
Polite imperative	चलिये । कीजिये ।	40	69	27	20
Indefinites	कोई, कुछ	44	45	393	62
Question marker क्या	क्या तुम घर में हो ?	45	164	63	3
Question word क्या _what_	यह क्या है ?	46	165	25	52
Question word कौन _who_	यह कौन है ?	45	165	220	80
Direct object marker को	राम को बुलाना ।	49	133	143	146
Indirect object marker को	उसको कुछ देना ।	49	133	143	63
Abstract noun possession	मुझे काम है ।	50	160	231	92 130
Concrete noun possession	मेरे पास किताब है ।	51	136	199	114

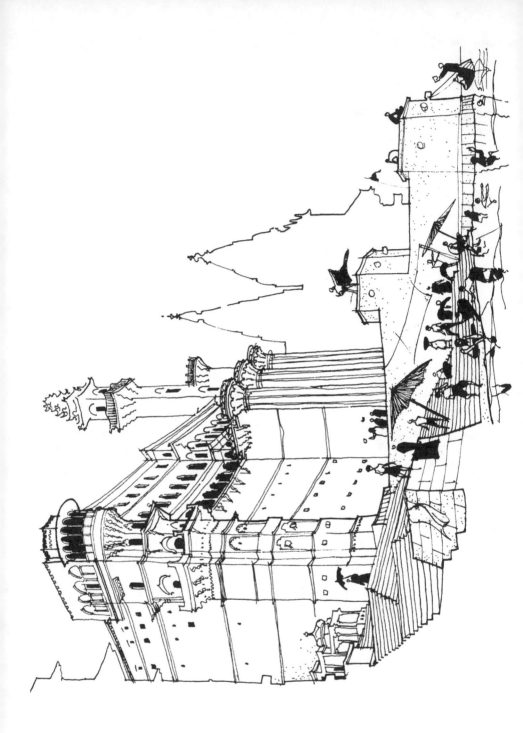

Appendix C

Further Reading

Abbi, Anvita (1977): Reduplicated Adverbs in Hindi. In Indian
    Linguistics, 38:3, pp. 125-135.

Barker, Muhammad Abd-al Rahman (1967): A Course in Urdu. Volumes
    I, II and III. Montreal: Institute of Islamic Studies,
    McGill University.

Bender, Ernest (1967): Hindi Grammar and Reader. Philadelphia:
    University of Pennsylvania Press.

Bendix, Edward Herman (1966): Componential Analysis of General
    Vocabulary: The Semantic Structure of a Set of Verbs in
    English, Hindi and Japanese. The Hague: Mouton & Co.

Dwarikesh, D. P. S. (1971): The Historical Syntax of the Conjunc-
    tive Participial Phrase in the New Indo-Aryan Dialects of
    the Madhyadesa ("Midland") of Northern India. Chicago:
    University of Chicago dissertation.

Fairbanks, Gordon H. and Bal Govind Misra (1966): Spoken and
    Written Hindi. Ithaca, N.Y.: Cornell University Press.

Gumperz, J.J. and J. Rumery (1967): Conversational Hindi-Urdu.
    Delhi: Radhakrishna Prakashan.

Hacker, Paul (1961): On the Problem of a Method for Treating the
    Compound and Conjunct Verbs in Hindi. In Bulletin of the
    School of Oriental and African Studies, 24:484-516.

Hook, Peter Edwin (1974): The Compound Verb in Hindi. Ann Arbor,
    Michigan: Center for South and Southeast Asian Studies,
    University of Michigan.

_____ (1976): Some Syntactic Reflexes of Sub-Categories of
    Agent in Hindi. In Manindra K. Verma, ed. The Notion of

Subject in South Asian Languages. Madison, Wisconsin: South Asian Studies, University of Wisconsin-Madison.

Jain, Dhanesh (1975): The Semantic Base of Some Hindi Imperatives. In Indian Linguistics, 36:2, pp. 91-103.

Kachru, Yamuna (1966): An Introduction to Hindi Syntax. Urbana, Illinois: Department of Linguistics, University of Illinois.

_____ (1970): The Syntax of ko -sentences in Hindi-Urdu. In Papers in Linguistics, 2:2, pp. 299-316.

_____ (1971): Causative Sentences in Hindi Revisited. In Papers on Hindi Syntax, 1:2, pp. 75-103. Urbana, Illinois: Department of Linguistics, University of Illinois.

_____ & Tej K. Bhatia (1975): Evidence for Global Constraints: The Case of Reflexivization in Hindi-Urdu. In Studies in the Linguistic Sciences, 5:1, pp. 42-73. Urbana: Department of Linguistics, University of Illinois.

Klaiman, Miriam H. (1979): On the Status of the Subjecthood Hierarchy in Hindi. In International Journal of Dravidian Linguistics, 8:1, pp. 17-31.

Masica, Colin (1976): Defining a Linguistic Area: South Asia. Chicago: University of Chicago Press.

McGregor, R. S. (1972): Outline of Hindi Grammar. Oxford: Clarendon Press.

Pořízka, Vincenc (1967-69): On the Perfective Verbal Aspect in Hindi. 5 parts. In Archiv Orientalni, 35:64-88, 208-231; 36:233-251; 37:19-47, 345-364.

_____ (1972): Hindština Hindī Language Course. Prague: Státní pedagogické nakladatelství.

Pray, Bruce R. (1970): Topics in Hindi-Urdu Grammar. Berkeley, California: Center for South and Southeast Asia Studies, University of California.

Schumacher, Rolf (1977): Untersuchungen zum Absolutiv im modernen Hindi: Ein Beitrag zur semantischen Syntax. Frankfurt am Main: Peter Lang.

Seguin, Margaret (1973): The Interaction of jab tak ('until') and NEG in Hindi (or: Did the Students Make Noise until the Teacher didn't Come?). In Papers from the Ninth Regional Meeting of the Chicago Linguistics Society. Chicago: Department of Linguistics, Univ. of Chicago. pp. 597-602.

Sharma, Aryendra (1958): A Basic Grammar of Modern Hindi. Delhi: Ministry of Education and Scientific Research, Government of India.

Southworth, Franklin C. (1971): The Student's Hindi-Urdu Reference Manual. Tucson, Arizona: University of Arizona Press.

Subbarao, Karumuri V. (1974): Phrase Structure Rules for the Noun Phrase in Hindi. In Indian Linguistics, 35:3, pp. 173-184.

van Olphen, Herman Hendrik (1970): The Structure of the Hindi Verb Phrase. Austin, Texas: University of Texas dissertation.

Verma, Manindra K. (1966): A Synchronic Comparative Study of the Structure of the Noun Phrase in English and Hindi. Ann Arbor: University of Michigan dissertation.

_____ (1968): The Particles hii and bhii in Hindi. In Studies in Hindi Linguistics. Delhi: American Institute of Indian Studies.

कपूर, बदरीनाथ (1978): परिष्कृत हिन्दी व्याकरण.   मेरठ : मीनाक्षी प्रकाशन.

गुरु, कामताप्रसाद (विक्रम संवत् १९७७) : हिन्दी व्याकरण.   काशी : नागरी
      प्रचारिणी सभा.

प्रेमचंद (1936): गोदान.   इलाहाबाद : सरस्वती प्रेस.

राकेश, मोहन (1973): प्यालियां टूटती हैं. "अंडे के छिलके -- अन्य एकांकी
      तथा बीज नाटक" में.   नई दिल्ली : राधाकृष्ण प्रकाशन.   49-72.

_____ (1978): आधे अधूरे.   नई दिल्ली : राधाकृष्ण प्रकाशन.

वाजपेयी, किशोरीदास (२०२३) : हिन्दी शब्दानुशासन.   काशी : नागरी-
      प्रचारिणी सभा.

सहाय, चतुर्भुज (1976): हिन्दी में कर्मवाच्य.   गवेषणा, 27:48-55. आगरा :
      केन्द्रीय हिन्दी संस्थान.